"이 책은 용감하고, 분명하고, 균형 잡힌, 그리고 데이비드 거쉬(David Gushee)가 쓴 모든 글과 마찬가지로, 성경적 믿음에 깊게 기초하고 있다. 그는 신학과 성경을 전적으로 진지하게 받아들이면서, 윤리와 제자도에 대한 질문들을 다루는데 있어서 선도적인 복음주의 학자로서의 역할을 계속 이어가고 있다. 데이비드(David)가 성소수자(LGBTQ) 문제에 대한 자신의 생각이 어떻게 바뀌어 왔는지를 설명한 내용이 어떤 이들에게는 도전이 되고, 다른 이들에게는 영감을 주겠지만, 이러한 여정의 어느 한 지점에 서 있는 모든 이들에게 선물이 될 것이다."

웨슬리 그랜버그-마이클슨(Wesley Granberg-Michaelson)은 1994년에서 2011년까지 "미국의 개혁 교회(The Reformed Church in America)"의 서기로 섬겼다. 그는 "소저너스(Sojourners)" 잡지의 첫 운영편집자 중 한 명이었고, 범기독교 기구들에서 적극적인 역할을 하고 있다.

∼

"이 획기적인 책에서, 저명한 복음주의 윤리학자인 데이비드 거쉬(David Gushee)는 성경적인 사고를 하는 기독교인들에게 그들이 가진, 동성 관계에 대한 반대하는 전통적인 입장을 재고하도록 열정적으로 요청하고 있다. 거쉬(Gushee)는 결혼을 신실하고 평생 지속되는 언약으로 이해하도록 하는, 분명하고 강력한 성경적 주장들을 제시하는데, 이는 게이와 이성애자 모두에게 해당하는 것이다. 이 책은 복음주의자들이 성소수자(LGBTQ) 문제에 접근하는 데 주요한 이정표로 이해될 것이다. 이 책은 동성 간의 결혼에 대한 논란에 대해 온정적이고 성경적으로 신실한 대답을 찾아보려는 기독교인들이 반드시 읽어야 할 책이다."

마크 아크테마이어(Mark Achtemeier)는 신학자이고 "성경이 긍정하는 동성간의 결혼: 한 복음주의자의 마음의 변화(The Bible's Yes to Same-Sex Marriage: An Evangelical's Change of Heart)"의 저자이다.

∼

"데이비드 거쉬(David Gushee)는 오늘날 책을 쓰는 복음주의 신학자들 중에서 가장 깊은 사고를 하는 학자들 중 한 명이다. 내가 데이비드(David)를 안 지는 꽤 오래 되었고, 나는 성소수자(LGBTQ)들을 포용하는 문제와 기독교에 대한 그의 마음과 생각이 어떻게 변해 왔는지를 보면서 감동을 받았다. 그의 입장은 순간적으로 전환된 것이 아니고, 여러 해를 거치고 오랜 시간을 들여서 듣고, 기도하고, 인도하심을 받기 위해 계속적으로 성경으로 돌아간 결과였다. 천사와 씨름한 야곱처럼, 이 시점에서 어떻게 자신들의 믿음에 진실되고, 자신들의 성소수자(LGBTQ)인 자매들과 형제들, 딸들과 아들들, 어머니들과 아버지들에 대해 진실될 수 있는 지를 알려고 격렬하게 분투하는 기독교인들을 향한 하나님의 부르심이 무엇인지를 이해하기 위해 데이비드는 씨름했다. 데이비드(David)는 우리들의 믿음을 교회 입구에 가만히 놓아두라고 하지 않고 해방을 향한 길을 구축해 간다. 교회가 성소수자(LGBTQ) 공동체에 대해 잘못했던 것을 인정하면서, 그는 어떻게 우리가 더 진정성 있고, 더 책임감 있고, 더 사랑하고, 마침내 더 진실된 믿음을 받아들일 지를 보여준다. 나는 바로 이 책이 나오기를 수년 간 고대했고, 더 이상 할 수 없을 정도로 강하게 이 책을 추천한다."

샤론 그로브스(Sharon Groves)는 "인권 캠페인(The Human Rights Campaign)"에서 "종교와 믿음 프로그램(The Religion and Faith Program)"의 디렉터로 섬겼다. 그녀는 믿음의 관점에서 일반 가족들이 성소수자(LGBTQ) 가족과 친구들을 환대하는 데 도움을 주는 훈련 수단들과 자료들을 계발했다.

~

"데이비드 거쉬(David Gushee)의 책은 극도로 깊은 사고를 하는 기성 기독교 윤리 학자가 겪은, 깊이 있는 패러다임의 변화 과정을 보여주는 드문 책이다. 이 책은 성소수자(LGBTQ) 논쟁과 관련된 도덕적, 윤리적, 성경적 질문들을 분명하고 이해하기 쉽게 펼쳐 놓는다. 더욱이, 거쉬(Gushee)는 논쟁의 양측 모두에 있는 많은 잘못된 선입관들을 제거하면서, 전체 교회가 이러한 패러다임을 바꾸는 질문과 씨름할 때 핵심이 되는 문제들에 보다 더 분명히 집중할 수 있도록 가려내는 작업을 하고 있다. 거쉬(Gushee)는 우리 시대의 가장 논쟁적인 문제들 중 하나를 다루는데, 지혜와 자비를 갖고 이 문제를 다룬다."

제임스 브라운슨(James V. Brownson)은 교육자이고 신학자이고 신약성서학자이자 "성경, 젠더, 성: 동성 간의 관계에 대한 교회의 논의에 새로운 틀을 만들기(Bible, Gender, Sexuality: Reframing the Church's Debate on Same-Sex Relationships)"를 쓴 저자이다.

~

"진보라는 것에 많은 사람들은 겁을 먹는다. 특히 그 속도가 빠르고 통제되지 않는 것처럼 느껴질 때 그렇다. 게이, 레즈비언, 양성애자, 성전환자들을 이해하는 데 그동안 많은 진보가 지속되어온 가운데, 데이비드 거쉬(David P. Gushee)의 새로운 책은 사람들이 그 동안 점점 더 깊은 갈등 속에 빠져들었던 이 문제를 좀 더 편안하게 느끼도록 도움을 준다. 내가 그의 이전 책, "홀로코스트의 의로운 이방인들(Righteous Gentiles of the Holocaust)"을 처음 읽었을 때, 나는 그 책이 어떻게 복잡한 주제를 훨씬 더 잘 집중할 수 있게 해주는지 즉시 깨달았다. 그 책은 나의 삶에 상당한 변화를 가져왔다. 나는 종교적 가르침들이 너무 자주 선량하고 연약한 성소수자(LGBTQ)들-특히 청소년들-을 향한 적대감의 분위기를 형성하는데 커다란 역할을 한다는 것을 알게 되었다. 나는 내 개인적인 경험을 통해, "생각의 변화(Changing Our Mind)"와 같은 책이 많은 생명들과 생각들을 구할 것이라는 것을 알고 있다."

미첼 골드(Mitchell Gold)는 북미 지역 전체에서 가구와 집꾸미기 소품 등을 판매하는 매장을 갖고 있는 회사의 공동 창업자이다. 그는 "위기: 미국에서 게이로 성장하면서 겪은 개인적, 사회적, 종교적 고통과 정신적 충격을 보여주는 40개의 이야기들(Crisis: 40 Stories Revealing the Personal, Social, and Religious Pain and Trauma of Growing Up Gay in America)"의 저자이다. 2005년에 골드(Gold)는 배타적인 종교적 가르침들 때문에 성소수자(LGBTQ)인 남자들과 여자들에게 가해진 해악에 맞서기 위해 www.FaithInAmerica.org를 설립하였다.

～

"하나님께서 당신에게 보여주신 것을 아름답고 명확하게 나누는 용기에 대해 데이비드 거쉬(David Gushee) 당신에게 감사드립니다. "생각의 변화(Changing Our Mind)"는 성적 지향성이 믿음의 생활과 어떻게 어우러지는가를 고민하는 사람이라면 누구든지 반드시 읽어야 할 책입니다. 교회를 21세기로 이끌면서, 이러한 새로운 이해의 자리로 꾸준하게 우리 각자를 인도해주시는 하나님을 찬양합니다."

제인 클레멘티(Jane Clementi)는 아들 타일러가 럿거스 대학(Rutgers University)에서의 사이버 폭력의 결과로 자살한 후에, 남편 조셉(Joseph)과 함께 "타일러 클레멘티 재단(The Tyler Clementi Foundation)"을 설립하였다. 이 재단은 성소수자(LGBTQ) 청소년들을 포용하는 공동체들을 활성화하기 위한 교육, 연구, 대중 프로그램들을 진행하고 있다.

～

"복음주의 학자인 데이비드 거쉬(David Gushee)는, 우리가 어떻게 그의 형상으로 매일 살아야 하는지를 가르쳐 주시기 위해 전달하신 하나님이 하신 말씀이 바로 성경이라고 믿는 방식으로, 또한 랍비 전통을 가진 우리들이 만족할 수 있는 방식으로 성경을 읽는다. [내가 전심으로 주를 찾았사오니, 주의 계명에서 떠나지 말게 하소서! 내가 주께 범죄하지 아니하려 하여 주의 말씀을 내 마음에 두었나이다. 시편 119:10~11] 데이비드 거쉬(David Gushee)는 우리가 그러하듯이 말씀의 권위를 존중한다. [내 눈을 열어서 주의 율법에서 놀라운 것을 보게 하소서. 시편 119:18] 우리와 같이, 그는 감히 자신의 첫인상이나 자신이 스스로 말씀을 해석한 것에 따라 행동하지 않는다. 우리와 같이, 그는 우선 본문을 주의 깊게 연구하는 과정에 자신의 생각과 마음을 내어 맡긴다. 오랜 역사 속에서 그를 앞서 갔던 현인들이 그 본문을 이해한 내용들을 통해서 본문을 읽고, 오늘날 그 본문을 읽는, 그가 속한 믿는 자들의 공동체의 상황을 주의 깊게 살펴보고, 왜 지금 그 말씀을 읽고, 누구와 함께 읽고, 누구를 위해 읽는지에 대한 당면한 이유에 주의를 기울인다. [일곱째 달 초하루에 제사장 에스라가 율법책을 가지고 회중 앞, 곧 남자나 여자나 알아들을 만한 모든 사람 앞에 이르러... 에스라가 모든 백성 위에 서서 그들 목전에 책을 펴니 책을 펼 때에 모든 백성이 일어서니라. 에스라가 하나님 여호와를 송축하매... 레위 사람들은 백성이 제자리에 서 있는 동안 그들에게 율법을 깨닫게 하였는데, 하나님의 율법책을 낭독하고, 그 뜻을 해석하여 백성에게 그 낭독하는 것을 다 깨닫게 하니.] (느헤미야 8장, 역자주)

현재의 미국이 처한 상황 속에서 자신이 속한 기독 공동체가 마주하는 매일의 삶의 정황 가운데, 순종적이고 겸손하고 지식이 충만한 성경읽기 방법을 통해, 복음주의 윤리학자인 데이비드 거쉬(David Gushee)는 살아있고 애정이 담긴 편지인 말씀의 내용을, 오랜 기간동안 교회와 회당에서 다른 신자들에게 전해왔던 것처럼, 자신의 게이 형제들과 자매들에게 전하고 있다. 이 사람이 하나님의 사람이라는 것은, 그가 속한 교회의 밖에 있는 자들이든 그 안에 있는 자들이든, 하나님의 회복하시는 임재를 소망하는 우리 모두에게 명백한 일이다.

고백하건데, 내가 믿기에 기독교의 종교적이고 신학적인 작업에 관심이 가는 경우는, 그것이 이스라엘의 하나님을 영화롭게 하고, 내가 토라(Torah)에서 듣게 되는 사랑과 교훈과 정의와 자비의 말씀을 제공해 줄 때이다. 이것은 세상과 그 안에 있는 피조물들을 홀로 창조하신 분, 한 분 만을 철저히 섬길 것을 요구하는 말씀이다. 그리고 이러한 섬김은 하나님의 피조물들을 철저하게 돌보는 것을 포함한다... 이런 모든 이유들 때문에, 나는 데이비드 거쉬(David Gushee) 목사의 종교적이고, 신학적이고, 배려심 있는 작업에 깊은 관심을 가진다. 나는 하나님의 피조물들을 돌보라고 요구하시는 창조주와 말씀의 종이 된 그를 존경한다. 나는 그가 가르치고, 말씀을 전하고, 성경을 읽고, 해석하는 방식을 통해 그러한 섬김을 목도했다. 그가 그의 교회 공동체 안과 밖에서 자신의 주위에 있는 사람들의 심장 소리와, 찬양과, 그들의 말과 절규를 듣는 방식을 통해 목격했다. 또한 그가 그들 각자 및 그들 전부의 소리를 들으시는 하나님께 귀를 기울이는 방식을 통해 목격했다. 다시 말하지만, 이러한 모든 것들이 그가 최근에 펴낸 "생각의 변화(Changing Our Mind)"에 담겨있다.

이 책에서 그는 어떻게 교회 안에 있는 성소수자(LGBTQ) 기독교인들의 위치에 대한 그의 마음과 생각과 영혼과 판단이 바뀌었는지를 설명한다...

이 책은 여러 관점에서 놀라운 책이다.

영적으로: 여러 차원에서 종교적, 지적, 영적인 리더의 위치에 있는 자가, 오랜 기간 동안 자신이 복음주의 기독교와 순종적 성경 읽기를 진지하게 수용한 것으로 인해 교회에서 성소수자(LGBTQ)를 받아들이는 것을 방해하는 결과를 가져왔던 시간들을 고백하고 사과하는 것.

진심 가득한 지성인을 따라하기: 그가 '어떻게 그리고 왜 자신이 포용하는 데 실패했는가'로부터 한 단계씩 천천히 성장하고, 신실하게 성장을 위해 관찰하고, 연구하고, 기도하고, 사고하는 각 단계들을 밟아서 그로 하여금 이 책에서 내린 결론까지, 이 사람의 생각의 과정을 명확하게 하나씩 따라가는 것. 이제는 그와 더불어 말씀과 교회의 모든 구성원들에 대한 그의 헌신에 공감하는 사람들이 교회 좌석에 자신들과 함께 앉아 준 성소수자(LGBTQ) 기독교인들에게 경의를 표할 때가 되었다.

성경적으로: 이 주제와 관련이 있는 여러 개의 구절들을 아주 가까이 접근해서 깊게 읽고, 한 단어나 구절도 빼놓지 않고 그 의미를 찾고, 영혼과 사고로 잘 채워진 어떠한 학문적 발견도 무시하지 않고, 구절에서 말하는 어떠한 의미도 무시하지 않는 것을 통해, 이러한 성찰의 순간이 충만한 가운데, 교회에서 이러한 내용을 충만하게 구현하는 가운데, 믿음과 깊은 공감이 손상되는 일 없이 우리 시대에 주어진 이러한 심오한 질문들이 제기될 수 있겠다."

피터 오크스(Peter Ochs)는 버지니아 대학(The University of Virginia)에서 유대학(Judaic Studies)을 가르치는 에드가 브론프만(The Edgar Bronfman) 석좌 교수이다.

생각의 변화 (Changing Our Mind)

성소수자(LGBTQ) 기독교인들을
포용하도록 촉구하는 이정표가
될 최종판이자 제3판이며,
비평가들에 대한 대답이 포함됨

데이비드 거쉬 (David P. Gushee)

황호동 번역

더 많은 정보와 데이비드 거쉬(David Gushee)의 소식지를 받기 위해 등록하려면,

DavidPGushee.com을 방문하기 바란다.

ISBN: 978-1-64180-182-9

Cover art and design by
Rick Nease
www.RickNeaseArt.com

Published by
Read The Spirit Books
an imprint of
David Crumm Media, LLC
42807 Ford Rd., Suite 234
Canton, Michigan, 48187, USA

Front Edge Publishing books are available for discount bulk purchases for events, corporate use and small groups. Special editions, including books with corporate logos, personalized covers and customized interiors are available for purchase. For more information, contact Front Edge Publishing at info@FrontEdgePublishing.com.

비록 교회가 그들을 사랑하지 않았지만 여전히 교회를
사랑하는 성소수자(LGBTQ) 기독교인들에게 바칩니다.

목 차

제3판에 부치는 저자의 소개의 글 · · · · · · · · · · · · · · · · · · xiv

제2판에 부치는 저자의 소개의 글 · · · · · · · · · · · · · · · · · · xix

브라이언 맥라렌(Brian D. McLaren)의 추천의 글 · · · · · · · · · · · · xx

필리스 티클(Phyllis Tickle)의 서문 · · · · · · · · · · · · · · · · · xxiii

매튜 바인스(Matthew Vines)의 소개의 글 · · · · · · · · · · · · · · · xxv

제1장: 뉴욕에서 살기 · 1

제2장: 우리들의 순간: 문제를 가진 교회 · · · · · · · · · · · · · · · 6

제3장: 대화의 시작 · 15

제4장: 정확히 무엇이 문제인가? · · · · · · · · · · · · · · · · · · · 18

제5장: 우리가 모두 지지할 수 있는 변화 · · · · · · · · · · · · · · · 21

제6장: 게이 기독교인들은 존재한다 · · · · · · · · · · · · · · · · · 24

제7장: 교회들이 취할 수 있는 여섯 가지의 선택들 · · · · · · · · · · 27

제8장: 만일 여러분이 이 지점에서 하차한다면 · · · · · · · · · · · · 31

제9장: 성경의 영감, 인간의 해석 · · · · · · · · · · · · · · · · · · · 35

제10장: 전통주의자들이 성경의 점들을 연결하는 방법 · · · · · · · · 40

제11장: 소돔(그리고 기브아)의 죄 · · · · · · · · · · · · · · · · · · 43

제12장: 레위기, 가증한 것, 그리고 예수 · · · · · · · · · · · · · · · 47

제13장: 두 개의 이상하고 사소한 단어들 · · · · · · · · · · · · · · · 53

제14장: 하나님이 그들을 남자와 여자로 만드심 · · · · · · · · · · · · 58

제15장: 창조, 성적 지향성, 그리고 하나님의 뜻 · · · · · · · · · · · · 65

제16장: 언약을 향하여 · 71

제17장: 삶을 바꾸어 준 만남들과 패러다임의 도약 · · · · · · · · · · 76

제18장: 두 가지의 담론 여행 ··························· 80

제19장: 내가 어떻게 여기까지 오게 되었나 ··········· 84

제20장: 경멸을 가르치는 일을 끝내기 ················· 92

비평가들에 대한 대답 ···························· 107

후주 ··· 126

인용된 글들 ··································· 135

저자에 대하여 ································· 139

연구 안내서 ··································· 141

제3판에 부치는
저자의 소개의 글

2017년 6월

지금까지 나는 22권의 책을 쓰거나 편집했다. 모든 책들이 그렇듯이, 이들 각각의 책들은 집필의 역사를 가지고 있다. 어느 저자이든지 한 권의 책을 쓸 때 자신이 받은 영감과 집필하는 과정에 대해 말할 수 있고, 작품에 생명을 불어넣게 만드는 자신의 목표가 무엇인지, 또한 자신이 의도하는 대상과 메시지가 무엇인지에 대해 말할 수 있다. 대부분의 저자들은 책을 출판하는 과정 속에서 그러한 부분들에 대해 완전히, 혹은 적어도 상당한 부분을 반영하려고 한다. 그럼에도 여전히 예기치 않은 일들은 생긴다.

"생각의 변화(Changing Our Mind)"를 집필하게 된 과정은, 현재는 침례교 국제 뉴스(Baptist News Global, BNG)라는 이름을 가지게 된 온라인 뉴스 매체에 매주 블로그를 시리즈로 올리면서 시작되었다. 이 글들은 2014년 여름에 시작되어 10월까지 이어졌다. 내 의도는 침례교 국제 뉴스(BNG)에 매주 글을 올리면서 그때마다 생각나는 대로 글을 쓰는 것을 기본 형식으로 하는 것이었다. 나는 침례교 세계에서의 사상적 지도자로서 성소수자(LGBTQ)의 배척과 포용에 관련된 문제들 전반에 대해 내 방식으로 생각하고 글을 쓰고, 또한 내가 모든 주요 관심사를 다 다루었다고 느낄 때까지 그런 글들을 쓸 때가 되었다고 믿었다.

이것은 그 시점까지 내가 (그리고 대부분의 주류 침례교 및 복음주의 기독교 지도자들이) 이러한 민감한 문제들을 언급하는 데 침묵했거나, 아니면 기껏해야 아주 부분적이고 일시적인 노력들만 했던 모습과 대비되는 것이었다. 나는 이러한 침묵이 – 적어도 나로서는 – 비겁하고 무책임한 것이라는 결론을 내렸고, 머서 대학 (Mercer University)에서의 나의 위치에서는 – 아직 다듬어 진 것은 아니지만 – 내가 어떤 제약도 없이 나의 생각들을 글로 쓰면서 일견 지도자의 역할-특별히 침례교 공동체에게-을 할 수 있는 자유로움이 있었다.

여름을 지나 가을로 접어들면서, 매주 1500~2000 단어를 사용해서 올리는 글들에 주목도가 높아지기 시작했다. 침례교 세계 안에 있는 사람들과 침례교와 거리가 먼 사람들이 내게 접근하여, 나에게 강권하는 말을 하거나 경고하는 말을 해왔다. 어떤 교회들은 자신들의 그룹 모임에서 내가 올린 글들을 함께 공부한다고 했다. 성소수자 (LGBTQ) 기독교인들이 나에게 접촉해 오고 또 감사의 표현을 해오기 시작했다.

내 친구인 켄 윌슨(Ken Wilson, 목사) - 중요한 책인 "나의 교회에 쓰는 편지 (Letter to My Congregation)"의 저자-가 그의 책을 출판해 준 '영혼의 읽기(Read the Spirit)' 출판사의 데이비드 크럼(David Crumm)과 나를 연결해주어서, 나의 글들을 한 권으로 모아 바로 책으로 펴내는 것에 대해 협의하도록 해 주었다. 이런 생각이 원래부터 계획된 것은 아니지만, 합당한 일이라 생각했고, 데이비드 크럼(David Crumm)은 의욕적인 반응을 보여주었다. 지금도 나는 그가 과거와 현재에 보여준 지지와 협력에 깊이 감사하고 있다.

한편, 젊은 성소수자(LGBTQ) 기독교인 리더인 매튜 바인스(Matthew Vines)는 그가 설립한 개혁 프로젝트(The Reformation Project)가 2014년에 워싱턴 디씨 (Washington D.C.)에서 개최한 컨퍼런스에 나를 강사로 초청해 주었다. 이 시리즈의 결론에 즈음하여, 나는 슈퍼스타 블로거인 조나단 메릿(Jonathan Merritt)과 함께 단독 인터뷰를 하기로 했고, 이 책이 출판되었고, 개혁 프로젝트(RP)에서 연설을 했다. 이 모든 것이 10월 말에서 11월 초에 일어났다.

모든 것이 폭발적이었다. 침례교 국제뉴스(BNG)에 연재한 시리즈는 끝났고, 나는 성소수자(LGBTQ)들을 온전히 포용하는 데까지 "끝까지 갔다." 조나단 메릿 (Jonathan Merritt)과의 인터뷰는 빠르게 소문이 퍼졌다. 내가 개혁 프로젝트(RP)에서 한 연설이 담긴 비디오와 뉴스 보도 역시 빠르게 퍼져 나갔다. "복음주의 윤리학인 데이비드 거쉬(David Gushee)의 동성애자 지지" 소식이 국제적인 소식이 되었다.

돌아보면, "생각의 변화(Changing Our Mind)"라는 제목의 책은 이 책을 어떻게 보는 가에 따라 우연히, 신의 섭리로, 혹은 악한 신의 계획으로 이루어진 것이라고 할 수 있다. 그 시작은 블로그에 글을 연재하는 것이었다. 하나의 글과 다음의 글 사이에는 일주일의 시간이 주어졌고, 대부분의 경우 각 글에 따른 연구와 작문의 과정을 일주일 내에 끝내야 했다. 그 전체 시리즈는 어려운 주제들에 대해 생각들을 펼쳐보고, 생각이 이끄는 대로 탐구하려는 의도에서 시작되었다. 이 시리즈가 진행되면서 충분한 추진력이 생기고, 그 중요성이 충분히 확보되면서 책으로 나오게 되었다. 조나단 메릿(Jonathan Merritt)과의 인터뷰와 개혁 프로젝트(RP)에서의 연설을 통해 이 시리즈/책은 국제적인 뉴스가 되었고, 특히 대부분이 분노의 반응을 보인 복음주의 진영 안에서 뉴스거리가 되었다.

앞의 내용의 마지막 부분이 내가 말하려는 두 번째 요점으로 연결된다.

모든 책마다 각각의 작품의 역사가 있듯이, 모든 책들은 또한 각각의 평판의 역사가 있다. 책을 만들고 책을 알리는 데 아무리 상당한 노력을 기울인다고 해도, 독자들이 그 책을 어떻게 받아들이는 지는 그 자체의 생명력에 달려 있다. 하나의 책이 세상에 나오고 나면, 저자는 자신의 책에 대한 통제권을 잃게 되며, 그 책의 평판은 저자가 기대하거나 의도한 것과는 상당히 다르게 나타날 수 있다.

만일에 한 권의 책이 상당히 주목을 받게 되면, 그 책의 평판과 그 평판에 대한 저자의 반응은 그 책 자체 만큼이나 큰 이야기거리가 된다. 책을 펴내려는 특별한 목적에 영감을 받은 저자가 있고, 그 책이 평판을 얻게 되면, 여러 입장의 주장들이 개진된다.

여러분이 읽고 있는 이 책의 초판에 대한 평판은 내가 상상했던 것과는 상당히 다른 것이었다. 나중에 책으로 묶어서 나오긴 했지만, 작은 시리즈의 블로그 글들은, 적어도 계속적으로 성소수자(LGBTQ)들을 포용하는 문제로 논쟁을 하고 있었던 한 부분의 세계, 특히 복음주의적 기독교 안에서는, 꽤 엄청난 일이었다.

그러나 내 책의 평판은 기대하지 않았던 방식으로 다양하게 나타났다. 부분적으로는 사람들이 정확히 무엇에 반응을 보이는가에 따라 반응이 다르게 나타났다. 어떤 사람들은 주로 원래의 침례교 국제 뉴스(BNG)에 실린 글 하나 또는 여러 개의 글에 반응을 보였다. 어떤 사람들은 책 전체에 대해 반응을 드러냈다. 어떤 사람들은 조나단 메릿(Jonathan Merritt)과의 대화에 반응을 보였다. 어떤 사람들은 개혁 프로젝트(RP) 연설/비디오에 반응하였다. 어떤 사람들은 그 이후 일년동안 후속으로 쓴 글들이나 인터뷰들에 반응을 나타내었다.

나는 이러한 다양한 초점을 바탕으로 유포되는 반응들에 대해 통제할 능력이 없다. 그런 사실로 인해 나는 당혹감을 느꼈다. 그러나 내가 할 수 있는 것은 거의 없었다. 비판의 말들이 점점 심해지고, 내 시간을 뺏는 요구 사항들이 늘어가면서, 나는 결국 내 자신의 온전한 정신을 지키고 내 자신의 인생을 살아가기 위해 그 모든 반응들을 무시하기로 마음먹었다.

책이 출판되고 난 이후에, 이 책은 교회 안에 성소수자(LGBTQ)들을 포용하는 문제를 다루는 데 있어 중요한 책으로 자리를 잡아갔다. '영혼의 읽기(Read the Spirit)' 출판사가 민첩하게 책의 출판을 해 주었고, 나는 2015년 2월에 신속하게 나의 개혁 프로젝트(RP)에서 한 연설을 포함(이 책의 제20장)시켜 제2판을 펴낼 것을 제안했다. 그렇게 제2판이 빠르게 판매되었고, 연구 자료로 사용되었고, 또한 많은 곳에서 조롱의 대상이 되었다.

정확하게 말하면, 이 책이 짧은 장들로 이루어졌고, 학자들이 사용하는 방식으로 복잡하게 쓴 것이 아니었기 때문에, "보통 사람들"도 읽고 이해할 수 있었다. 고등학교 학생이 친구에게 선물하거나, 10대의 게이가 자신의 부모나 형제에게 읽어보기를 간청할 수 있는 그런 종류의 책이었다. 성소수자(LGBTQ) 청소년들로부터 이 책이 자신들의 삶을 변화(또는 구원)시켰다는 고백들이 쇄도하기 시작했고, 복음주의자들인 부모들이 이 책을 통해 자신들의 자녀들을 온전히 받아들이는 데 도움을 받았다고 나에게 알려왔다. 이런 일들은 참으로 선한 열매라고 느껴졌다. 나는 지금도 그런 증언들을 계속해서 받고 있다.

그러나 이 책은 또한 격렬한 비판도 받았으며, 반대자들은 심하게 이 책의 메시지와 방법론과 저자를 공격했다. 반대자들의 거의 대부분은 나보다 "오른편"에 서 있는 근본주의자들과 복음주의 목사들, 학자들, 블로거들이었다. (나의 "좌측"에 서 있는 자들에게서도 약간의 비판을 받았는데, 일부 자유주의자들은 언약적-결혼의 틀을 가지고 접근하자고 주장하는 나의 윤리적 방법론이 대책 없는 구식이라고 했다.

뭐 그렇다는 거다.) 내가 명백한 이단이고 잘못된 가르침이라는 주장 이외에도 다른 많은 것들로 나를 비난하는 말들이 있었는데, 그 중에는 아마추어적인 성경 연구로 학자적 엄숙함이 부족하고, 다른 관점들에 대해 관용하지 못하는 복음주의자로 나를 규정하는 말들도 있었다.

또한 나는 이 책이 받은 관심 때문에 사람들이 상당한 시기심을 갖고 있다는 것을 느꼈다. 이 영역에서 활동해 온 사람들, 특히 전통주의자들 진영에서 활동해 온 사람들은, 이 책이 미디어가 자유주의자들에게 경도되어 있음을 보여주는 또다른 사례로 취급하면서 자신들이 공격받는다고 느꼈다. 이후에 나의 동료 학자들이 나를 미국 종교학회(The American Academy of Religion)와 기독교 윤리학회(The Society of Christian Ethics)의 회장으로 선출해 주었을 때, 그 동일한 비평가들은 더욱 격분했다. 학문적으로 미흡한 사람이 그런 영예를 얻어서는 안되는 것이겠지만, 그 자리는 자유로운 학문세계에서 서로 치켜세워주는 관행으로 여기면 되지 않겠는가?

많은 비판과 이 책 자체의 여러 결점과 한계에도 불구하고 "생각의 변화(Changing Our Mind)"는 기독교 내에서 성소수자(LGBTQ)를 포용하는 문제가 논의될 때마다 여전히 그 대화 가운데 한 자리를 차지하게 되는 것 같다. 특히 성소수자(LGBTQ)인 기독교인들(한 때 기독교인이었던 자들을 포함하여)과 그들의 가족들과 친구들처럼 고통을 겪는 사람들 사이에서 지속적인 시장성이 있는 것으로 나타난다. 또한 최소한 기독교 내에서 성소수자(LGBTQ)에 대한 논쟁을 마련하고 있는 강의실 토론장에서는 지속적으로 빠지지 않는 위치를 확보하고 있는 것 같다.

상황이 그러하고, 또 나를 비판하는 자들에게 대답하려는 학자적 의무감을 최종적으로 이행하기 위해, 이제 나는 세 번째이자 최종판인 "생각의 변화(Changing Our Mind)"를 지금 2017년 여름에 내놓는다.

이 새로운 최종판에서는 두 개의 큰 부분과 여러 개의 작은 부분들이 바뀌었다. 첫 번째의 큰 변화는 원래의 내용 다음에 "비평가들에 대한 대답" 부분을 추가한 것이다. 여러 논쟁 이후에 사태가 가라앉을 때쯤 마침내 찾아온 고요함의 축복을 경험하면서, 나는 마침내 "생각의 변화(Changing Our Mind)"에 대한 가장 주요한 비판들과 대면하게 되었다. 또한 이런 "대답"에는 이 책에 대해 가장 중요한 비판적 논평들의 목록이 수록되어 있다. 두 번째의 큰 변경은 로버트 콘월(Robert Cornwall)이 만든 매우 유용한 연구 안내서를 이 책 마지막 부분에 추가한 것이다.

또한 이 최종판의 내용 중에 몇 개의 아주 사소한 내용들도 변경되었는데, 주로 최신 정보로 바꾼 것들-비록 내가 하나님께서 나에게 주신 말이라고 믿었던 것을 다시 바꾸어서 쓰는 것에 큰 거부감이 있었지만-이다. 긍정적인 논평들에게서 가져온 새로운 내용들을 포함하여 이 책에 대한 칭찬의 글들을 이 책의 마지막 부분으로 옮겼기 때문에, 일부 독자들이 이를 갈면서 그 칭찬의 글을 읽게 되는 일이 마지막 부분에 가서야 발생되도록 했다.

나를 비판하는 사람들을 화나게 했던 이유들 중 하나는 첫 번째 판에 붙여진 부제목 때문이었다. 나를 "미국의 선도적인 복음주의 윤리 학자"로 서술한 것이다. 이 새로운 판에서는 그 표현이 삭제되었는데, 그 이유는 "비평가들에 대한 대답" 부분에 명확히 나타나 있다.

나는 뛰어난 재능을 가진 머서 대학(Mercer University) 졸업생들인 조단 예거 메이슨(Jordan Yeager Mason)과 파비아니 두어테(Fabiani Duarte)가 이 책의 최종판을 펴내는데 헤아릴 수 없을 만큼의 연구적 도움을 준 것에 감사한다. 항상 그렇듯이, 이 최종 작품에 대한 책임은 전적으로 저자에게 있다.

조지아(Georgia)주
아틀란타(Atlanta)에서
데이비드 거쉬(David Gushee),
2017년 6월.

제2판에 부치는
저자의 소개의 글

2015년 2월

이 책에 모아 둔 17개의 에세이들은 침례교 국제 뉴스(Baptist News Global – 이전에는 'ABP뉴스/헤럴드'라는 이름이었다)에 2014년 7월에서 10월까지 유사한 형식으로 펴내었던 것이다. 침례교 국제뉴스(BNG)는 자율적인 비영리 언론사이고, 세계에 흩어져 있는 침례교인들과 다른 기독교인 독자들에게 뉴스와 특집 기사와 여러 의견을 기고한 글들을 매일 평일에 제공한다. 이 저자와 출판사는 침례교 국제 뉴스(BNG)가 나의 의견을 담은 글들을 급하게 책으로 펴내는 것에 관대히 동의해 준 것에 감사하고 있다. 이와 관련해서, 침례교 국제 뉴스(BNG)는 직무상 의무 사항을 넘어서는 협력을 해 주었다. 내가 쓴 원래의 글들과 각각의 글이 나오는 동안 그들이 만든 대화의 내용을 알고 싶다면, www.baptistnews.com을 확인하기 바란다.

나는 이 책의 진행 과정에서 원고를 읽어준 몇몇의 친구들과, 온라인에 게재된 원래의 글들에 의견을 보내 준 모든 이들에게 감사한다. 여러분의 의견들 덕분에 이 책이 상당히 개선될 수 있었다. 물론, 이 책의 내용에 대한 책임은 전적으로 저자에게 있다.

이 두 번째 판은 조금 수정되고, 편집되고, 최신 정보로 바뀐 내용들을 포함하고 있지만, 크게 달라진 점은 특히 성소수자(LGBTQ) 기독교 지도자들의 요청에 따라 내가 2014년 11월에 워싱턴 디씨(Washington D.C.)에서 개최된 개혁 프로젝트 (The Reformation Project) 컨퍼런스 연설의 전체 내용을 포함한 것이다.

모든 성경 구절은 따로 설명을 하지 않는 한, 새 개정 표준판 성경(The New Revised Standard Version)에서 인용하였다.

추천의 글

만일 여러분이 데이비드 거쉬(David Gushee)가 누구인지 모른다면, 그가 누구인지 알아보아야 한다. 만일 내가 말하기를, 그가 미국 복음주의 윤리학에서의 빌리 그래함(Billy Graham)이나 프란시스(Francis) 교황 같은 존재라고 말한다면, 당신은 "그렇다면 왜 내가 그 사람을 아직 모르고 있지?" 라고 말할 것이다. 그 질문에 대답을 하자면, 영국의 요리나 미국 북부의 환대 문화를 생각할 수 있는 사람이 매우 적은 것처럼, 사람들이 복음주의와 깊고 철학적이고 윤리적인 사상을 즉각적으로 연결시키지 못하는 것에는 여러가지 이유가 있는 것이다.

그러나 영국에도 훌륭한 요리사들이 있고, 북부지방에도 정말로 친절한 사람들이 있는 것처럼, 위대한 복음주의 윤리학자들도 존재한다. 벌써 수십 년 동안, 데이비드 거쉬(David Gushee)는 미국의 복음주의 윤리학을 이끄는 학자로 명성을 얻었다.

이 책에서, 그는 자신이 성소수자(LBGTQ) 문제에 대해 잘못 생각해 왔다는 것을 인정한다. 그는 자신의 생각과 마음이 왜 바뀌게 되었는지를 설명한다. 수학을 잘하는 학생처럼, 그는 "자신이 밟아온 과정을 보여준다."

종교 지도자가 이러한 고백을 하는 것이 흔하게 발생하는 일이 아니다. 나이가 든 독자들은 빌리 그래함(Billy Graham)이 미국 복음주의자들에게 충격을 주었던 사건들을 기억할 것이다. 첫째, 그는 복음주의 행사들을 주최하면서 인종을 차별하던 관행을 거부하였다. 둘째, 그는 로마 카톨릭과 협력하여 일을 했다. 젊은 독자들은 프란시스(Francis) 교황이 어느 무슬림 여인의 발을 씻거나, 게이인 카톨릭 신자들을 정죄하기를 거부하면서 카톨릭 신자들에게 충격을 주었던 사건을 기억할 것이다.

이 책들을 통해 여러분은 그와 같은 것을 읽게 될 것이고, 어쩌면 더 놀랍고 예기치 않은 것을 읽게 될 것이다.

데이비드 거쉬(David Gushee)의 글이 깊이가 있고 신중하고 뛰어나고, 그 자신이 철학적이고 신학적으로 면밀하고 날카롭기도 하지만, 또한 그는 철학이나 신학적으로 일천한 "보통의 사람들"에게 산뜻하게 명확하고 이해하기 쉽게 다가간다.

그는 '예'는 '예'가 되게 하고, '아니요'는 '아니요'가 되게 하라고 말씀하신 예수님의 윤리를 따르고 있다.

데이비드(David)는 이 책에서 '예-아니요'라는 명확성과 간결성을 추구한다. 내가 아는 어떠한 저자도 그 유명한 소위 "두드려 패는 본문들"을 데이비드(David)와 같은 수준으로 명확하고 간결하게 다루지 못했다.

이 글을 마무리하기 전에 꼭 말해야 할 것이 하나 더 있다. 나는 데이비드(David)를 많이 존경하고 동경하고, 충심과 진심으로 그를 좋아한다. 또한 이 책이 나오기를 기다리면서 그를 생각하면 어느 정도의 고통을 느끼게 되는 것도 인정한다.

그와 같이 나도, 진영의 논리를 암묵적으로 따랐었다. 그와 같이 나도, 모든 것을 다시 천천히 생각해 보는 과정을 거쳤다. 그와 같이 나도, 나에게 커밍아웃을 한 가족들과 친구들과 내가 목회했던 교회의 교인들로 인해 내 생각이 더욱 풍부해지고 심화되는 과정을 거쳤다. 그와 같이 나도, 지금은 되돌리고 싶은 나의 충고와 의견들 때문에 상처를 받았던 사람들로 인해 많이 후회하고 있다.

내가 이성애자이자 결혼을 한 복음주의 목사로 성소수자(LGBTQ)의 평등에 대해 생각이 바뀌었다고 '커밍아웃'했을 때, 지금도 생각하면 얼굴을 찡그리게 되는 항의 편지를 받았다. 여러 친구 관계가 끝이 났다. 주요 복음주의 잡지들은 나를 블랙리스트에 올려 놓았다. 나는 복음주의 세계에서 서슴지 않고 자신들의 권위와 영향력을 행사하는 신학적 불량배들이 있다는 것을 발견했다. 이전에 나를 환영해 주고 내가 편하게 느꼈던 곳에서 나를 연사로 초청해주고 우호적으로 환영해주는 일이 점점 사라져갔다.

이러한 경험들은 나에게 상처가 되었다. 또한 내가 느낀 불쾌함과 함께, 나와의 우정과 자신들의 교회, 교단, 단체들에 소속되는 것 사이에서 선택을 강요받았던 나의 친구들로 인해 마음이 아팠다. 내가 내 자신의 생각과 마음이 바뀐 것을 공개하게 되면서 나의 많은 친구들을 곤경에 빠뜨렸다는 것을 깨달았다. 나는 그것이 싫었다.

나는 이제 데이비드(David)가 이 모든 현실들을 겪고 있다는 것을 안다. 그는 이런 것들을 경험하기에는 인간으로서 또한 신사적인 기독교인으로서 너무 좋은 사람이다. 그러나, 다시 말하면, 그는 이런 것들을 경험하지 않으려고 자신의 생각과 마음이 바뀐 것을 숨기기에는, 그는 인간으로서 또한 신사적인 기독교인으로서 너무 좋은 사람이다.

그래서, 경고의 말을 전하고자 한다: 만일 여러분이 이 책의 페이지들을 읽을 용기가 있고 이 윤리학자가 제시하는 것을 받아들인다면, 여러분은 여러분 자신이 큰 윤리적 결정을 해야 할 상황에 직면할 것이다. 만일 여러분의 생각이 바뀐다면, 만일 여러분이 이 문제에 대해 마음의 변화를 경험한다면, 여러분 역시 그에 따른 어떤 결과에 직면하게 될 것이고 여러분은 거기에 대해 – 윤리적으로 – 반응을 해야 할 것이다. 그런 과정은 충분히 여러분 자신의 윤리적 발전을 결정짓는 시점이 될 것이다.

물론, 이 책에서 데이비드(David)가 말하는 분명하고 진심 어린 글들을 솔직하고 진지하게 다루지 않으려고 겁을 먹고 회피한다면, 그것도 일종의 윤리적인 결정의 시점이 될 것이다.

　우습지 않은가? 단지 우리가 성소수자(LGBTQ) 문제를 다르게 (어떤 쪽이든지) 바라보는 사람들의 눈에 있는 윤리적인 티끌에만 초점을 맞추고 싶어질 때, 우리는 그저 우리 자신의 눈에 있는 윤리적인 들보를 직시하는 것에 초점을 맞추어야 하지 않을까 싶다.

브라이언 멕라렌(Brian D. McLaren)은 종교적, 문화적, 정치적 그룹들을 갈라놓는 단절의 틈을 연결하는 다리를 세우는 일과 관련하여 십 수권의 책을 쓴 베스트 셀러 저자이다. 또한 그는 텔레비전과 라디오와 뉴스 프로그램으로부터 빈번히 초대되어 혼란스러운 세상에서 평화를 일구는 일에 대해 이야기하고 있다.

서문: Preface

행복감과 성취감이 가득했던 젊은 대학 강사 시절에 신입생 영어 과목으로 '담화 (Discourse)'라는 과목을 가르쳤던 때가 있었다. 당시 신입생 필수 과목이었던 '담화' 시간에 가르쳤던 내용 중 많은 부분들이 지금은 시대에 뒤떨어진 것처럼 보이지만, 그때에는 실제적으로 필요한 부분이라고 여겨졌다. 그런 상황과 가르친 내용의 진실 성을 떠나, 그 과목을 가르치는 일은 즐거웠다.

한가지 분명한 것은, '담화'에 대한 놀라운 면들을 가르치는 일이 그 당시 신입생 영어 과정에 있는 다른 과목들을 가르치는 것보다 더 나았다는 것이다. 무엇보다 문학의 다양한 갈래 중에서도 '담화'만이 갖는 예술성과 꾸밈없는 아름다움이 있는데, 왜냐하면 '담화'는 다른 글이나 말과는 다르게 전달하는 사람의 뚜렷한 생각의 전개나 논리의 일관성이 요구되는 문학 형식이기 때문이다. '담화'의 다양한 형식과 전개방식 중에서도 '변명(apologia)'이 가장 아름답다.

물론 오늘날 우리가 '변명(apologia)'라는 단어를 자주 사용하지 않으며, 특히 일상 생활에서는 더욱 그렇다. 그렇지만 일반적으로 그 말의 의미를 대충은 알고 있다. 예를 들어, '소크라테스의 변명(Socrates' Apologia Pro Vita Sua)'은 서구 문학의 위대한 고전 중 하나이고, 우리가 인식하든지 안 하든지 간에 문자 그대로, 지금도 모든 사람들에게 영향을 끼치고 있는 작품이다. 덧붙이자면, 그런 문학 형식을 연구를 했던지 안 했던지 간에, 우리가 그 작품을 접하게 되면 그 내용을 알게 되는 순간 즉각적으로 "변증" 또는 "변명"이라는 것에 경의를 표하게 된다.

'변명'은 '담화'가 갖는 일반적인 선명성과 일관성이란 특징을 지니면서도 그것을 초월한다. 말하기의 형태로서 '변명'은 그러한 특징들에 인간미를 더하게 한다. '변명' 을 창작하는 사람은 개인적이고... 자전적이고, 진술하며, 항상 비판의 대상이 될 위험 성을 감수하면서... 자신의 생각들과 그 생각들이 진행되는 내용을 전달하게 된다.

그렇기 때문에 독자나 듣는 이는 제시된 내용을 제대로 그리고 분명하게 잘 이해하게 될 뿐 아니라, 그 '변명'을 말하는 사람의 높은 겸손함에 놀라게 된다. 그 결과를 전체적으로 말하자면, 흔치 않은 빛남과 순수한 아름다움을 보게 된다. '변명'을 설명하자면, 어떠한 커다란 생각 앞에서 자신을 완전히 드러내면서 그 생각과 씨름하는 한 남자나 여자의 이야기라고 할 수 있다.

'생각의 변화(Changing Our Mind)'는 일종의 '변명'이다. 이 책은 종교분야에서 우리 시대의 가장 존경받고 신뢰받는 보수적 학자이며 사상가 중 한 사람이 쓴 '변명'이다. 기대감을 갖고 읽을 뿐만 아니라, 데이비드 거쉬(David Gushee) 같은 거장이 자신의 독자들에게 경의를 보이는 것에 대해 감사한 마음으로 읽기 바란다. 많은 전통적인 기독교인들이 자신들의 동료 신앙인들인 성소수자(LGBTQ) 가족들을 포용하지 못하도록 막고 있는 신학적 쟁점들에 대해, 그는 자기 자신이 스스로의 결론에 도달하기까지의 힘겨운 과정들을 공개적으로, 또한 자세하게 설명하기로 마음먹은 것이다. 이런 말들은 저자의 고통스러운 노력을 통해서만 탄생하게 된다. 그러한 이유로 앞에서 말했듯이 최고의 '변명'이라고 할 수 있다.

필리스 티클(Phyllis Tickle)은 종교학자와 언론가이며 종교학 분야에 선도적인 전문가로서 36권의 책을 쓴 저자이기도 하다. 성공회 교회에서 활발한 활동을 하는 회원이고 여러 대학들과 컨퍼런스에서 글을 발표하였으며, 타임(TIME)지와 뉴욕타임즈(NY Times), 유에스에이 투데이(USA Today), 피비에스(PBS), 씨엔엔(CNN), 비비씨(BBC) 등의 유수한 언론들과 인터뷰하였다.

소개의 글: Introduction

서구 사회에서의 기독교는 지금 도덕적 권위를 상실할 위기에 빠져 있다. 이러한 위기는 교회에 다니는 내 또래의 밀레니얼 세대가 빠르게 감소하는 것을 보면 명확한 사실이다. 이제는 공적 영역에서 정책을 논의하는 데 있어 교회가 갖는 영향력이 약화된 것이나, 문화적 영향력을 지배했던 C.S. 루이스(Lewis)나 빌리 그레이엄(Billy Graham) 같은 기독교 지도자들이 줄어든 것을 보아도 명백한 사실이다.

이러한 위기의 원인으로 많은 문제들을 지적할 수 있다. 교회가 정치적 당파성을 가지게 되면서 파생된 불행한 결과라 할 수도 있고, 인종문제와 경제적 불의에 무관심했던 결과로도 볼 수 있다. 그러나, 무엇보다도 나의 친구들을 교회로부터 멀어지게 하고 그들이 교회의 지도자들에 대한 도덕적 신뢰감을 잃는 결과를 낳은 가장 명백한 이슈는, 바로 성소수자들(LGBTQ)을 거부하고 배척하는 복음주의 교회의 모습이다.

많은 기성 교회 지도자들은 게이(gay), 레즈비언(lesbian), 양성애자(bisexual), 성전환자(transgender) 기독교인들과 가까운 관계를 맺고 있지 않기 때문에, 그들은 "성소수자(LGBTQ) 문제"를 정치적인 시각으로 보는 경우가 많고 관계적인 시각으로 보지 않는다. 이 문제와 관련된 논쟁이 있을 때면, 그들은 덜 난처할 것 같은 문제들에 초점을 맞추기 위해 주로 기존 입장을 고수하는 태도를 취한다.

반면에 교회내에 젊은 신도들은 이 문제가 제기하는 도전적인 질문들을 회피할 수 있는 사치를 누릴 수가 없다. 우리의 가장 친한 교회 친구들이 눈물을 흘리면서 자신들이 게이라고 말하면서 그 사실 때문에 수년 동안 괴로움 속에 살아왔다고 고백한다. 우리의 학교 친구들이 커밍아웃한 후에 교회에 다시 발을 들여놓는 것이 안전하다고 느끼지 못한다. 밀레니얼 세대의 기독교인들에게 이러한 이슈는 추상적이고 정치적인 흥정거리가 아니다. 이것은 우리가 정말 사랑하는 친구들, 자신들의 다른 점들 때문에 엄청난 고독감과, 두려움과, 사랑받지 못한다고 느끼는 친구들에게 우리가 얼마만큼의 안전한 공간과 친절을 제공해 줄 수 있는가 하는 문제이다.

따라서 우리가 많은 교회 지도자들을 보면서, 또한 이러한 논란 속에서 그들의 요지부동한 반대나 두려움을 보면서, 우리는 해답을 얻으려면 교회가 아닌 다른 곳으로 가야 된다고 생각하게 된다. 우리 친구들이 문을 박차고 나갈 때, 우리 목사님들이 우리들이 가장 사랑하는 사람들의 눈물과 시련에 다가가기 보다, 자신의 경력과 평판을 더 중시하며 자신들의 마음을 열기를 거부하는 모습을 보게 된다. 우리의 지도자들은 예수님의 자기 희생적 사랑을 계속해서 설교하지만, 그들의 행동 때문에 그들의 말이 점점 더 공허하게 들린다.

그 결과를 짐작하는 것은 어렵지 않다. 밀레니얼 세대가 교회를 떠나고 있다. 비판적으로 말하자면, 그들이 떠나는 것은 제자로서의 삶의 대가가 너무 크기 때문이 아니라, 그 대가를 감수하려는 교회지도자들의 수가 너무 적기 때문이다.

그 엄연한 사실 앞에 대부분의 안정된 복음주의 교회의 지도자들은 자신의 방식에 갇혀있거나, 좋게 보자면 어떻게 풀어가야 할 지 몰라 당황하고 있다. 더 나이가 드시고 더 보수적인 많은 교인들은 목사들이나 다른 이들이 이러한 문제를 진지하게 다루지 못하도록 하기 위해, 누구든지 자신의 입장을 바꾸는 이들은 후원을 중단할 것이라고 위협한다. 이러한 역학관계 때문에 많은 가장 유망한 청년들을 내쫓고 있다. 그 결과, 미래에 교회가 부흥하는 것을 희망할 수 있는 가장 큰 이유 중 하나이자 교회가 점점 작아지는 현상을 되돌릴 변화의 주역들을 잃고 있는 것이다. 당연히, 이러한 상황 때문에 21세기 교회의 위상에 대해 많은 이들이 비관적이다.

이러한 현실 속으로 용감하고, 관대하며, 교회가 이 심각한 위기를 극복하도록 도와줄 특별한 위치에 서 있는 데이비드 거쉬(David Gushee)가 뛰어들었다. 활발한 저자이자 사상가로서, 데이비드 거쉬(David Gushee)는 이러한 위기가 가장 첨예하게 드러난 복음주의 진영 안에서 신뢰할 만한 신학적 업적을 쌓아왔다. 복음주의적인 윤리 교과서를 선도하는 "하나님의 통치와 예수따름의 윤리(Kingdom Ethics, 대장간 출간)"를 포함하여 총 19권의 책을 쓴 거쉬(Gushee)는 많은 복음주의 리더들, 목회자들, 학자들 사이에서 넓게 영향력을 미치고 있다.

중요한 점은 거쉬(Gushee)가 과거에도 사람들이 좋아하지 않는 반문화적인 입장을 취하는 것을 두려워하지 않았다는 것이다. 미국내 많은 기독교인들이 고문을 도덕적으로 용인할 수 있는가 하는 질문에 대해 머뭇거릴 때, 거쉬(Gushee)는 그러한 관행을 확고하게 비판하며 "고문에 반대하는 복음주의적 선언"의 초안을 만드는 일을 했다. 마찬가지로, "기후변화에 대한 복음주의적 이니셔티브"의 초안을 만드는 일에도 주도적 역할을 하며, 하나님의 피조세계에 대한 청지기의 역할을 단순한 정치적 편향의 이슈로 돌리려는 사람들에 대해 이의를 제기했다.

이 책 "생각의 변화(Changing Our Mind)"에서도 거쉬(Gushee)는 또다시 자신의 동료들 사이에서 인기가 없는 입장을 옹호하면서 자신의 평판에 흠이 될 수도 있는 길을 택한다. 교회가 성소수자들(LGBTQ) 집단에 가한 피해에 대해 사과 해야만 하고, 동성 관계에 대한 우리의 성경 해석이 그러한 피해를 일으킨 뿌리가 되었다는 입장을 피력한 것이다.

틀림없이, 어떤 이들은 거쉬(Gushee)가 이런 입장을 취함으로써 미국 내에서 변화하는 문화적 지형에 굴복한 것이라고 생각할 것이다. 그러나, 그것은 이 책이 말하려는 바를 완전히 반대로 이해하는 것이다. 그가 이전에 고문과 창조질서의 보존 문제를 다루었던 것처럼, 거쉬(Gushee)는 단호하게 전반적인 복음주의권 문화의 방향과 반대되는 입장을 취한다. 그는 편의적인 영합이 아닌 스스로의 확신에 따라 행동하며, 얻을 것보다 잃을 것이 더 많음에도 불구하고 - 최소한 단기간으로 볼 때에는 - 성소수자(LGBTQ) 기독교인들의 입장에 동조한다.

또 하나 중요한 점은, 거쉬(Gushee)가 이미 동성 관계를 지지하고 있는 많은 이들이 갖고 있는 관점에 대해서도 문제를 제기한다는 것이다. 비록 좀 더 진보적인 진영에서는 잘 인정되지 않지만, 동성 결혼에 대해 불편함을 느끼는 기독교인들이 제기하는 우려 또한 타당한 면이 있다. 성경의 권위를 손상시키고, 교회의 성에 대한 표준을 희석시킬 위험성에 대해 우려하는 것이 근거가 없는 것이 아니며, 성소수자(LGBTQ)들을 지지하는 사람들이 기본적으로 내세우는 "바울은 그 시대의 사람일 뿐이다,"라거나 "사랑은 사랑이다"와 같은 주장들로는 그러한 우려를 낮출 수 없다.

그의 명성에 걸맞게 데이비스 거쉬(David Gushee)는 그러한 우려를 무시하거나 별 것 아닌 것으로 취급하지 않는다. 그 대신에, 성소수자(LGBTQ)를 지지하는 기독교인들에게 성경의 권위를 온전히 존중하라고 분명한 어조로 요청한다. 또한 역사적으로 교회가 가르쳐 온 대로, 성관계는 단순히 서로 동의하거나 감정에 따라 사랑을 표현하는 방식이 아니라 결혼 관계 안에서 이루어져야 한다고 대담하고 강력하게 주장한다. 보수적인 기독교인들이 핵심적으로 우려하는 바에 대하여 존중과 사리에 맞는 주장을 하는 것을 통해, 거쉬(Gushee)는 교회 안에 있는 현재의 대립적 갈등을 넘어서는 방향을 제시하고 있다.

이 책에 나타난 데이비드 거쉬(David Gushee)의 노력들은 교회 내에서 성소수자(LGBTQ)에 관한 대화의 틀을 새롭게 만들고, 새로운 세대를 위한 교회의 도덕적 권위를 재정립하는데 중추적인 중요성을 가지게 될 것이다. 언젠가, 지금은 그의 생각에 대해 무시하거나 반발하는 사람들도 그에게 고마움을 느낄 날이 올 것이다. 분명한 것은 나와 그리고 다른 성소수자(LGBTQ) 기독교인들은 이미 감사할 만한 커다란 이유를 발견했다는 점이다.

매튜 바인스(Matthew Vines)는 교회 내에서 성경을 기반으로 하는, 성적 지향성(sexual orientation)과 성정체성(gender identity)에 대한 교육 개혁을 위해 설립된 비영리 단체 "개혁 프로젝트(Reformation Project)"를 시작한 인물이다. 매튜(Matthew)는 하버드 대학에서 공부하던 중 성경이 말하는 동성애에 대하여 연구하고자 휴학 중이다. 그 결과, 베스트 셀러의 자리에 오른 "하나님과 게이 기독교인, 동성 간의 관계를 지지하는 성경적 근거(God and the Gay Christians: The Biblical Case in Support of Same-Sex Relationships)"라는 책이 나왔다. 또한 유에스에이 투데이(USA Today), 워싱턴 포스트(Washington Post), 뉴욕타임즈(NY Times) 등 미국 전역에 걸쳐 뉴스 지면에 등장하였다. 그는 지금 켄사스 주에 살고 있다.

제1장

뉴욕에서 살기

어쩌면 미국의 동성애자 권리운동이 처음 시작된 뉴욕에 살면서 내가 성소수자(LGBTQ) 문제를 가지고 씨름하게 될 것은 이미 예견된 결과라고 할 수 있다.[1] 2013년에 "빅 애플"(뉴욕의 별명-역자주)에서, 초대받은 사람들을 정말 중요한 존재로 느끼도록 만들어 주는, 초대받은 사람들만 갈수 있는 비공개 모임에 참석한 일이 있었다. 그 모임의 주최자는 미국에서 가장 떠오르는 (신학적으로 보수적인 개신교의) 젊은 복음주의 지도자들 중 한 명이었다. 이 특출난 인물은 주로 2,30대인 (얼마전에 충격적인 나이인 50살이 된 나같이 나이 든 사람도 일부 있었지만) 복음주의 내의 떠오르는 유망주들 10여명을 맨하탄에 있는 회의실로 초대해서 하루 동안 우리들이 하는 사역과 꿈에 대해 함께 이야기하는 시간을 가졌다.

성소수자(LGBTQ) 문제와 복음주의 교회와의 관계에 대해 즉석에서 나눈 여러 의견들 외에는 그 회의에서 다루었던 이야기들이 거의 생각이 나지 않는다.

사실 이런 일은 흔하다. 요즘 기독교인들의 모임에서 게이 문제와 마주치지 않고 지나가기는 어려운 일이다. 오늘날 미국 문화에서 그리고 전 세계 문화에서 그런 것처럼, 복음주의 교회 안에서도 이것은 모든 어려운 문제들 중에서도 가장 어려운 문제이다. 특히 젊고, 세련되고, 흔히 도시에 거주하는 복음주의자들 사이에서 특정한 급변이 일어나고 있다. 그들은 꽉 끼는 청바지를 입고 카페 마키아토를 마시며, 어떠한 경우에도 이전 세대의 복음주의자들의 틀에 박힌 관습을 따르거나 그렇게 보여지는 것을 싫어한다. 그들은 다른 사람을 증오하거나 남을 선동하는 사람으로 보여지는 것을 싫어하며, 늙은 제리 팔웰(Jerry Falwell) (리버티 대학 설립자이며 기독교 근본주의의 대표적 인물, 역자주)같은 기독교 우파로 취급받는 것을 싫어한다. 그래서 그들은 뉴욕과 같은 크고 복잡한 도시의 중심에서 복음을 효과적으로 나누고 싶은 간절함이 있다.

그러한 젊고 유력한 복음주의자들은 자신이 속한 그룹의 문화 가운데 있는 두 가지 아주 강력한 힘들 사이에 끼어있다. 한편으로는, 여전히 그 세계의 구세대 지도자들이 종교 비즈니스 분야에서 경력의 사다리를 타고 올라가려는 젊은 복음주의자들에게 문을 열어줄지 말지를 결정하는 엄청난 권한을 가지고 있다. 이들 구세대 지도자들은 거의 한 목소리로 이 문제를 재고하는 것에 반대하고 있고, 누구든 이 문제에 대해 대화를 해 보고 싶어하는 사람들조차 제외시켜 버릴 수 있는 권력을 가지고 있다. 많은 복음주의자들에게 이러한 환경은 새로운 사고를 하려는 생각조차 할 수 없게 만든다.

다른 한편으로는, 30대의 지각 있는 복음주의자들은 더 젊은 신자들 사이에서 기존 세대에 반대하는 의견들이 활발하게 일어나고 있다는 사실도 충분히 인지하고 있다. 그들은 "복음주의의 일치된 의견"이라고 하는 것이 중고등부 아이들과 기독교 풀뿌리 운동의 주축인 대학생 기독교인들에게 그다지 설득력이 없다는 것도 알고 있다. 이들 중 상당수는 자신의 의견을 묻는 조사원들이나 자신들의 말을 들으려는 사람들에게, 전통적인 기독교에서 게이나 레즈비언을 다루는 방식과 관점 때문에 자신들의 믿음이 문제를 겪게 되고, 또한 게이나 레즈비언 친구들을 포함하여 자신들이 소중히 여기는 인간관계에도 문제가 된다고 분명히 말한다.

성소수자(LGBTQ) 문제로 인해 많은 이들이 교회를 떠나거나, 최소한 복음주의를 떠나고 있다. '대중 종교 연구(Public Religion Research)'에 따르면 미국에서 교회에 나가지 않는 대표적 세대인 밀레니엘 그룹의 70퍼센트는, "종교 단체들이 게이와 레즈비언 문제에 대해 너무 정죄하기 때문에 젊은 사람들을 소외시키고 있다,"고 말한다. 이렇게 말하는 밀레니엘의 31퍼센트가 실제로 이 문제 때문에 교회를 떠나게 되었다고 말한다. 더 많은 정보를 PublicReligion.org[2]에서확인할 수 있다.

대부분의 더 젊은 기독교인들과 한 때 기독교인이었던 사람들은 전통주의자들의 입장과 다른 성경적, 신학적 대안에 대해 들어본 적이 없다. 그렇지만 그들이 현재의 상황에 만족하고 있는 것은 아니다. 그들은 새로운 방식으로, 열린 마음으로, 구속받지 않는 공간에서 성소수자(LGBTQ) 문제에 대해 얘기를 나누고 싶은 바람이 간절하다. 젊은 기독교인들과 함께 일하는 사람이라면 이러한 그들의 고민을 알고 있을 것이다.

아마도 그 모임에서 나를 가장 당황하게 만들었던 것은 우리가 성소수자(LGBTQ) 문제에 대해 이야기하게 될 줄 몰랐다는 사실일 것이다. 그것은 의제에 포함되지 않았었다. 그렇지만 그 주제가 처음 언급되었을 때 내가 아주 짧은 순간 생각한 것은 아마 그 곳에 있는 촉망받는 젊은 지도자들로부터 신선한 의견들을 들을 수 있을 지 모른다는 희망이었다. 그러나 그렇지 않았다. 그들은 내가 천 번도 넘게 들은 진부한 얘기들을 똑같이 말하며 서로에게 점잖게 고개를 끄덕일 뿐이었다. 맨하탄 거리에 있는 대부분의 다른 사람들이 이해하든 말든, 그들은 "자유주의자들과 게이들"과의 선한 싸움을 계속해 나가자는 데 서로 동의하며 뉴욕의 밤공기 속으로 흩어졌다.

모든 사람이 동의했다. 나만 빼고. 나는 '게이'문제에 대해 나누었던 그러한 대화를 견딜 수 없었다. 이 문제에 관해 여러가지 측면에서 내 생각이 결정적으로 달라져 있음을 아주 분명하게 느끼게 되었다. 더 이상 그러한 대화를 침묵하면서 견뎌낼 수 없을 것 같았다. 만일 사람들이 내가 이 문제에 대해 다른 복음주의자들과 일치된 의견을 가지고 있을 거라고 추측하면서 나를 '복음주의자'나 특히 '복음주의에서의 도덕적 지도자'로 인정하는 것이라면, 나는 더 이상 그런 인정을 견딜 수 없었다. 이제는 새로운 사고로 공개적으로 나갈 때가 되었다.

아마 여러분이 수적인 면에서 미국의 선도적인 종교 공동체이면서 세계적으로도 그 영향력이 점점 커지고 있는 복음주의에 대해 조금이라도 알고 있다면, 그러한 결정은 뉴스거리이다. 세계 곳곳에서 이 종교 공동체는 동성애자들의 권리나 그들의 공동체를 반대하는 입장을 거의 분명하게 천명하고 있고, 게이나 레즈비언과 관련하여 전통적인 기독교의 성윤리를 재고하려는 어떤 시도에 대해서도 확실히 반대하고 있다. 예를 들면, 아프리카에서 복음주의자들에 의해 혐오 법률의 제정이 진행되고 있는 것을 생각해 보라.

나 역시 목회자로 지낸 27년 동안과 윤리학자로 지낸 21년동안 전통적인 복음주의의 입장을 옹호하는 설교와 강의와 저술 활동-예의를 지키기는 했지만, 그 내용들은 아직도 기록으로 남아있다-을 했었다. 설교자와 교수로서 수천 명의 대학생들과 신학생들 앞에 섰다. 복음주의의 기독교 윤리에 대해 아마 선도적이라 할 수 있는 교과서를 공동 집필했다. ("하나님의 통치와 예수따름의 윤리"(Kingdom Ethics, IVP, 2003년 제 2판 출간, Eerdmans / 2016년 '대장간'에서 번역, 역자주) 이 책은 세계적으로 9개의 언어로 번역되었고 초판은 전통적인 입장을 고수하는 내용이었다. 수만 명의 기독교인들이 나의 글을 읽은 것이다.

이것은 내가 좋아하는 주제가 아니었다. 나는 "동성애자의 생활방식"(The homosexual lifestyle, 동성애를 선택적 생활방식이라고 규정한 보수단체들의 입장, 역자주)이나 "게이 활동단"(Gay Lobby, 동성애자들에 대한 차별 반대운동 단체, 역자주)을 욕하면서 전국을 돌아다니지도 않았다. 나는 동성애 혐오에 대해 지속적으로 공격하면서 그들에 대한 기독교인의 깊은 연민을 촉구했다. 그러나 또한 게이나 레즈비언들의 성적 관계에 대해서 도덕적으로 수용해서는 안된다고도 말했다. 아주 최근까지, 교회에서 게이나 레즈비언 신자들을 온전히 포용하는 것을 지지하는 어떠한 내용도 쓰지 않았다. 내가 속한 진영이 취해온 입장에 충실했던 덕분에 지난 20여년 동안 유수한 복음주의 대학들과 신학교들과 잡지사나 출판사와 맨하탄 모임 같은 곳에 쉽게 접근할 수 있는 특권을 누려왔다. 내가 맺어온 관계들을 구체적으로 밝히면 내가 얼마나 내가 속한 종교적 공동체를 주도하는 그룹 안에 깊이 파묻혀 있었는지 여러분들이 알 수 있겠지만, 그 자체가 어떤 식으로든 견디기 힘든 일이 될 수도 있을 것 같다. 그렇지 않은가? 궁금하시면 www.davidpgushee.com를 통해 나를 알아내든지 아니면 내 말을 있는 그대로 받아주기 바란다.

자신의 직업군에서 리더의 역할을 한다는 것은 매우 기분 좋은 일이고, 여행, 저작권, 때로는 상당히 안락한 호텔 등 주어지는 좋은 특혜도 많다. 또한 그냥 지도자가 아니라 "종교 지도자"로서 갖는 특별한 자부심도 있다. 그러한 그런 자부심은 매우 위험하며, 나 역시 그 위험성을 인식하고 있고, 어떻게 그것이 나로 하여금 조용히 입 닫고 있게 하는지도 알고 있다. 다른 이들 역시 같은 이유로 평지풍파를 일으키지 않는다는 것도 알고 있다.

그러나 바로 그것이 지금 내가 해야 할 일이다. 이제는 내가 해야 할 다른 말이 있다. 내 생각이 바뀌었다. 이 책은 부분적으로는 내 생각이 바뀌어 온 과정에 대한 책이고, 부분적으로는 내 생각이 바뀌면서 지금은 어떻게 성경의 진리를 이해하고 있는 지에 대한 기록이다. 어떤 면에서는 한 개인의 이야기이고 다른 면에서는 내가 현재 이해하는 성경 신학에 대한 서술이다. 이 여정은 처음 내가 시작했던 지점과 아주 다른 곳으로 나를 인도하였다. 과거에 이 문제나 다른 문제들에 대해 내가 쓴 글들을 믿고 신뢰해 준 모든 사람들에게 이 특정한 문제에 대한 나의 생각이 바뀌었다는 것을 알려드리는 게 공정한 일이라 생각한다. 누구든 관심이 있는 다른 이들도 들어봐 주기를 열렬히 권한다.

이 책은 내가 맨하탄 모임에서 나타났던 복음주의 내에서의 일치된 의견과 어떻게 결별하게 되었는 지를 기술하게 될 것이다. 특별히, 성경 자체가 아니라 전통주의자들이 성경 안에 있는 특정한 본문들을 읽는 방식에 대해 왜 내가 점점 더 미심쩍어하는지를 이야기하고, 한편으로는 복음의 메시지와 교회에 대한 다른 본문들은 게이와 레즈비언들까지 포용할 수 있을 정도의 넓은 적용 범위를 가진 것으로 보인다고 말할 것이다.

내 생각이 변한 것은 특히 지난 10년간 게이, 레즈비언, 양성애자(bisexual)와 성전환자(transgender)인 기독교인들과 삶이 바뀌는(transformative) 만남들을 가졌던 축복을 통해서이다. 그 중 한 명은 얼마전에 레즈비언으로 커밍아웃한, 어떠한 말로도 표현하기 어려울 만큼 내가 사랑하는 나의 친동생이다. 어떤 이들은 같은 교회 교인들이다. 어떤 이들은 나의 학생들이었다. 어떤 이들은 이메일이나 전화로 나를 찾거나, 혹은 함께 커피를 마시면서 대화를 나누고 싶어 내게 연락을 해온 낯선 사람들이다.

이성애자의 경우와 마찬가지로, 성소수자(LGBTQ) 기독교인들의 로맨틱한 성생활의 모습은 다양하다. 어떤 이들은 독신생활을 하고, 어떤 이들은 그렇지 않다. 어떤 이는 새로운 관계를 찾고 싶어하고 어떤 이들은 그렇지 않다. 어떤 이들은 하나님이 동성과의 관계를 인정하신다고 믿고, 어떤 이들은 그렇게 믿지 않는다. 어떤 이들은 부모가 되고 어떤 이들은 그렇지 않다. 그들의 서로 많이 다른 모습을 통해 과문한 이들이 "동성애자의 생활방식 (The homosexual lifestyle)"이라고 부르는 표현을 절대 인정하지 않게 되었다.

마찬가지로, 기독교인인 이들 친구들의 신앙 여정과 관점들 역시 다양하다. 어떤 이들은 진보적이고 어떤 이들은 보수적이다. 어떤 이들은 고교회파(High Church, 교회의 예배 의식과 전통을 중시하는 교회, 역자주)에 속하고, 어떤 이들은 저교회파(Low Church, 의식에 있어 자유로우며 회심, 설교, 교리 등을 중시하는 교회, 역자주)에 속해 있다. 어떤 이들은 찬송가 부르는 것을 좋아하고, 어떤 이들은 찬양시간을 좋아한다. 그들은 그저... 자신만의 화끈하고 사랑스러운 다양성을 가진 기독교인들이다. 현재 내 친구 중 가장 전도에 열심인 친구는 어느 게이 기독교인 형제이다. 그는 어디서나 자신의 믿음에 대해 이야기한다. 다른 게이 기독교인 친구는 내가 개인적으로 싫어하는 대중적인 세기말 소설 시리즈인 "남은 자들(Left Behind, 7년 대환난 기간에 대한 소설 시리즈, 역자 주)"에 빠져 있다. 또 다른 게이 기독교인 친구는 내가 본 것 중 가장 많은 보수적 기독교 서적들을 자신의 서재에 보관하고 있다. 실제로 여러분이 기독교인으로서 게이나 레즈비언들이 여러분의 삶에 들어오도록 허락하면, 놀라운 일들을 경험하게 될 것이다.

내가 이러한 새로운 친구들, 경험들, 만남들을 찾아다닌 것이 아니다. 그들이 나에게 왔다. 지금 나는 하나님께서 그들을 나에게 보내셨다고 믿는다. 내가 속한 신앙 전통에서는 기독 공동체에 기대하지 않았던 획기적인 일들이 생겼을 때 그것을 우연으로 보지 않는다. 그런 일들은 주로 하나님의 영이 하신 일이라고 말한다.

하나님께서 "성적지향이 다른" 많은 이들을 내 삶 속으로 보내주셨기 때문에 내 생각과 마음이 바뀔 수 있었다. 이러한 경험들 덕분에 기독교의 복음과 교회에 대한 나의 이해가 점진적으로 선명해졌고, 기독교인의 성윤리가 어떠해야 하는 지에 대해서도 새로운 생각을 하게 되었다. 하나님과 그리고 내가 만난 새로운 이 기독교인 친구들 앞에서 내게 일어난 변화에 대해 여러분들에게 설명하고, 아울러 내 모든 마음을 담아 여러분들 역시 이러한 여정에 나와 함께 해 주기를 요청할 의무감을 느낀다.

앞으로 다룰 내용은 완벽하게 쓰려고 한 것이 아니다. 많은 시행착오 끝에, 이 주제를 다루는 최선의 방법은 누구나 상대적으로 적은 시간 안에 읽을 수 있도록 짧고 시의적절하게 각 장을 이어가는 것이라 생각했다. 옛날의 유사한 사례를 들어 말하자면, 이 책은 노예제 반대 팜플렛을 모아둔 것 같은 책이지 지루한 학술서 같은 책이 아니다. 정확하게 말하면, 이 책은 원래부터 여러 에세이를 모아서 책으로 출판된 것이다.

그동안 전문가들이 이 주제의 연구에 적합하도록 히브리어와 헬라어 단어들과 문서들을 분석하기 위해 얼마나 많은 노력을 했는지를 생각하면 놀라울 따름이다. 일반 평신도들이 혼란을 겪고 무엇을 해야 할 지 모르는 것은 이상한 일이 아니다. 내가 바라는 것은 내가 여기에서 제공하는 내용을 통해 독자들이 학자들이 논의한 주요 내용들에 대해 분별을 갖고 접근할 수 있게 되기를 바란다. 하지만, 더 중요한 것은 이 책이 각 논점마다 무엇이 가장 중요한 사항인지에 대해 여러분의 주목을 이끄는 역할을 하기 바란다. 이것이 우리의 성윤리를 포함한 삶의 모든 영역에서 예수님을 따른다는 것이 어떤 의미인지, 그리고 우리가 예수님의 몸 된 교회에서 성적 소수자들을 대하는 방법에 있어서 예수님을 따른다는 것이 어떤 의미인지를 분별하려는 교회의 노력이라고 할 수 있다.

제2장

우리들의 순간: 문제를 가진 교회

교회(the Church)는 게이와 레즈비언들과 문제가 있다.

이 선언은 무척 단순해 보인다. 그러나 이 문장은 여러가지 다른 의미로 읽힐 수 있다. 여러분은 어떻게 들리는가?

1. 교회(The Church)는 동성애적 행위와 관계가 잘못이라고 믿는다.

2. 교회(The Church)가 게이와 레즈비언들, 또한 그들 사이의 관계에 대해 취하는 입장 때문에 교회는 문제에 직면하고 있다.

아니면 아마도 이 문장을 다음과 같이 바꿀 수도 있을 것이다.

3. 성소수자(LGBTQ)들은 교회(the Church)와 문제가 있다.

아니면 여러분은 이 용어 자체가 마음에 걸릴 수 있다. 여러분이 생각하기에 이미 시작부터 잘못되었다고 느낄 수 있다. 왜냐하면,

4. "하나의 교회(The Church)"란 존재하지 않는다.

처음에 나오는 선언과 관련해서 위의 기술된 네 가지의 다른 읽기는 모두 사실이다. 적어도 이 책에서 함께 나누고 싶은 대화를 시작하기에는 충분한 사실들이라고 할 수 있다. 이제, 하나씩 살펴보자.

1. 교회(the Church)는 "동성애(동성 간의 행위와 관계)"가 잘못이라고 믿는다.

그렇다. 아주 최근까지 기독교 교회에 속한 주요 교파들은 2000년간 이어 온 성윤리 기준에 따라 동성 간의 성적 행위에 대한 도덕적 정당성을 거부해왔다. (내가 매우 조심스럽게 서술하고 있다는 것이 느껴지는가? 이러한 문제들을 다룰 때에는 정확하게 서술해야 한다. 어떠한 문제를 어떠한 입장에서 다루든지 간에, 오늘날처럼 트위터에 140글자 내로 모든 주장을 마무리해야 하는 시대에 그런 정확성을 갖는 것은 쉽지 않다.)

   아주 오래전 교회 역사에서는 "성적 지향성(sexual orientation)"이란 항목 자체가 없었다. 20세기 말에 들어서 성적 지향성과 성적 행위는 구별되어야 한다는 것을 교회가 인식한 후에 좀더 민첩한 교파들 사이에서 그런 구분을 받아들이기 시작했다. 이러한 구별 덕분에 일부 기독교인들은 게이들이 교회에 들어오는 것을 잠정적으로 받아들이게 되었고, 이는 한 걸음 더 진보한 것이었다. 그러나, 그것은 동성 간의 행위에 대한 도덕적 합법성을 수용하도록 만든 것은 아니어서, 교회 안에 로멘틱한 관계에 있거나 그런 관계를 생각하는 게이나 레즈비언들에 대해 도적적 합법성이 부여되지는 않았다.

   동성 간의 행위에 대해 거부하는 오래전의 기독교의 입장은 정교하게 만들어진 성윤리와 가족 윤리의 아주 작은 부분이었다. 전통적인 윤리관에서의 초점은 한 남자와 한 여자가 기쁠 때나 슬플 때나, 좋을 때나 좋지 않을 때나 평생동안 부부로 살 것을 하나님 앞과 서로에게 서약하고, 그 결혼 관계의 테두리 안으로 성적 행위를 제한하는 것이었다. 교회는 결혼 관계를 벗어난 모든 성행위를 금지하였고, 이런 행위는 하나님의 뜻에 어긋나는 것이라 믿었다. 이러한 이전의 관점에서는 부부가 아이를 낳고 기르는 것이 중심이 된다고 강조했고, 이 성스러운 과업이 하나님이 정하신 결혼의 목적이라고 생각했다. 결혼은 신과의 서약이라고 이해되었고, 아니면 최소한 성스러운 언약이라고 여겼다. 이혼과 재혼은 금지되거나 아니면 상대방의 부정한 행위 등 구체적 이유들이 있을 때만 허용되었다. 최소한 기독교가 주류가 된 사회에서는, 교회가 성적 윤리와 결혼에 대해 가르치고 사회적으로 강화하는데 결정적인 역할을 했으며, 기독교의 관점과 다른 것들을 찾아보기 어려웠다.

   오늘날, 일요일에 교회에 출석하는 사람들조차도 오래 전 교회 전통에서 이해했던 결혼, 가정, 성 등에 대해 전체적으로 들을 수 있는 기회가 거의 없다. 많은 교회 설교자들과 선생들조차 이런 오래 전 전통을 접해 보지 못했거나 그러한 확신을 갖고 있지 않다. 어쩌면, 이런 저런 형태로 전통적인 기독교 성 윤리와 일치하지 않는 삶을 사는 교인들을 분노하게 할까 두렵기 때문일수도 있다. 그래서 대부분의 설교자들은 침묵을 지킨다.

   그런데 아마도 성소수자(LGBTQ) 문제만큼은 예외이다. 여기에는 적어도, 많은 사람을 자극하지 않으면서도 여전히 제시할 수 있는 역사적인 기독교 성윤리의 한 측면이 있는 것이다. 그렇지 않은가? (게이나 레즈비언들을 맹렬히 비난하는 설교자들이 이혼의 경우처럼 교인 중의 40퍼센트가 게이나 레즈비언들이라 하더라도 그렇게 설교할 지는 의문이다.) 정확히 말해서 나머지 대부분의 기독교 성윤리가 기독교인들 자신들에 의해 폐기-적어도 실질적으로-되었는데, 많은 기독교 지도자들은 동성애가 마치 최후의 방어막이고 마지막 전선인 것처럼 동성 관계에 대해 더욱 격렬하게 파고든다.

   성소수자(LGBTQ) 문제를 타당성 있게 다루려면 역사적인 기독교의 성윤리의 더 큰 틀에 대해 질문을 던져야 하고, 그것을 넘어 더 광범위한 기독교의 영적인 맥락과 신학적 맥락에 대해 질문을 던져야 한다. 그것이 이 책에서 내가 하려는 일 중에 일부이기도 하다.

그러나, 일단은 교회가 동성 간의 행위와 동성 간의 관계가 항상 잘못된 것이라고 믿어왔다는 역사적인 주장에 나는 동의한다. 또한 수백 만의 기독교인들이 지금도 이 믿음을 갖고 있다는 것도 인정한다. 이런 관점에서 교회는 게이와 레즈비언들, 그리고 그들이 맺는 관계들과 문제를 갖고 있다.

2. 게이와 레즈비언들, 또한 그들의 관계들에 대해 교회(The Church)가 취하는 입장 때문에 교회는 문제에 직면하고 있다.

지난 수십 년 동안 북미나 서유럽, 또한 전 세계의 전반적인 의견이 동성애를 포함하여 교회가 역사적으로 가져온 성윤리의 상당한 부분들과 반대되는 방향으로 크게 전환되었다. 100년 전에는 서구 사회 전체가 동성 행위를 부도덕한 것으로 보았고 때론 불법으로 취급하기도 했다. 그러나 20세기 후반부터 흐름이 바뀌기 시작했고 그러한 의견은 지난 10년 간 급격하게 바뀌었다. 여러 주에서 동성 간의 행위를 금지하도록 요청한 법률들이 연방 대법원에 의해 거부되었고, 이어서 동성 결혼을 인정하는 법이 빠르게 퍼져 나가거나 아니면 적어도 최소한 동성 결혼을 금지하는 법률들이 막히게 되었다. 2015년 1월 15일을 기준으로 미국 인구의 70퍼센트가 동성간의 결혼이 합법인 주에 사는 것으로 조사되었고, 2015년 6월부터는 동성 결혼이 연방법령이 되었다.

최근 수십 년간, 일부 기독교 교단과 다양한 교회 및 학문 분야의 지도자들을 포함하여 기독교의 여론을 형성하는 그룹들은, 이 문제와 관련하여 교리적인 전환을 일구었다. 다른 많은 이들은 교리적인 전환을 이루어 내지는 못했지만, 그들의 설교, 가르침, 상담 등을 통하여 게이나 레즈비언들을 좀 더 인간적으로 대하는 방향으로 전환을 이룬 것이 확실하다.

그러나, 만일 교회를 오래된 세 개의 갈래 – 동방 정교, 로마 카톨릭, 개신교 – 로 구성된 것으로 이해한다면, 또한 개신교를 두 개의 큰 공동체 – 보다 진보적인 "주류 개신교(mainline Protestants)"와 좀더 보수적인 복음주의와 근본주의적 개신교 – 로 구성된 것으로 이해한다면, 교회(The Church)의 대부분은 어떠한 교리적 전환도 이루어지지 않았다고 말하는 것이 정확할 것이다. 동방 정교, 로마 카톨릭, 개신교 복음주의에서는 오랫동안 전해 내려온 성윤리에 변화가 없고, 주류 개신교는 심하게 분열되어 있다. 그들이 여름에 개최하는 총회에서 이 문제로 인해 지속적으로 대립하는 것을 보면 알 수 있다.

교회(The Church)의 대부분이 자신이 가진 성윤리를 바꾸려는(또는, 특히 게이나 레즈비언들을 종종 적대적으로 취급하는 관행을 중단하려는) 의지나 능력이 없기 때문에, 문화를 이끌어가는 리더들이나 동성애자 권리를 옹호하는 활동가들로부터, 또한 그들 또는 그들이 사랑하는 사람들이 교회로부터 상처를 받았다고 느끼는 수백 만의 일반인들로부터, 엄청난 미움을 사고 있다. 많은 사람들은 교회가 취하는 입장과 활동들에 대해 과거에 존재했던 인종차별이나 성차별과 별로 다르지 않은, 개탄할 만한 편협성일 뿐이라고 생각한다. 교회의 이미지와 미국 문화 안에서의 전도 사역이 손상을 입었다. 그러한 손상은 교회에 있는 많은 젊은 교인들에게 영향을 끼쳐서, 사람들이 교회를 반동성애 집단-우리를 규정하는 특징이 되어버린 것 같다-으로 취급할 때마다 그들은 수치심을 느낀다. 따라서 게이와 레즈비언들, 그들의 관계에 대해 교회가 취한 입장은 그리스도의 증인들을 더 확대시키려는 의도에서 나온 것이 지만, 실제로는 많은 사람들 사이에서 그 사명에 차질이 생기게 만들어 버렸다.

최근 수년 간의 문화적 변화로 인해, 기독교인들이나 단체들이 성소수자(LGBTQ) 문제와 관련하여 전통적인 신념을 고수하게 되면 결국 심각한 법적 문제에 봉착할 뿐 아니라 문화적으로도 완전히 배척될 것이라는 전망이 나오고 있다. 기독교를 이끄는 사람들이 동성애 문제에 대해 전통주의자의 입장을 천명한 사실이 드러나서 "몰락" 하고, 또한 노골적인 형태로 배제될 위험을 받는 일이 점점 많아지고 있다. 한 예로, 보수적인 루이 기글리오(Louie Giglio) 목사가 오바마 대통령의 재선 당시 취임식에서 기도 순서를 맡았다가 그가 이전에 한 설교들(20년 전에 한 설교, 역자주) 때문에 취소 당했다. 성소수자(LGBTQ) 문제와 관련해서 지금의 문화적 표준에 반하는 설교나 집필을 이전에 한 적이 있는 교회 지도자라면 등골이 오싹할 만한 일이다.

법적인 전쟁에 있어서는, 게이나 레즈비언들에 대한 차별적인 정책을 실행하고 있는 보수 기독교의 대학들이 어느 날 연방 학자금 융자를 받는 학생들에 대한 교육권을 박탈당할 가능성도 있다. "2010년 기준으로 대학 학부의 정규 학생 중 학자금 융자를 받는 비율이 85퍼센트"에 달하고, 그 중 대부분은 연방 정부에서 주는 융자이다.[3]

이전에도 1970년대에 연방 대법원이 인종차별적 관행이 있던 학교들이 연방 정부의 재정적 지원을 받지 못하도록 결정했을 때, 인종차별을 옹호했던 기독교 대학들이 재정적인 고립을 경험한 적이 있다. 동일한 기준이 성적 지향성을 차별하는 기독교 대학들에게 적용될 수 있다. 이 때문에 일부 학교가 문을 닫을 수도 있다. 학교들은 이미 이러한 상황을 알고 있고, 일부 학교들은 이미 자신들이 종교적 신념에 근거 해서 차별적 정책을 펼 권리를 보호받기 위해 법적 싸움을 하고 있고, 다른 학교들은 물러설 방법을 모색하고 있다.

사회적 적대감이 커지고 예상되는, 또는 실제의 법적인 위협이 증가하면서, 많은 기독교인들이 포위의식에 사로잡혀 있다. 이름이 많이 알려진 일부 보수 기독교 지도 자들은 엄청난 기술을 사용하며 그들의 담론을 이어가고 있다. 그러한 기독교인들은 역사 가운데 "성경적인" 또는 "전통적인" 기독교인들이 자신들의 진심 어린, 타협할 수 없는 믿음 때문에 공격을 당했던 순간들을 돌아보고, 교회가 박해 받던 시대를 떠올 리며 위안을 얻었다. 그들은 로마 제국의 손에 의해, 독일 나치정권 하에서, 동유럽과 아시아에서 공산주의 세력 아래에서 교회가 겪었던 박해를 떠올린다. 그들은 그런 일들이 바로 여기 미국 땅에서 벌어질 것을 염려하면서, 새로운 박해의 시대를 준비 한다. 일부 기독교인들은 완전히 종말론적인 말들을 사용한다.

물론, 그들은 성소수자(LGBTQ) 문제에 대해 전통적 기독교가 가졌던 입장의 모든 측면들이 정말로 타협할 수 없는 기독교적 신념이라고 가정하고 있다. 마치 과거에 기독교인들이 박해 받고 죽임을 당하면서까지 지켰던 다른 타협불가의 신념들과 비슷 하다고 생각하는 것이다. 역설적이게도, 교회에 가해지는 외부로부터의 압력 때문에 이 문제에 대해 기독교 내부적으로 진지하게 토론하는 것이 훨씬 더 어려워졌다. 방어적인 입장의 사람들은 보통 열린 자세가 아닌 움츠러드는 태도를 갖는다. 이 말 이 맨하탄 회의실의 장면을 설명하는 데 도움이 된다. 이런 관점에서 그 뉴욕의 현장은 우연이 아니다. 문화에 적응하도록 바뀌어야 한다는 압력이 커질수록, 기독교인들은 더 완강하게 거부한다. 기독교인들의 관점을 바꾸라는 압력이 뉴욕보다 큰 곳은 찾기 힘들 것이다.

여기서, 교회 밖에서 전통적인 기독교인들의 성윤리에 대해 경멸의 말을 하는 사람들에게 경고하고 싶다. 기독교에서 죽음을 각오하고 신앙을 지키려는 전통은 굉장한 것이다. 그들이 변할 수 없는 신념이라고 믿는 것에 대해 분노에 찬 공격을 쏟아붓게 되면, 그들은 더 깊은 참호에 들어가서 저항하게 된다. 이는 공동체 안에 있는 우리 같은 사람들이 이 문제에 대해 우리 내부적으로 대화해야 하는 책임을 훨씬 더 크게 만든다. 우리가 이런 대화를 하고 있을 때, 외부인들은 조금 물러서서 우리 내부에서 일종의 유기적인 변화-내가 이 책에서 바꾸려고 노력하는 것처럼-가 일어날 수 있는 공간을 허락하는 것이 현명한 것일 수 있다. 그럼에도 여전히, 차별을 받아온 사람들은 자신들에게 상처를 준 사람들이 그런 행동을 어떻게 멈출지 찾아낼 때까지 오랫동안 기다리려고 하지 않을 것이다. 그들이 영원히 기다려주지는 않을 것이다. 또한, 그래서는 안된다.

3. 성소수자(LGBTQ)들은 교회(the Church)와 문제가 있다

동성애가 "감히 그 이름을 부르지 못했던 사랑이었을" 때, 대부분의 게이와 레즈비언들은 골방에 갇혀 살았다. 그 말은 대부분의 이성애자들은 한 명의 게이도 "알지" 못했다는 뜻이다. 또한, 교회가 사회를 주도했던 수백 년 동안, 게이나 레즈비언들은 우울한 침묵 속에서 자신들에 대해 교회가 가르치고 행했던 것들을 그저 견뎌야 했다는 뜻이다.

그러한 문화적 기류가 점점 약해지면서 조용히 고통받던 이들이 어두운 그늘로부터 나오게 되었다. 기독교와 관련된 일을 하는 우리 같은 사람들은 – 내가 목사와 교수로서 그런 일을 하듯이 – 헌신되고, 믿음이 좋고, 세례도 받았고, 도덕적으로도 진지하게 예수님을 따르는 게이, 레즈비언, 양성애자, 성전환자 기독교인들을 알게 되었다. 미국에만 해도 그런 "성적으로 다른" 기독교인들이 수백 만이 있고, 세계적으로 수백 만명이 더 있다. 내 말을 따라 해보라. "수백 만명의 성소수자(LGBTQ) 기독교인들이 있다." 미국 전체인구가 3억 1천 8백만명인데, 기독교 인구를 40퍼센트로 계산하고, 미국 전체 인구의 4퍼센트가 성소수자(LGBTQ)라는 계산을 기독교 인구에 적용하면 보수적으로 잡아도, 그런 기독교인들이 미국에서만 대략 오백 만명이 있다고 볼 수 있다.

이들 그리스도인들은 항상 거기에 있어왔다. 최근 수년 동안 나는 그들 중 일부를 만나보았다. 그들을 만나기 전까지는 성소수자(LGBTQ) 신자들이 이미 기독교 공동체의 일부였다는 것을 몰랐다. 그들의 말을 들어보면 교회가 강단과 교실에서 주는 가르침 때문에, 때로는 그것을 가르치는 방법 때문에, 그리고 때로는 그것이 자신의 권리인 것처럼 성소수자(LGBTQ) (또는 그렇게 의심되는 사람)들에게 아무렇지 않게 모욕적인 말이나 더 심한 행동을 하는 이성애자 교인들 때문에 심한 상처를 받았다고 말한다.

따라서 성소수자(LGBTQ)들은 교회와 문제가 있다. 또한 그들을 사랑하는 사람들 역시 같은 정도로 교회와 문제를 갖고 있다. 이는 새로운 이미지를 만들거나 광고 회사를 고용해서 해결할 수 있는, 사람들이 갖는 인식에 관한 문제가 아니다. 이것은 교회의 가장 중심에서 겪는 인간의 고통에 대한 문제이다. 그 고통을 겪는 많은 이들은 아주 젊은 사람들이다. 그들은 이제 막 자신의 성을 받아들이는 법을 배우기 시작한 청소년들이고, 젊은 청년들이다. 그들은 아주 심하게 상처받고 있다. 젊은 세대의 고통에 조금이라도 연민을 갖고 있는 사람이라면 누구라도 그들의 고통을 중대하게 보아야 한다. 교회도 그런 연민을 갖는 주체에 포함되어야 하겠지만, 아마도…

4. 하나의 교회(The Church)란 존재하지 않는다.

나는 앞에서 계속 '교회(The Church)'라고 말해왔다. 그렇지만 정말로 하나의 교회 (The Church)라는 게 존재할까? 아니면 그 대신에 그냥 수많은 '교회들(churches)'이 존재하는 것일까? 하나의 기관으로서 "교회(The Church)"에 초점을 맞추어야 하는 것일까, 아니면 그 대신에 성소수자(LGBTQ) 문제에 대해 각각 나름대로의 믿음을 갖고 있는 기독교인 개인들에게 초점을 맞추어야 할까?

나는 침례교 목사이자 교수이고, 침례교인들은 믿음과 관련된 여러 문제들에 관해 모든 각각의 신자들이 예수님께 순종하는 마음으로 신중하게 생각할 책임이 있다고 강하게 강조하는 경향이 있다. 우리는 또한 소위 "각 교회의 자율성"을 강조하기도 한다. 침례교회들은 위계 질서에 따른 명령을 따르지 않고, 감독이나 추기경 같은 분들로 올라가도록 보고를 하지도 않는다. 각 교회들이 스스로를 침례교회라고 생각 하든 말든, 미국의 종교 지형을 아는 사람들은 미국에서 이런 "침례교적" 형태가 우위를 차지한다고 쉽게 결론을 내릴 수 있다. 회중 중심적이고 개별적 형태의 기독 교가 미국 전체적으로 소용돌이 치고 있다. 누구나 목사가 될 수 있고 누구나 교회를 시작할 수 있고, 어느 교회나 자신들이 믿고자 하는 대로 믿을 수 있다.

이것은 사실이다. 이것이 미국의 혼란스러운 종교 지형을 잘 설명하고 있다. 온통 난리도 아니다. 그럼에도 나는 이 책에서 꽤 의도적으로 "교회(The Church)"라는 단어를 선택했다. 심지어 대부분의 개교회주의자들까지도, 그들이 신앙고백문들을 줄줄 외우든지 그저 아는 정도이든지 간에, 니케아 신조에 나오는, "하나의, 거룩한, 보편적이고 사도적인 교회"와 같은 내용을 정말로 믿는다. 이 말은 우리가 은연 중이든 드러내든지 간에 교회(the Church)는 궁극적으로 예수님이 세우신 "하나의" 실체라고 믿는다는 것이다. 교회는 그 근원부터 "거룩한" 것이고 그 목표도 거룩하고 그 행위도 거룩하기를 추구하는 곳이다. 교회는 "보편적" 즉 우주적이고, 모든 족속과 나라와 언어를 넘어서서, 또한 포함하면서 존재한다. 교회는 예수님과 그 제자들로 부터 지금까지 2천년 이상을 이어온 "사도적" 존재이다.

이 말이 사실이라면, 오늘날 나와 이 책을 읽는 많은 독자들과 같은 교회(The Church)의 지도자들은 이러한 "하나의, 거룩한, 보편적이고 사도적인 교회"에 대해 깊은 책임이 있다. 문화적 동력이라는 거대한 힘이 지배하는 의견에 우리의 관점을 맞추라고 우리를 심하게 짓누른다고 해서, 우리가 성경이나 교회 전통이나 역사적으로 이어 온 기독교적 신념을 쉽게 버릴 수는 없다. 정확하게, 바로 이것이 – 고대 로마시

대부터 나치 독일과 남아프리카 공화국의 인종차별정책(Apartheid)에 이르기까지 – 교회 지도자들이 (힘을 다해서) 거부해 온 것이다. 기독교 지도자들로서 자신들에게 요구되는 책임감 때문에, 그들은 예수 그리스도에게 '예스(yes)'라 말하기 위해 문화적 흐름에는 확고하게 '노(no)'라고 말하지 않을 수 없었다.

오늘날 교회의 지도자들은 같은 종류의 책임들과 마주하고 있다. 앞서간 교회지도자들이 그들의 시대에 그러했듯이 우리 시대에 주어진 예수 따르기의 과제를 제대로 해내야 한다. 모든 앞서 간 모든 기독교 세대들과 교회의 주인되신 예수 그리스도에 대한 책임을 감당해야 한다.

겸손하지 않게 들릴지 모르지만 내가 분명히 말하고 싶은 것은, 안수받은 교회 목사로서, 다양한 책을 저술한 기독교 윤리의 지도자로서 중대한 책임감을 하나님과 우주적 교회에 대해 갖고 있기 때문에 내가 이 책을 쓰는 것이다. 내가 이 책에서 "예스(yes)"라고 말하면 말할 수록, 내가 문화에 대해서 "노(no)"라고 말하고 있다는 것을 여러분이 들을 수 있을 것이다. 왜냐하면 내 목표는 문화에 순응하는 것이 아니라 하나님 앞에서 기독교 지도자로서의 내 책임을 다하는 것이기 때문이다.

그런 차원에서, 이 책에서 나는 교회가 성소수자(LGBTQ) 기독교인들과 그들이 맺는 관계들에 대한 우리의 생각과 관행을 바꿔야 하는지 여부를 묻고 있다. 그것은 우리가 적대적인 문화로부터 압박을 받기 때문이 아니라, 어쩌면 우리가 우리 자신의 믿음의 내용 중에서 지난 2천년 간의 기독교 역사에서 저질렀던 잘못과 같은 일들 중 하나가 바로 이 문제일 수 있다는 결론을 내릴지 모르기 때문이다.

기독교 전통에서 어떤 중요한 측면을 수정한다는 것은 힘든 일이다. 그것이 상당수의 교회 조직들이 그들의 관점을 빠르게 바꾸지 못하는 이유를 설명해준다. 그들이 자신들의 지적 전통과 유기적으로 관계되어 있는 것을 인식하거나 우주적인 교회와 의미있게 연결되어 있는 것을 인식한다면, 그들이 그렇게 바뀔 것이라 기대하기 힘들다. 우리가 살아가면서 그런 척하고 지어낸 것이 아니라면, 우리의 생각을 바꾸는 일은 그저 사회가 지금 요구하는 것 때문에 서둘러 굴복하는 것이 아니라, 조심스럽고 신중한 과정을 통해 이루어져야 하는 것이다. 이런 점에서 어느 정도 오래된 대부분의 종교적 전통들과 마찬가지로, 기독교는 필연적으로 보수적이다. 변화는 서서히 이루어진다.

그렇지만, 많은 기독교인들과 교회 지도자들은 무엇인가 잘못돼 있고, 우리의 전통이 전통 자체를 제대로 이해하지 못하거나 우리 가운데 있는 성적인 타자들을 이해하지 못한다는 것을 감지하고 있으며, 어떤 변화가 필요하다는 것을 느끼고 있다. 우리는 단지 어떻게 거기에 도달할 지를 모를 뿐이다. 따라서 우리는 갈등과 혼란 속에서 요동치고 있다. 아직은 우리의 생각을 바꿀 수 있는 것은 아니지만 그 생각 속에 그대로 머물러 있는 것 역시 편하지 않다. 우리는 어디에도 도달하지 못한 채 상처에 생긴 딱지만 긁고 있다. 그래서, 안건에 포함되지 않은 경우에도 이 문제가 계속 수면으로 올라온다.

내가 앞에서, 또한 이 책의 제목에서 복수인 '생각들(minds)'이라고 하지 않고 단수인 '생각(mind)'라고 쓴 것을 주목했으면 한다. 왜냐하면, 나는 우주적 교회(the Church universal) 차원에서 전체적인 생각이 바뀔 수 있고, 또 바뀌어야 하는지를 물어보는 것이 중요하다고 믿기 때문이다. 어떤 기독교인들이 자신들의 개인적인 생각들을 바꿀지 말지의 문제가 아니라, 우주적 교회가 전체적으로 자신의 생각을 바꿀 지, 또 바꾸어야 하는 지의 문제이다. 이를 위해서는 공동체적으로, 함께, 모든 이들이 참여하여 최선을 다해 기여하려고 노력하면서, 이것에 관해 숙고하는 훈련이 필요하다.

나 자신이 속한 기독교 신앙 전통에 가장 핵심이 되는 수단을 사용하여, 나는 생각이 바뀌게 되는 하나의 사례를 말하려고 한다. 결코, 우리가 그동안 가르쳐왔던 모든 것에 대한 이야기가 아니다. 참으로, 내가 보여주고자 하는 것은 교회에 의해, 또한 교회 안에서 성소수자(LGBTQ)들이 받고 있는 대우가 바뀌게 되는 것이 실제로는 우리의 생각을 바꾸는 문제가 아니라는 것이다. 그것은, 역사적으로 기독교가 복음과 교회에 대해 가졌던 확신과 온전히 일치하는 방식으로 우리의 태도와 실천을 바꾸는 문제이다. 교회가 게이와 레즈비언들과 성적인 타자들을 예수 그리스도 안에 있는 하나님의 구원을 감사함으로 받는 존재들로 환대하게 된다면, 그것은 실제로 그 교회가 복음과 교회의 의미에 충실한 교회라는 뜻이다. 나의 주장은, 성윤리 문제를 전혀 재고하지 않고서도 훨씬 더 필요한 변화가 일어날 수 있다는 것이다.

그런 후에 나는 기독교 성도덕에 대한 우리의 생각을 어느 한 차원에서 바꾸는 일은 성경 자체의 맥락 안에서도 고려해 볼 수 있다고 좀 더 어려운 주장을 할 것이다. 이러한 변화를 통해서, 성인인 모든 기독교인들의 로맨틱한 성적 의무를 역사적 기독교에서 제시하는 언약이라는 구조 안으로 가지고 오도록 요청하게 된다. 이런 식으로 연결 짓는 것이 너무 멀게 느껴지는 사람들에게, 그들이 이러한 접근에 완전히 동의하는 것은 불가능하더라도, 최소한 공동체 안에서 서로 함께 더불어 살아갈 수 있다는 가능성은 교회가 보여줄 수 있다.

여기에서 내가 제안하는 모든 것들은 지난 10년간 나 자신이 겪었던 마음과 생각의 변화들을 반영하게 될 것이다. 앞에서 언급했던 2003년부터 기독교 윤리 교과서로 쓰인 책을 통해서 나는 전 세계 복음주의 안에서 윤리 분야의 선도적인 사상가 중 하나로 인정받게 되었다. 지금의 나는 그 책에서 성소수자(LGBTQ) 문제에 대해 내가 썼던 부분에 대해서는 지지할 수 없다. 그것 때문에 몇몇 사람들은 충격을 받을 것이다. 나는 여러분을 "하나님의 통치와 예수따름의 윤리(Kingdom Ethics)"에서 "생각의 변화(Changing Our Mind)"로 향하는 여정으로 이끌어 주고 싶다.

마지막 한 가지: 미국과 다른 많은 나라들이 동성애자들의 권리 문제로 힘든 논쟁의 과정을 겪고 있다. 내가 글을 쓰는 지금의 미국 내에서 가장 뜨거운 사회적 논쟁 역시 동성 결혼에 대한 것이다.

그렇지만 이 책은 주로 미국에 대한 이야기나 동성애자들의 법적 권리에 대한 것이 아니다. 나의 의도는 복음의 진리에 대해 생각해 보자는 것이다. 미국의 기독교인들은 문화적 우월감에 아주 익숙해서, 자신들이 생각하기에 하나님이 금지하시거나 지키셔야 한다고 정하신 것은 국가에서도 금지하거나 의무화하도록 애써야 한다고 생각한다. 미국에서 우리 자신이 갖고 있는 (약해져가는) 문화적 우월성과 조잡한 신학이 결합되어서 우리를 쉽게 혼동시킨다.

동성 간의 결혼을 인정하는 것과 관련하여 플로리다, 미네소타, 아이오와, 또는 미국 정부에서 한 일은 중요하다. 그러나 그것이 기독교 신학과 윤리에서 가장 우선적인 문제는 아니다. 그것은 각 주에서 다룰 문제이고, 국가가 그런 문제들을 해결하는 방식과 교회가 교리나 영적인 삶을 도출하는 방식은 근본적으로 다르다. 국가가 결혼에 대해 다룰 때는, 기본적으로 세금, 재산권, 이혼에 따른 자녀의 양육권 등과 같은 문제들과 관련하여 공익적 책임을 다하려는 노력을 하는 것이다. 실제로, 국가의 혼인 관련법 내용의 대부분은 이혼에 대한 것이지, 결혼 그 자체에 대한 것이 아니다. (내 말을 믿어주기 바란다. 나는 혼인 관련법들을 공부했는데, 그 법들을 읽다 보면 기분이 안 좋아진다.) 교회 안에서 성소수자(LGBTQ)들과 관련된 다양한 관심들에 대해 논할 때, 교회와 교회를 대표하는 자들이 사회와 국가적 논쟁에서 제기되는 입장을 교회 안으로 가지고 와서 우리 자신의 생각을 선점하고 지배하려는 것을 보면 오싹해진다.

기독교인의 예수님께 대한 충성에 대해 우리가 발견한 내용을 가지고 정부를 향해 증언한다고 해도, 그것은 타당한 내용이 될 것이다. 그러나, 지금 기독교인들에게 근본적으로 필요한 일은, 교회 안에 속한 성적 소수자들이 명백하게 그리스도 안에 있는 형제와 자매들로 취급되고 있는가를 생각해 보는 것이다. 이것이 내가 이 책에서 우리가 함께 하고 싶은 작업이다. 실제로 나는 교회 안에서 이것을 바로잡는 것이 우리가 사회에 가장 크게 공헌할 수 있는 일이라고 생각한다.

제3장

대화의 시작

모든 세대는 큰 논란을 일으키는 문제를 갖고 있다.
우리에게 그것은 성소수자(LGBTQ) 문제이다.

나는 어디를 가든지, 내가 그 주제를 다루고 싶은 마음이 들든지 아니든지 상관없이 그냥 성소수자(LGBTQ) 문제를 다룬다. 여러분도 마찬가지로 느낄 지 모르겠다. 그리고 어디든지 간에 그것 때문에 갈등이 발생한다.

거의 매일 종교나 정치에 관한 뉴스에서 이러한 갈등이 수면에 떠오르고 또한 발생한다. 오늘의 뉴스다.

아주 많은 교단들과 단체들 안에서 이러한 갈등이 수면에 떠오르고 또한 발생한다. 내가 속한 단체이다.

아주 많은 교회들 안에서 이러한 갈등이 수면에 떠오르고 또한 발생한다. 나의 교회이다.

아주 많은 강의실에서 이러한 갈등이 수면에 떠오르고 또한 발생한다. 나의 강의실이다.

아주 많은 가정들 안에서 이러한 갈등이 수면에 떠오르고 또한 발생한다. 나의 가정이다.

어디를 가든지 나는 성소수자(LGBTQ) 문제에 대해 세 가지의 다른 반응과 마주치게 된다.

1. 어떤 이들은 성소수자(LGBTQ) 문제의 일부 또는 전체를 다루는 데 있어서, 자신들이 전통적인 기독교적, 또한 문화적 관점이라고 생각하는 바를 고수하고 싶어 하는데, 이러한 논의에는 성경 해석, 교회 활동, 문화적 관점, 주법/국법 등이 포함된다. 비록 지난 수십 년간 성에 관한 논의가 급격한 사회적, 과학적 종교적 변화를 겪었다는 사실이 지금의 성에 관한 논의의 역사가 오래되지 않았다는 의미가 되기도 하지만, 이런 입장을 가진 이들을 전체적으로 묶어서 '전통주의자들(traditionalists)'이라고 부르기로 하자.

2. 어떤 이들은 적어도 성소수자(LGBTQ)들이 살아가기에 좀 더 (혹은 훨씬 더)
   인정이 있는 환경을 모색하기 위해 성경 해석, 교회 활동, 문화적 관점, 주법/국법
   등의 영역에서 변화가 있기를 기대한다. 비록, 위의 경우와 같은 단서 조항이 있기는
   하지만, 이렇게 변화를 주장하는 이들을 묶어서 '수정주의자들(revisionists)'이라고
   부르기로 하자.

3. 대부분의 사람들은 더 이상 회피하는 것이 불가능해질 때까지 가능한 한 이 문제에
   대해 이야기하는 것을 최대한 피하고 싶어한다. '회피주의자들(avoiders)'이 이
   문제를 회피하는 이유는 여러가지가 있는데, 정말로 불확실함 자체에 확신을 갖고
   있기 때문일 수도 있고, 다른 사람을 상처주는 것이 두렵거나 갈등과 분열이 두려
   워서 일 수도 있다.

   사람들이 이 문제에 접근하는 강도에도 역시 편차가 있는데 매우 낮은 정도에서
극도로 높은 정도까지 있다. 일반적으로, 만일 누군가가 이 문제에 대해 글을 쓰거나
행동을 한다면, 그들을 향해 강도가 낮은 쪽에 있다고 할 수는 없다. 예를 들면, 회피
주의자(avoiders)들은 때로 강한 욕구를 가지고 이 문제를 전체적으로 회피하려고
하는데, 이는 종종 그들이 조직을 하나로 묶으려는 책임감 때문이거나 자신들의
직업을 유지하려는 바램 때문인 경우들이 있다.

   짧은 장들로 이루어진 이 책에서, 나는 성소수자(LGBTQ) 문제가 갖는 다면적인
특징을 생각해 보려고 한다. 내가 바라는 것은 회피주의(avoidism)를 벗어나 명쾌한
확신으로 나아가고자 하는 이들에게, 또한 다른 기독교인들도 알고 사용할 수 있는
방법론을 통해서 그렇게 나아가기를 바라는 이들에게 도움이 될 만한 해설서를 제공
하는 것이다. 아마도 독자들이 자신들 나름대로의 생각을 가지는데 도움이 될만한
몇 개의 "갈림길" (이 표현을 찾아보라. 이 표현이 나올 때면 중요한 의미가 있다는
뜻이다.)과 다른 유용한 표식들에 대해 내가 알려줄 수 있을 것 같다.

   이 문제에 대한 기독교의 논의가 그동안 어떻게 전개되어 왔는지 주목해 보지 않은
사람들에게 말씀드릴 것은, 지식적인 부분과 교회내의 지형 부분에서 지난 10년간
극적인 변화들이 있었다는 것이다. 최소 40년 이상된 에큐메니칼/진보적 그룹
안에서의 논의 뿐만 아니라 미국 기독교 내의 복음주의/보수주의 진영에서도 상당히
학문적이면서도 대중적인 글들이 나오고 있다.

   주목할 점은 복음주의 기독교에서 첫번째 세대인 수정주의자(revisionist) 또는 유사
수정주의자(quasi-revisionist)들의 글들이 나오기 시작했는데, 대부분은 대중적인
글들이고, 학문적인 글들이 일부 있고, 일부는 스스로를 성소수자(LGBTQ)라고
밝힌 복음주의자들이 쓴 글들도 있다. 이러한 새로운 글들은 복음주의 내의 수정주의
자(revisionist)들의 특정한 주장을 반박하려는 사람들과 그들이 더 이상 복음주의자
혹은 기독교인이 아니라고 규정하는 사람들로부터 반발을 사고 있다.

   만일 여러분이 제넬 윌리암스 패리스(Jenell Williams Paris),[4] 앤드류 마틴
(Andrew Martin),[5] 매튜 바인스(Matthew Vines),[6] 웨슬리 힐(Wesley Hill),[7] 저스틴
리(Justin Lee),[8] 제프 추(Jeff Chu),[9] 제임스 브라운슨(James Brownson),[10] 켄 윌슨

(Ken Wilson),[11] 마크 아크테마이어(Mark Achtemeier),[12] 웬디 밴더월그리터(Wendy VanderWal-Gritter) 등의 이름을 못 들어봤다면 이제는 달라져야 할 때가 되었다.[13]

　게이들, 정확히는 게이 복음주의 기독교인들이 더 이상 다른 사람들의 대화의 소재가 아니라, 자신들의 성경적, 신학적, 윤리적 논리들을 만들어가면서 그들 스스로의 목소리를 찾아가고 있다는 사실 때문에 필연적으로 이러한 대화의 성격이 바뀌고 있다. 만일 우리가 이 문제에 대해 대화하려고 한다면 이것을 알 필요가 있다. 이름도 있고 가족도 있고 지역 교회에서 그리스도를 섬겼던 이력도 있는 실제 존재하는 사람을 무작정 비인간화 하거나 무시하기란 어려운 일이다.

　모든 세대는 그 세대에서 논란이 되는 모든 문제들 중에서도 가장 뜨거운 문제를 안고 있고, 그 문제는 모든 사람이 정설이라고 믿는 것을 시험하는 시금석이 되며, 때로는 갈등을 유발시켜서 분열로 이끌기도 한다. 이전 세대들은 그것이 노예 제도, 인종 차별제도, 아파르트헤이트(남아프리카 공화국의 인종 차별정책, 역자주), 나치주의, 낙태, 금주 운동, 안식일 논쟁, 또는 방언 등의 문제들이었다. 나는 1980/90년대 침례교회들과 복음주의 교회들 가운데 교회 내 여성의 역할에 대해 격론이 벌어져서 교회들과 교단들이 분열했던 시대를 거쳐왔을 만큼 오래 살았다. 25년이 지난 지금, 성소수자(LGBTQ) 문제가 같은 과정을 밟고 있다. 정말로 이상한 일이지만, 혼란스러운 지금의 세상 속에서 분열을 초래하는 커다란 원인이 전체 인구의 대략1/20 정도의 사람들이 어떻게 자신들의 성을 다루는가 하는 문제 때문이라는 것이다. 그 사실 자체가 그저 놀라울 따름이다. 우리가 성직자들에 의한 성적 학대나 대량 살상이나 가난한 사람들을 돌보는 것 같은 문제들보다, 이 문제 때문에 우리가 죽기까지 싸우려고 한다면, 그런 모습이 우리의 우선순위에 대해 무엇을 말해주는가?

　그럼에도 이것은 지금 이 순간의 문제이고, 많은 이들이 진지하지만 근본주의자는 아닌 기독교인들에게 더 이상 침묵하지 말라고 압박을 가하고 있고, 신학적, 윤리적 정확성과 깊이를 가질 것을 요구하고 있다. 약자들에 대한 기독교의 책임 뿐만 아니라 기독교의 선교적, 직업적, 그리고 리더쉽의 소임 때문이라도, 더 이상 회피주의(avoidism)의 태도를 지속할 수 없는 시점에 와 있다. 나는 나의 연구들이 앞을 향해 나아가려고 하는 개인들과 교회들에게 도움이 되었으면 한다.

제4장:

정확히 무엇이 문제인가?

어떻게 그리고 왜 성에 대한 역사적인 기독교의
이해가 오늘날 재평가되고 있는가.

그래서: 정확히 어떤 문제로 모든 사람이 싸우고 있는가?

역사적으로 내려온 이성애적인 표준과는 맞지 않는 사람들의 삶 속에서 나타나는 증거와 이와 관련된 연구 및 정신적 건강을 위한 노력이 더해지면서, 그동안 역사적으로 내려온 기독교의 성에 대한 이해가 재평가되고 있다는 것이 하나의 시작점이 될 것이다.

역사적으로 기독교에서의 성의 표준은 오로지 이성애적인 것이었다. (어떤 이들은 이성애적 표준이나, 더 경멸적으로 이성애적 성차별론자라고 부른다.) 이러한 표준에 따르면 존재하는 모든 인간의 성은 남자와 여자라는 두 개의 구별된 성으로 존재하고, 모든 인간은 오직 서로 다른 성을 가진 대상과만 성적 관계를 갖도록 신적 명령을 받았다고 선포한다. 더 나아가서, 교회는 평생 일부일처의 결혼 관계에서만 성적 행위가 이루어져야 한다고 가르쳤고, 때로는 신이 부여한 성적 행위의 중심적인 목적은 출산이라고 강조했다. 이러한 이성애 중심, 혼인 중심, 출산 중심의 표준은 일반적으로 가부장적인 젠더 이해와 연결되어 있는데, 이는 남자와 여자는 (신이 미리 정한) 역할과 행동에 있어서 다르다고 말하면서 남자들에게 더 큰 권력을 부여한다. 젠더와 성과 관련되어 이러한 표준들의 부분이나 전체에 권위를 부여하는 수단으로 성경이 인용되었고, 지금도 여전히 인용되고 있다. 미국처럼 기독교가 공식적이거나 우세한 종교가 된 곳에서는, 광범위하게 연관되어 있는 이러한 신학적, 윤리적 입장들이, 문화적이고 법적인 부분들에 반영되고 또한 강화되었다.

이러한 성과 젠더에 대한 패러다임들에 대해 최근 수십 년간 여러 방식으로 문제가 제기되었다. 우리들이 겪는 가장 심한 종교 전쟁과 "문화 전쟁"중 상당 수는 변화를 옹호하는 사람들과 변화를 반대하는 사람들 사이에 넓게 펼쳐진 전선에서 벌어졌다.

(얽혀있는 복잡한 문제들을 잘 풀어서 펼치지 않고, 또한 따로 구분해서 다루지 않기 때문에 불필요한 혼동과 갈등이 초래되었다. 이에 대해서는 나중에 더 설명하겠다.)

물론 이 책에서 다루는 주제는 그러한 규범에 특정한 문제를 제기하는 것이다. 즉, 인간 사회 속에서 항상 변함없이 오로지 이성이 아닌 동성에게만 끌리는 사람들, 양성 모두에게 끌린다고 말하는 사람들, 성적 이끌림의 양상이 유동적인 사람들, 생리학적으로 성구별이 애매한 사람들, 젠더 정체성이 확실하지 않은 사람들 등이 지속적으로 존재해 왔다는 사실을 발견/인정한 결과를 가지고 그러한 규범에 문제를 제기한다. 미국의 경우를 연구한 최근의 여러 개의 연구 결과, 레즈비언, 게이, 양성애자, 성 전환자의 인구가 전체의 약 3.4~5퍼센트 정도라고 제시되었다.

만일 그들이 그저 완전히 외면당하거나 거부되는 경우가 아니라면, 어떤 정도라도 동성 간의 끌림을 경험한 젊은 청년들, 특히 종교적으로 보수적인 가정이나 교회에 속한 청년들은 (그들 자신이 겪는 커다란 영적, 심리적 고통 가운데), 자신들의 "성 정체성으로 인한 고통"을 기도, 회개, 도덕적 노력, 또는 성적 지향성을 바꾸도록 설계된 치료요법 등을 통해 해결할 수 있다는 말을 들어왔다. 때로 그들은 그런 노력이 계속되어야만 (성공해야만) 가정이나 교회에서 그들을 받아들일 것이라는 말을 듣기도 했다. 아마도 많은 독자들이 외부적, 혹은 자기 스스로 가진 종교적 압박 때문에 어떤 식의 성적 지향성을 바꿔주는 치료법 같은 것을 통해 자신의 성적 지향성을 바꿔보려고 괴로운 고통을 겪다가 결국엔 성공하지 못한 사람들을 개인적으로 알고 있을 것이다. (나는 확실히 알고 있다.) 그런 가슴 아픈 증언들을 모아 놓은 책 중에 하나가 미첼 골드(Mitchell Gold)와 민디 드러커(Mindy Drucker)가 편집한 "위기(Crisis)"라는 책이지만, 다른 책들도 많이 찾아볼 수 있다.[14]

그러나, "탈 동성애자(Ex-gay)" 운동은 완전히 실패하고 그런 노력의 타당성마저 무너졌다. 2013년에 '엑소더스 인터내셔널' (Exodus International, 동성애자들의 성적 지향성을 바꾸는 치료법을 전파한 기독교 보수 단체, 역자주)이 사과문[15]을 게시하면서 문을 닫았고, 그 한 해 전에는 이 단체의 설립자인 앨런 체임버스(Alan Chambers)가 그들이 도우려고 했던 사람들의 99.9퍼센트는 그들의 성적 지향성이 바뀌지 않았다고 실토했다.[16] 이미 2009년에, 미국 심리학회 (the American Psychological Association)[17]와 영국의 왕립 대학의 정신과 의사들[18]이 성적 지향성을 바꾸려는 노력들이 유해하다고 경고했고, 미국의 일부 주들은 그런 시도들 전체를 불법으로 규정하는 쪽으로 옮겨가고 있다.[19] 책임 있는 기독교 사역들이라면 어떻게 더 이상 성적 지향성을 바꾸려는 치료를 제공하거나 추천할 수 있을 것인지 상상하기 어렵다. 한 때 이런 사역들을 해본 경험이 있지만 지금은 그러한 사역들을 버렸거나 자신의 접근 방법을 완전히 바꾼 사람들이 쓴 책들이 최근 출판되었다.[20]

이런 류의 연구와 임상 치료 결과로 인해 사회과학과 행동과학, 그리고 정신 건강에 관련된 직종에서 성에 대해 급격히 재정의하는 일들이 생기게 되었다.

데이비드 마이어스(David Myers)가 쓴 교과서와 같이, 광범위하게 사용되는 심리학 교과서들에 서술된 내용들이 현재의 연구들을 보여준다.[21]

마이어스(Myers)는 인간의 성적 지향성이 다양하다는 것을 사실로 받아들이면서 시작한다. 그는 성적 지향성 (성적이고 로맨틱한 욕구와 끌림이 지속되는 방향이며 대부분 생물학적 원인에 기인한다)과 성 정체성 (사회로부터 영향을 받은 자기 이해/표식을 말한다)과 성적 행동 (성적 행위에 있어서의 택하는 선택들과 패턴들)을 서로 구분한다. 그는 다른 성적 정체성을 가진 사람을 받아들일 것인가 거부할 것인가의 상황을 만드는 데는 문화의 역할이 결정적이라고 강조하면서도, 그의 결론은, "그렇지만 하나의 문화가 동성애를 비난하든지 수용하든지 상관없이 이성애가 지배적일 것이고 동성애는 생존할 것이다." 마이어스(Myers)가 주장하기를, "성적 지향성은 어떤 면에서 어느 한 쪽 손을 잘 쓰는 것과 같다. 대부분의 사람들은 이런 식이고 다른 사람들은 다른 식이다. 완벽한 양손잡이들은 드물다. 어떻든 간에, 원래의 자신의 특징은 계속 유지된다."[22] 참고로, 마이어스(Myers)는 미시간(Michigan)에서 네델란드식 개혁 전통으로 인기있는 복음주의 학교인 호프 대학(Hope College)에서 가르치고 있는 복음주의 기독교인이다.

비록 어떤 사람이 데이비드 마이어스(David Myers)와 같은 심리학자의 주장들을 받아들인다고 해도 성경과 기독교 전통에서 제기되는 신학적이고 도덕적인 질문들을 해결해 주는 것은 아니다. 그러나, 그것이 우리가 신학적이고 도덕적인 질문들과 씨름하는 데 없어서는 안될 결정적인 이해를 제공해 준다. 아마 이것이 가장 먼저 만나는 큰 갈림길일 것이다. 어떤 이들은 진지하게 서술된 개인적인 이야기들, 심리학적 연구, 중대한 의학적 결론들을 받아들여서 그것을 깊이 생각하고 기독교 사역과 결합해 보려고 할 것이다. 다른 이들은 그런 주장들을 무시하기로 선택할 수도 있다. 나는 두 번째 길을 택할 수는 없다.

다음 장에서는 전통주의적 기독교 공동체들과 그 지도자들이 어떻게 이러한 물결 속에서 길을 찾으려 하고 있는지 살펴볼 것이다. 전체 그림이 여러분이 생각하는 것보다 훨씬 더 복잡한 상황이다.

제5장

우리가 모두 지지할 수 있는 변화

아니타 브라이언트(Anita Bryant, 게이 반대운동으로 유명한 가수,
역자주)와 제리 팔웰(Jerry Falwell, 리버티 대학(Liberty University)
설립자이며 기독교 근본주의의 대표적 인물, 역자주)의 시대 이후,
성소수자(LGBTQ)들에 대해 많은 변화, 우리가 모두
지지할 수 있는 그런 변화가 있었기를 나는 바란다.

나는 앞에서, 오늘날 행동 과학자들과 정신 건강 전문가들이 여러 연구에서 제시된 증거들과 성소수자(LGBTQ)들의 삶에 대해 반응하며, 인간의 성에 대한 개념을 재정립했다고 주장했다.

나는, 상대적으로 새롭기는 하지만 이제 확고하게 자리잡은 성적 지향성에 관한 의학적 주장에 대해, 그것을 받아들이는 것과 그것을 거부하는 것 사이에 갈림길이 존재한다고 제시했다. 또한 그런 연구적/의학적/사실적 주장들을 받아들인다고 해서 도덕적인 질문들이 해결되는 것은 아니라고 - 물론 그런 주장이 도덕적인 사고를 하는 데 정보를 제공하기는 하겠지만 - 나는 이미 인정했다. 내가 종종 학생들에게 가르치듯이, 서술적인 차원의 주장들과 규범적인 차원의 주장들은 서로 다른 것이다. 서술적인 주장들은 무슨 일이 일어나고 있는지를 기술하는 것이고, 규범적인 주장들은 행동을 규정하고 도덕적 표준을 제시해준다.

～

앞으로 두 장에 걸쳐 나는 지난 수년 동안 기독교 전통주의자 진영에서 성소수자(LGBTQ) 문제에 대해 보였던 (간혹 놀라운) 반응들의 궤적을 따라가 보고자 한다. 즉 계속적으로 오로지 이성애 및 혼인 관계 안에서의 성 윤리에 대해서만 믿고 가르치는 사람들 사이에서 발생한 일들이다. 전체 지형이 게이들에게 긍정적인 방향으로 변하였는데, 그런 변화들을 주목하는 것은 중요하다.

1970년대 미국에서 게이와 레즈비언들에 대한 사회적 평등을 위한 첫 번째 큰 외침이 터져 나왔을 때, 기독교의 저항은 강력했다.

수년 간 맹렬하게 게이 반대 캠페인을 이끌었던 아니타 브라이언트(Anita Bryant)[23]와 같은 이들의 목소리를 기억하는 것은 교육적인 효과가 있다. 이 캠페인은 나중에 팀

라헤이(Tim LaHaye)와 다른 사람들이 이어받았다. 동성애자들의 권리를 반대하는 것은 기독교 우파의 깊고 만연되어 온 과제였고, 우리 중 많은 이들은, 하나님께서 9/11과 카트리나(2005년에 뉴 올리언스(New Orleans)를 강타한 태풍, 역자주) 같은 재난을 통해 미국을 심판하게 만든 장본인이라고 게이들을 비난하던 일[24]들을 아직도 기억할 것이다.

웨스트보로 침례교회(Westboro Baptist Church)의 경우[25]는 게이와 레즈비언들을 경멸하는 일이 지속되고 있음을 보여주는 끔찍한 사례이지만, 그들이 아주 주변부로 밀려나 있다는 사실을 보면 다른 지역들에서는 상황이 나아지고 있음을 알 수 있는 증거가 된다.

한 때 일부 기독교인들은 직장에서, 행정 기관에서, 군대에서, 주택 구입에서, 입양을 할 수 있는 권리나 다른 분야에서, 게이들을 차별하는 것이 의로운 십자군 같은 일이라고 여겼었다. 게이들에 대해 온갖 종류의 모욕적인 발언들이 나왔고, 종종 설교시간에도 사용되었다. 이런 전반적인 분위기 때문에 게이들, 게이일 '가능성이 있는' 사람들, 게이로 '보이는' 사람들을 경멸하는 말들이 일상 속에서도 사용되는 분위기가 만들어졌고, 다른 형태의 직접적이고 간접적인 괴롭힘이 아이들에게까지 자행되었다. 설교 강단에서 고상한 표현으로 선포된 말들이 실제 생활에서는 덜 고상하게 이해되는 경우들이 많이 있었다.

내가 생생하게 기억하는 한 사건이 있다. 10년전 경에, 한번은 마이너 리그 야구 경기를 관람한 적이 있었다. 상대방 팀의 한 선수가 게이들을 조롱할 때 흔히 쓰는 단어와 비슷한 성을 가지고 있었는데, 여기에서 그 이름을 언급하지는 않겠다. 그가 타석에 들어설 때마다, 3루 베이스 선수대기석 근처에서 말쑥하게 생긴 청년들이 그의 이름을 가지고 노래를 불렀다. 그들은 단지 놀리기 위해 반복해서 그의 이름을 노래한 것이지만, 그것은 더 나아가 한번이라도 그렇게 반게이적인 욕을 들어본 모든 이들을 놀리는 것이었다.

나중에 나는 그 말쑥한 청년들이 근처 기독교 대학의 남자 대학생 그룹(fraternity)에 속한 사람들이란 것을 알게 되었다.

나는 이러한 상황이 뒤바뀌었거나, 성소수자(LGBTQ)들이 더 이상 이런 것을 경험하지 않게 되었거나, 그렇게 눈에 띄는 행동을 하는 기독교인들이 이제는 많지 않다고 말하는 것이 전혀 아니다.

그럼에도, 전체 지형은 급격하게 변화되었다. 전통주의자로 분류될 수 있는 기독교인들의 대부분은 성소수자(LGBTQ) 문제에 대해 아니타 브라이언트(Anita Bryant) 시절의 주장들과 행동들을 상당 부분 철회했다. 좋은 방향으로 바뀐 것이다.

비록 자신의 입장이 바뀌었다는 것을 천명하지는 않지만, 많은 전통주의적 기독교 공동체들과 단체들을 이끄는 지도자들은 오래 전의 그들의 선배들과는 달리 게이와 레즈비언들에게 오명을 씌우거나 악마화 하는 말을 하지 않기 위해 최선을 다하고 있다.

한 때 전통주의적 기독교인들이 주도했던 이전의 공공 정책과 문화에 대한 투쟁은 거의 잊혀졌다. 디즈니 거부운동을 기억하는가?[26] 텔레토비는 기억하는가?[27] 군대 내의 게이들 문제로 격론이 벌어진 것을 기억하는가?[28] 모두 한 때 전국적으로 신문의 머리기사를 차지했던 일들이다. 이러한 문제들에 대해 전통주의적 기독교인들은 대부분 침묵으로 돌아섰다.

　최근 수년 간 사회에서 벌어진 동성 결혼에 대한 치열한 격론 이후, 일부 전통주의적 기독교 지도자들은 최소한 현재로서는 문화적이고 법적인 전선에서 그들 편이 지고 있거나[29] 이미 졌다는 것을 인정한다. 어떤 이들은 그러한 싸움을 계속하는 것은 교회의 선교에 이득보다는 손실이라며 그런 싸움으로부터 물러서야 할 때가 되었다고 제안한다.[30]

　이는 전통주의자들이 종교적 자유와 관련해 새롭게 찾은 초점을 설명하는 데 도움이 된다. 그것은 후퇴의 입장을 취하는 것이다. 이는 힘을 절감하는 것을 의미한다. 그들이 지금 한 목소리로 말하는 바는, "우리가 문화를 이길 수 없다면 최소한 동의하지 않을 수 있는 우리의 권리를 보호해야 한다."

　의학적, 과학적 주장들과 관련해서도 변화가 일어나고 있는데, 의심할 바 없이 이성애자들이 레즈비언과 게이들에 대해 더 잘 알게 된 것과 관련이 있다. 1993년에 친한 친구나 가족 중에 게이 또는 레즈비언이 있다고 응답한 비율이 미국인들의 22퍼센트였다. 2013년에는 그 숫자가 65퍼센트로 증가했다.[31] 이것이 커다란 변화를 만들어내고 있다.

　이제는 마지못해서라도, 점점 더 많은 전통주의적 기독교인들은 소수의 사람들이 동성애적 지향성을 가지고 있다는 것을 그냥 받아들인다. 더 적은 수의 사람들만 성적 지향성이 의지에 따른 성적 탈선이고, 이는 선택하는 것이고 변화될 수 있다고 주장한다. 많은 전통주의적 기독교인들이, 그들의 이웃들 중 수백 만명이 스스로의 성 정체성을 레즈비언, 게이, 또는 양성애자로 받아들였다는 것을 이해하고, 또한 이러한 핵심적인 자기 정체성들이 어떤 실체적이고 중대한 무언가를 가리키고 있어서 그것을 무시하는 것은 역효과를 불러온다는 것을 이해하게 되었다. 비록 성적 정체성이란 개념 전체가 현대에 와서 구축된 개념[32]이라고 이의를 제기할 수는 있지만 말이다. 그리고 점점 더 많은 전통주의적 기독교인들이 동성애자인 친구들을 갖고 있다. 이러한 흐름은 특히, 더 젊은 기독교인들 사이에서 확실하게 나타난다.[33]

　그래서, 전통적인 기독교 진영에서조차 게이들이 존재한다는 것에 점점 더 동의한다. 그들에게 욕하거나 그들에 대해 모욕적인 말을 하는 것은 잘못된 것이다. 그들의 관계들을 처벌해서는 안된다. 그들은 직장에서, 행정 기관에서, 공동 주택 정책 등에서 차별 받아서는 안된다. 그들은 괴롭힘을 당해서는 안된다. 그들이 일상 생활에서 폭행을 당할까 두려워하게 해서는 안된다. 그들이 미국의 안보 문제나 사회적 질병을 가져온다고 비난 받아서는 안된다. 그들을 낙인 찍거나 경멸을 가지고 대하면 안된다. 그들에 대한 비인간화나 학대가 교회 생활이나 문화 속에서 절대 발생해서는 안된다.

　기독교 성윤리를 바라보는 그들의 관점이 무엇이든지 상관없이, 세계 어디에 있는 기독교 지도자도 앞의 문단에 나오는 내용에 동의할 수 있어야 한다. 만일 여러분이 동의한다면, 여러분은 오랫동안 기독교가 현상 유지해왔던 것을 바꾸는 의미있는 변화에 대해, 이미 지지를 보내고 있는 것이다.

제6장:

게이 기독교인들은 존재한다

어떻게 열렬한 전통주의자들 조차도 지금은 게이
기독교인들의 존재를 인정하게 되었는가.

일부 전통주의자들이 반론의 목소리를 내고는 있지만, 더 많은 이들이 성소수자 (LGBTQ) 그룹 안에서 기독교 신앙을 고백하는 이들이 어느 정도의 규모를 차지 한다는 것을 기꺼이 인정한다. 기독교인이란 정의를 어떻게 내리든지 간에 – 세례에 따른 것이든, 예수 그리스도에 대한 개인적 헌신으로 말하든, 눈에 보이는 영적 실천과 은사를 따르든, 교회 소속이나 출석이나 봉사에 따라 정하든지 간에 – 정말로 수백 만명의 성소수자 (LGBTQ) 기독교인들이 있고, 한 때는 기독교인이었지만 이제는 교회에서 멀어진 사람들의 수는 더 많다.

많은 사람들이 자신들의 개인적인 경험을 통해 게이 기독교인들의 존재를 인정하게 되었다. 그들 중 하나인 나 역시, 단순히 많은 게이 기독교인들을 만나고 알게 되어서 변한 것이 아니라, 그들 중 어떤 이들은 나보다 신학적으로 더 보수적이라는 것을 발견하면서, 나 자신이 깊이 변하게 되었다. 나는 한 때 생각없이 – 전통주의자들 그룹에서 흔히 생각하는 대로 – '게이'와 '진보적'이란 말을 연결해서 생각했지만, 발견한 증거가 주는 무게 앞에서 그런 생각은 무너졌다.

나만 이렇게 특정한 갈림길에 도달해 본 것은 아닐 것이다.

전통주의적 기독교인들 사이에서의 큰 변화를 볼 수 있는 지표 중 하나는, 성소 수자(LGBTQ) 문제에 있어서 많은 보수주의자들과 복음주의자들이 찾아가는 목소 리는, 스스로를 게이라고 공개했지만 독신으로 살고 있는 기독교인들이라는 사실 이다. 하나의 좋은 예가 복음주의적인 학교인 트리니티 신학교(Trinity School for Ministry)의 교수이자 "씻음받음과 기다림(Washed and Waiting)"의 저자인 웨슬 리 힐(Wesley Hill)이다.[34] 때때로, '크리스챤니티 투데이(Christianity Today)' 같은 주요 복음주의 출판사들이 성소수자(LGBTQ) 문제와 관련된 책을 낼 때, 요즘은 이성애자들이 아니라 힐(Hill) 교수처럼 현재 독신인 게이 기독교인들이 서평을 쓴다.

이런 상황을 보면 그들을 적어도 암묵적으로는 지지하는 것처럼 보이는데, 그것은 마치 아주 주의깊은 이 복음주의 잡지사가 "그래, 정말로 그들은 게이인 기독교인들이고, 그들이 독신을 유지하는 한 우리와의 관계는 좋다"라고 말하는 것 같다.

이러한 변화는 복음주의자들의 대화에서 흥미로운 용어들이 개발되는 것을 보아도 나타난다. 여기에는 원래 게이 기독교인들 내부 대화에서 생겨났던 구분법인 "A 편(Side A) 기독교인"과 "B 편(Side B) 기독교인"[35]이라는 용어가 포함된다.

한편으로는 성적 지향성에 관한 현실을 인정하면서, A편에 서있는 기독교인들은 게이 신자들이 하나님의 축복으로 언약적인 동성 관계에 들어가는 것이 가능하다고 믿는다. B편의 신자들은 어떤 일이 있어도 하나님이 동성 관계를 축복하시지 않을 거라고 믿는다. 온라인에서와 게이 기독교인 네트워크(Gay Christian Network) 연례 협의회[36]와 같은 모임에서 이들 두 측은 함께 어울리며 같은 기독교 공동체를 이루고 서로를 격려하려고 한다. 이성애자 기독교인들은 이 문제에 있어서 누구보다 훨씬 많이 위태로움을 겪는 이들 게이 기독교인들의 포용력을 통해 교훈을 얻을 수 있다.[37]

나는 그들이 말하는 스스로의 성적 지향성이나 정체성을 근거로 하여, 성소수자(LGBTQ)들의 관계가 갖는 도덕성에 대한 그들의 "입장"을 추정해서는 안된다는 것을 배웠다. 나는 언약적인 게이 간의 관계를 생각하며 A편의 입장을 취하는 이성애자 기독교인들을 알고 있고, 그들이 이해하기에 그것이 하나님이 요구하시는 바라고 생각해서 B편을 택하는 게이 기독교인들도 알고 있다.

더 복잡한 경우를 추가하자면, 나는 자신이 게이 지향성을 가졌다고 공공연히 말한 기독교인들이 이성과의 결혼 생활을 하고 있고, 그 배우자도 그들의 성적 지향성을 알고 있는 경우들을 보았다. 이러한 영역에서 사역하는 목사들은 이러한 복잡성을 인식하고 있어야 한다. 양질의 신학적/목회적 교육은 여전히 중요한 것이다.

1964년에는 미국 주류 교단의 목사인 로버트 크로미(Robert Cromey)가 게이들과 만났다는 사실 만으로 자신의 교단 안에서 비난과 협박을 받았고, 게이들을 향한 냉소적인 경멸, 잠재적 투옥, 무자비한 폭력이 종종 표준이었던 시절이었는데, 그 이후로 우리는 먼 길을 걸어왔다. (그러나, 퇴행적인 기독교가 주요한 위치를 차지하는 아프리카를 포함한 다른 세계 여러 곳에서는 이러한 끔찍한 상황이 계속되고 있다. 일반적으로 좀 더 세련된 방식으로 논의가 진행되는 오늘날의 미국과 비교하면 그 자체가 어떤 가르침을 준다.)

성윤리학자인 제임스 넬슨(James Nelson)이 한 때 게이들을 향해 "거부하는 징벌적인(rejecting-punitive)"[38] 입장이라고 일컬었던 행태가 이제 미국에서는 약화되었다. 여전히, 많은 가정에서 자신들의 아이들을 거절할 때-체벌을 사용하든 아니든 간에-, 아이들은 크게 상처를 받는데, 이는 가정을 탈출한 많은 게이 청소년들의 가슴 아픈 이야기들과 게이들의 자살 이유에서 알 수 있다. (이 점에 관해서는, "가족 포용 프로젝트(The Family Acceptance Project)"에서 하고 있는 중요한 사역을 확인하기 바란다.)[39] 최근에 나는, 내가 살고 있는 아틀란타에 있는 "잃은자 찾기(Lost-N-Found)"라는 단체가 자신들의 가족들로부터 탈출한 게이 청소년 노숙자들을 위한 쉼터를 시작했다는 것을 알게 되었다.[40] 이러한 쉼터가 필요하다는 사실만으로도 슬퍼지는 사람이 있을 것이다. 일부 전통주의적 기독교 지도자들이 "독신인 게이를 인정"하는B편의 입장으로 한 걸음 물러섰지만, 많은 기독교 풀뿌리 운동가들은 그들이 아이들의 큰 고통 앞에서 어떤 메시지를 내는 것을 들어보지 못했다고 말한다. 아이들이 자신의 성적 지향성과 정체성 문제들과 씨름하기에 가장 안전하지 않은 곳이 기독교 가정이고 교회라는 것이 정말로 끔찍한 현실을 말해준다.

그래도 전통주의자들 진영에 있는 많은 이들을 포함한 기독교 내부의 다양한 대화에서, 더 이상 성소수자(LGBTQ) 문제에 대해 일탈이나 지옥불 같은 용어로 표현하지 않으며, "게이"나 "동성애" 같은 단어도 욕설로 사용하지 않는다. 그 대신에, 이런 말을 한다: "만일 우리가 사는 세상과 기독교 공동체에서 작지만 일정한 수가 이성애자가 아니거나 또는 전적으로 이성애자가 아닌 사람들이라면, 이제 우리는 무엇을 해야 하는가? 어떻게 성소수자(LGBTQ) 기독교인들이 교회 생활 안에 통합될 것인가? 복음은 무엇이라고 말하고, 무엇을 요구하는가? 해석학적 질문과 윤리적 질문들을 새롭게 제기할 수 있을까? 누구에게 이런 결정들을 할 권위가 주어지는가? 그리고 이 모든 것에 있어서 하나님은 어디에 계신가?"

이런 질문들이 이 후에 깊이 생각할 주제들이다. 그러나 성윤리 문제들에 관한 여러분의 입장이 무엇이든 간에, 이제까지의 내가 한 말을 잘 들었다면, 우리 가정과 교회에서 이성애자가 아닌 성적 지향성 및 정체성을 가진 사람들에게, 여러분이 제대로 된 이해와 환대를 제공하는 데 열심을 내야 한다는 나의 말에 동의해 주기 바란다. 이 보다 더 낮은 수준의 입장은 복음에서 요구하는 바에 부합하지 못하는 것이다.

제7장

교회들이 취할 수 있는
여섯 가지의 선택들

게이 커플이 교회에 들어올 때 교회가
반응할 수 있는 여섯 가지의 선택들.

교회 안에서 용서받은 죄인들이 다른 용서받은 죄인들을 향해 가져야 할 태도는 무엇일까?

프란시스 교황이 2013년 인터뷰에서, 로마 카톨릭 교회 안에 있는 독신인 게이 성직자들에 관해 질문을 받았을 때 말한 그의 대답이 기독교 세계를 뒤흔들었다. 그가 실제로 한 말을 인용하자면: "어떤 게이인 사람이 주님을 찾고 선의를 가지고 있다면, 내가 무엇이길래 그를 판단할 수 있겠는가?"[41]

바티칸에서는 재빠르게, 교황이 카톨릭의 윤리 신학에 변화가 있다는 신호를 보낸 것이 아니라는 입장을 밝혔다. 그러나 교황은 윤리를 언급하는 어조에 변화가 있다는 신호를 보여주었다. 이 교황은 심판과 정죄가 아닌, 겸손, 봉사, 사랑을 더 환영한다는 것을 강조하며 지도력을 행사할 것이다. 교황은, 비록 기독교의 성윤리에 대한 재고는 없을지라도, 게이 기독교인들이 있다는 것과, 그들이 교회 가족에 소속되어 있다는 것을 받아들였다.

예를 들어, 어느 교회가 조금 더 발을 담그는 노력의 자세로 독신인 게이 기독교인들을 교인으로 받아들이고 아무런 제한없이 교회 활동을 하도록 허락했다고 하자. 그렇지만 그런 후에, 이 교회가 게이 기독교인들이 다니기에 안전하고 친근한 곳이라는 말이 퍼지게 될 것이다. 머지않아 언약 관계, 혹은 심지어 결혼 관계에 있는 게이 커플들이 교인으로 들어오려고 하는데, 그들은 바로 그 지점에서 이 문제에 대한 공식적 또는 비공식적인 윤리 기준이란 것이 존재한다는 것을 모른다. 만일 그들이 교인으로 받아들여지게 되면 다른 커플들이 하나둘씩 오게 된다. 이런 일은 필연적으로 생기는데 왜냐하면 많은 게이 기독교인들이 자신들이 (다시) 들어가기에 안전한 기독교 공동체를 찾고 있기 때문이고, 그런 공동체를 찾으면 다른 친구들도 초대하기 때문이다. 대부분의 이성애자 기독교인들이 독신이 아닌 것처럼, 대부분의 레즈비언과 게이 기독교인들도 독신을 천명하지 않는다. 독신은 기독교 교회 안에서 언제나 예외적이고 드문 소명인 것이다.

그래서 이 지점에서 목사/교회 지도자/교인 등의 유형에 속한 우리 나머지 사람들은 그들을 응대하기 위해 어떻게 행동하고 말해야 하는 지 알아야 한다.

여기에는 여섯 가지의 선택들이 있다.

1. "아무 질문도 하지 않는다"의 선택

어떤 교회들은 언약 관계에 있는 게이 커플들에 대해, 강단이나 어느 곳에서도 타당한 윤리적 문제들을 전혀 다루지 않고 그들을 환영하는 것을 기본 입장으로 삼는다. 만일 교회가 교인의 자격에 있어서 도덕적 검증이나 교회의 책무를 고려하지 않는다는 것을 전반적인 정책으로 삼고 있다면, 이들에 대해서만, 그리고 이 문제에 대해서만 그런 자격을 따지기 시작하는 것은 타당성을 갖기 어렵다. (그렇지만, 이런 일이 종종 발생하고 있으며, 교회가 선택적 도덕주의라는 비난을 받을 가능성이 농후하다.)

2. "우리가 누구이길래 판단하는가?"의 선택

일부 교회는 은연 중에, 혹은 노골적으로 교회가 완전한 자들의 공동체가 아니라, 상처입은 죄인들-우리 각자가 우두머리인-을 위한 "야전 병원" (프란시스(Francis) 교황이 사용했던 다른 이미지)이라는 입장을 취한다. 그러므로 우리가 취할 기본적인 입장은, "누군가 기독교 공동체에 들어오게 될 때, 그 사람이 우리 중 어떤 이들이 죄라고 여기는 관계를 맺고 있다고 할지라도, 우리가 누구이길래 그들을 판단하는가?"라는 태도이다. 이는 우리 각자가 자신을 제외한 어느 누구라도 판단을 유보하는 태도이다. 남의 하인을 비판하는 너는 누구냐? (로마서 14:6) 우리는 우리의 눈에 있는 들보를 빼내는 일을 계속하느라 너무 바빠서 다른 사람의 눈에 있는 티를 지적할 시간이 없다. (마태복음 7:1~5)

3. "분별을 위한 대화"의 선택

이제 어떤 교회들은 하나님 앞에서 언약 관계의 게이들의 도덕적 상태는 확실하지 않거나, 또는 기독교 공동체와 우리 교회 안에서 그것에 대한 의견이 불확실하거나 나뉘어져 있다고 말한다. 그들은 분별하기를 위한 대화의 기간을 선포하고, 관심있는 성소수자(LGBTQ) 이웃들과 기독교인들(커플을 포함하여) 대화에 초대하거나 맞이하여 함께 청취하는 시간을 갖는다. 또는 더 나아가 어떤 이들은 복음주의자들인 켄 윌슨(Ken Wilson)과 웬디 밴더윌그리터(Wendy VanderWal-Gritter)처럼, 이 문제를 로마서 14장의 표현대로 "논쟁의 여지가 있는 문제"로 선언하고, 의견이 다름에도 불구하고 오랜 기간동안 인내와 사랑의 공동체 안에서 함께 살아가기로 결정한다.[42] 이 문제에 있어서 확실히, 우리는 좋은 대화의 모델이 필요하다.[43]

4. "목회적 타협"의 선택

어떤 교회들이 은연 중 또는 노골적으로 택하는 이 입장에 따르면 성에 대한 하나님의 (원래의/타락 이전의/최고의/의도하신) 계획은 이성 간에 일부일처로 평생 이어지는 결혼인데, 현대 교회는 그 계획에 이르지 못하는 사람들로 항상 가득 차 있다. 예를 들어 우리가 화, 탐욕, 복수심, 식탐 등 모든 삶의 영역에서 그 하나님의 계획에 이르지 못하는 것과 마찬가지이다. 따라서, 교회와 목회자들은 지속적으로 타락한 세상에서의 삶의 현실들과 목회적 타협을 하고 있다.

예를 들어, 예수님이 이혼에 대해 가르치신 내용 (마태복음 19:1~12, 마가복음 10:1~12)은 우리 문화에서 그 가르침에 맞지 않게 발생하는 많은 이혼들을 인정해 줄 공간을 허락하지 않는 것이 분명한 사실이다. 그러나, 교회는-이 문제에 있어서 수년 동안 후퇴하는 입장을 보여 온 대부분의 전통주의적 교회들을 포함하여 – 이제 두 번, 세 번 이혼하고 결혼한 개인들과 커플들에게 맞춰가고 있다. 이런 상황에서 독신으로 사는 이성애자들에게 "성관계는 결혼 관계 안에서만 하라"고 말하는 윤리와의 간극-특히, 동거하는 숫자가 급격히 늘어나는 상황에서-은 언급조차 못하고 있다.

그런 커플들이 현재 처한 상황 – 그것이 원래 계획된 "하나님의 최선"은 아닐지라도 – 가운데 그들에게 치유와 방향성을 제공하려는 목회적 결정은, 게이와 레즈비언 커플들까지 확장될 수 있다.

앞의 네 가지 방법들은 기독교의 도덕적 전통이나 성윤리를 직접적으로 다시 고려해야 할 필요가 없는 것들임을 주목하라. 이 방법들은 무엇보다 교회론적 질문을 제기하는데, 특히 교회들이 어떤 식으로든 책임 있게 교인을 검증하거나 권징을 실천할 능력이 있는지, 또는 관심을 갖고 있는지에 대해 질문을 제기한다. 그러나 이 질문은 교회 생활에서 영원히 제기되는 문제이다.

이제 다른 갈림길을 알아보자.

1~4번의 선택들은 교회들이나 기독교인들이 성소수자(LGBTQ) 문제를 다룰 때 최소한 택할 수 있는 임시 정류장들을 보여준다. '우리는 질문하지 않는다,' '우리는 남을 판단하지 않는다,' '우리는 이 문제에 대해 대화하고 있거나, 이 문제가 논란의 여지가 있는 문제라고 생각한다,' '우리는 상처입은 사람들로 가득한 교회에서 목회적 타협을 하고 있다.' 한편으로는, '모두 다 오시라. 우리는 하나님의 도우심으로 함께 해답을 찾을 수 있을 것이다.' 만일 교회들이 어떤 길을 선택하는지 분명히 드러낸다면 많은 사람을 위해 불확실성을 제거할 수 있을 것이다.

교회들이 이 선택들보다 못한 선택을 할 수도 있다. 예를 들면, 이 문제 전체를 회피하기 위해, 일부 교회들이 아직도 하고 있는 일들을 그들도 똑같이 할 수도 있다.

5. "배타주의자"의 방법

일부 교회들은 게이인 사람이 교인으로 들어오는 것을 완전히 거부하거나 (독신일지라도). 더 흔한 경우는 게이 커플처럼 독신이 아닌 게이들을 받아들이는 데 선을 긋는다. 이 경우들을 '5a'와 '5b'라고 하자. 그렇지만 어느 교인의 아이가 게이인 것이 드러난다면 그들이 독신을 결심하지 않는 한, 교회에서 그들을 내어쫓는 것 말고는 이 문제를 피할 방법이 없게 된다. 그리고 이들 교회들 안에서 게이 교인들이 숨어 지내고 있다는 것이 드러날 것인데, 왜냐하면 이들 교회 안에도 인구의 3.4~5퍼센트에 해당하는 이들이 있을 것이기 때문이다.

많은 교회들에게 1~4번 선택들이 좋은 해결책처럼 보인다. 그러나 경험상 이런 접근법들은 점검되지 않은 문제들이 나중에 드러나게 만들고 다음 단계로 진행되어 교회 활동이나 리더쉽 문제 등에 봉착하게 만든다. 예를 들어, 게이 기독교인들이 집사나 교역자로 섬길 수 있는지 여부의 문제, 교회에서 게이끼리의 결합 또는 결혼을 허락할 지 여부의 문제, 혹은 심지어 교인 사진 명부에 게이 커플들을 같이 올릴 것인지 여부 등의 문제와 맞닥뜨리게 된다.

5a의 선택은 나에게 – 그리고 많은 전통주의자들을 포함한 다른 많은 사람들에게도 – 충격적이다. 그것은, 예수님의 방법과도 맞지 않고, 교회들이 가질 수 있는 최선의 사랑의 심장박동과도 맞지 않고, 또한 교회의 복음전파와 제자 양육의 사명과도 맞지 않는다. 그것은 예수님의 행동 보다는 예수님을 대적하던 자들이 보인 행동에 가까운 것 같다.

5b의 선택은 성윤리에 대해 전통주의적 입장을 견지하고 있는데, 교회가 전체적으로 일관성을 유지하고자 그러한 입장을 억지로 실행한다면 교회와 지도자들이 어려운 위치에 놓이게 될 것이다.

마지막 하나의 방법은:

6. "기준의 재고"의 방법

어떤 교회들은 성경 본문들과 기독교 전통과 오늘날의 현실 등에 대해 연구한 후에, 이성애자들만 염두에 둔 윤리는 바뀌어야 한다는 결론에 도달했다.

물론, 그것이 최종의 갈림길이다.

제8장

만일 여러분이 이 곳에서
하차한다면

만일 여러분이 성소수자(LGBTQ) 문제에 있어서 이 지점에서 하차한다면,
당신과 우리 모두가 다음 7가지를 할 수 있다.

지금쯤이면, 성소수자(LGBTQ) 문제가 그저 하나의 문제가 아니라는 것과 그것이 갖는 복잡성 때문에 만족할 만한 수준의 복잡한 대응이 요구된다는 것을 명확하게 알았을 것이다.

주의 깊은 독자들이라면 내가 지금까지 기독교에서 넓은 동의를 얻을 수 있는 부분들을 찾아보려는 시도를 했다는 것을 알 것이다.

지금까지, 내가 "갈림길들"이라고 불렀던 다음과 같은 주장들에 이르기까지 대부분의 독자들을 잘 이끌고 왔기를 바란다. 그 중 어떤 것도 전통주의/수정주의에서 주장하는 표준과 직접적으로 관련되어 있지는 않지만, 이 주장들은 그러한 표준에 영향을 주게 된다.

- 옳든 그르든 간에, 성소수자(LGBTQ) 문제는 우리 세대에서 논란이 되는 모든 문제들 중에서도 가장 뜨거운 문제이기 때문에, 궁극적으로 회피주의로는 충분하지 않다는 것이 드러나게 된다. 모든 사람이 이 문제에 대해 어떻게 생각하고 행동할 지를 찾아야만 한다.

- 역사적 기독교에서 이해하는 성은, 이성애자를 표준에 둔 역사적 규범과는 일치하지 않는 사람들의 삶에서 증언하는 내용과 맞지 않기 때문에 재검토되고 있다. 여기에는 그와 관련된 연구와 정신 건강을 증진하는 노력들이 뒷받침되고 있다. 어떤 이들은 이렇게 재검토를 하는 데 마음이 열려 있고, 어떤 이들은 강하게 반대한다. 기독교 전통을 재검토하는 데 마음을 연 대부분의 사람들에게 영향을 미친 하나의 요소는 괴로워하는 성소수자(LGBTQ) 기독교인들이 겪는 고통이다.

- 최근 발표된 미국과 관련된 여러 연구에 따르면 레즈비언, 게이, 양성애자 또는 성전환자의 인구가 3.4~5퍼센트라고 한다. 인간의 다양한 성적 지향성과 정체성은 하나의 사실이고 세계적으로도 확인된다.

- 실패한 것으로 인정되는 탈동성애자(ex-gay) 운동과 그 운동이 야기한 고통으로 인해 성적 지향성을 바꾸려는 노력들이 갖는 타당성은 무너졌다. 교회가 어떠한 목회적 시도를 하든지 간에 신뢰를 잃고 해를 끼치는 그런 방법은 피해야 한다.

- 전통주의적 기독교인들은 1970년대 이후 동성애자들에 대한 범죄시, 차별, 경멸의 말, 괴롭힘, 폭력, 낙인 찍기, 비인간화 등을 거부하는 일에 상당한 개선을 보여왔다. 이는 좋은 소식이다.

- 일부 전통주의자들의 반박하는 목소리가 있지만, 더 많은 이들은 성소수자(LGBTQ) 공동체 안에 기독교 신앙을 고백하는 이들이 상당수 있다는 것을 인정한다. 독신인 게이 기독교인들 -종종 B편(Side B) 기독교인들이라고 부르는 (제4장을 보라)- 이 오늘날 많은 전통주의적 간행물에 실제로 등장하고 있다.

- 교회들이 이성애자만을 염두에 둔 성윤리를 거부하지 않으면서도 구도자 또는 기독교인인 게이들을 맞이하는 방법으로 적어도 네 가지의 방법을 선택할 수 있다: "아무 질문도 하지 않는다"를 선택하기, "우리가 누구이길래 판단하는가?"를 선택하기, "분별과 논란이 되는 문제들에 관해 대화하기"를 선택하기, "목회적 타협"을 선택하기 등이다. 이들 선택들은 교회론적으로 훨씬 광범위한 질문들을 제기하는데, 예를 들면 "교인이 된다는 것의 의미는 무엇인가?" "교회의 권징을 어떤 식으로든 실행할 지의 여부" 등의 질문들이다. 성소수자(LGBTQ) 문제가 이런 광범위한 교회론적 문제들을 수면에 떠오르게 - 새로 창조하는 것이 아니라 - 한다.

어쩌면 이 시점에서 많은 독자들이 - 아마도 특히 전통주의자들이 - 하차하고 싶어할 지 모르겠다. 만일 여러분이 그렇다면, 여러분이 지금까지 "동의할 수 있었던" 부분들이 갖는 의미를 좀 더 생각해 주기를 부탁드린다. 이런 생각을 하게 되면, 여러분이 - 우리 모두가 - 여전히 해야 할 숙제가 있다는 것을 알게 된다. 우리가 이 숙제를 계속 할지 말지가 또다른 갈림길이 될 것이다.

1. 성소수자(LGBTQ)들의 담론들을 읽기 바란다. 또한 현대 심리학에서 평이 좋은 글들을 읽고 이들과 어떻게 소통해야 하는지, 이 문제들에 대해 개인적으로 또한 공적으로 어떤 식으로 말해야 하는지를 알게 되길 바란다. 더 잘 알기 위해 뛰어들어라.

2. 20명 이상이 모여 있는 곳이라면 적어도 1명의 성소수자(LGBTQ)적 지향성, 그리고(또는) 정체성을 가진 사람이 있을 수 있다는 것을 염두에 두라. 또한 그들에게 친구들과, 가족들과, 또한 성소수자(LGBTQ)들을 열정적으로 사랑하는 사람들이 있다는 것을 염두에 두라. 그래서, 여러분이나 내가 "게이들"이나 "그런 사람들"이라고 말할 때마다 실제 그 방에서 우리와 함께 있는 어떤 사람들에 관해 우리가 말하고 있는 것이다. 누군가가 자신들이 사랑하는 사람들에 대해 경솔하게 또는 경멸하듯이 말하면, 사람들은 분노하게 된다.

3. 여러분이 있는 곳에서 성소수자(LGBTQ)들을 모욕하는 말을 하거나, 어떤 형태로든 그들을 괴롭히거나 학대하는 것을 용납하지 않겠다는 결단을 하라. 여러분 앞에서 사람들이 흑인을 비하하는 단어(N-word)를 사용하는 것을 여러분이 용납하지 않는 것과 다르지 않다. 만일 여러분이 부모이거나 중고등부 담당 목사라면, 아이들이 욕의 의미로 '게이,' '퀴어' 등을 사용하지 않도록 하라. 만일 여러분이 대학생이거나 청소년이라면 괴롭힘이나 욕을 그냥 받아들이지 말고 따지도록 하라. 만일 여러분의 목사님이 강단에서 그들에게 상처가 될 말을 했을 때, 그만하시라고 말하고 이유를 설명하라. 이러한 결단은 용기를 필요로 하며, 또한 게이들을 지지하느냐는 조롱을 기꺼이 받아들일 마음이 필요하다.

4. 아이들이 게이나 레즈비언으로 커밍아웃하거나 그들의 성에 관해 질문을 받을 때, 그 부모들이 아이들에게 건설적인 방식으로 반응할 수 있도록 도움을 주라. 부모들이 그들의 청소년 자녀들을 인간의 존재 자체로 거부하거나 내어쫓는 것은 절대로 올바른 대응이 아니라는 것을 알 수 있도록 교회가 역할을 하라. 어떤 부모들은 게이인 그들의 자녀들에게 차라리 태어나지 않았으면 좋았을 것이라고 말하는 것을 알고 있는가? 아이가 게이로 커밍아웃한 한다고 해서 그 아이의 존재 자체를 인정하기를 거부하는 부모들이라고? 제발, 다시는 그런 일이 없기를 바란다! 만일 게이나 레즈비언이라는 이유로 가족들에게 거부를 당한 청소년이나 청년을 알고 있다면, 그 아이에게 기독교인의 사랑과 환대를 보여주도록 하라.

5. 기회가 있다면 게이인 기독교인들(또는 한 때 기독교인이었던)과 친해지도록 하라. 잘 배우려는 자세로 그들의 이야기를 들어라.

6. 여러분이 속한 교회의 상황 속에서 신학적으로 가능한 최선의 수준까지 성소수자 (LGBTQ)들을 받아들이는 일에 지지자가 되라. 여러분의 교회의 지도자들에게 관용을 보여줄 것을 요청하라. 회피주의를 끝내라.

7. 비록 여러분이 합법적 동성 결혼을 반대하더라도, 당신이 지지할 수 있는 단계의 정책을 생각해 보라. 아마도 학교에서 그들에 대한 괴롭힘을 방지하기 위한 교육과정, 게이들에 대한 신체적 공격을 '증오 범죄(미국에서 사회적 약자에 대한 편견이 동기가 된 범죄로 가중처벌됨, 역자주)'로 분류하는 법 등은 지지할 수 있을 것이다. 아마도 종교 관련 단체를 제외하고 고용시 동성애자 차별을 금지하는 법을 지지할 수도 있을 것이다. 아마도 공립 학교 교과 과정에서 게이와 레즈비언들에 대해 언급하는 것과 관련하여 여러 방식으로 선동하는 법률 제정에 반대할 수 있을 것이다. 예를 들면, 사우스 캐롤라이나(South Carolina)주에서는 선생님들이 동성애에 대해 언급할 수 있는 경우를 성관계를 통해서 전이되는 질병을 언급하는 경우로만 한정하고 있다.[44] 여러분이 지지하기로 결정한 것이 무엇이든지 간에, 그것을 공개적으로 하라. 이를 통해 다른 사람들에게 좋은 본보기가 되고, 기독교인이 되는 것과 반동성애자가 되는 것이 같은 것이 아니라는 것을 알게 해 준다.

만일 이 지점에서 여러분이 하차하게 된다면, 성소수자(LGBTQ)들을 사랑하고 섬기겠다는 결심, 여러분의 가정, 친구 그룹, 교회를 모든 사람에게 안전한 사랑의 처소로 만들겠다는 결심, 그리고 침묵과 무관심이라는 더 쉬운 방법에 저항하겠다는 새로운 결심을 가지고 가기 바란다.

만일 여러분이 이 문제를 더욱 깊게 다루고 싶다면, 내가 계속해서 동성애적 관계와 성경에 대한 규범적 논쟁을 다루게 될 부분을 읽기 바란다.

제9장

성경의 영감, 인간의 해석

성경의 영감과 권위를 진지하게 받아들이면서도, "성경이 말하기를"이란
입장과 싸워 온 기독교의 오랜 투쟁의 역사에 대해 겸손히 인정하기.

(개신교) 성경은 66권이고, 1189 장, 31,273 절로 되어 있고, 1000년 이상의 기간
동안, 3개의 언어로, 다양한 사회적 상황들 속에서, 수십 명의 저자들에 의해 말하고,
기록되고, 편집되었고, 성경의 책들 중 마지막에 기록된 책은 1900여년 전에 완성
되었다. 이렇게 인간의 저작이라는 명백한 증거에도 불구하고, 역사적으로 대부분
의 고백서에서, (나도 그들 중 하나이다) 기독교인들은 성경이 신적인 영감을 받았고,
진실되고 신뢰할 만하며, 기독교의 믿음과 실천을 안내하기에 특별한 권위를 가지고
있다고 주장해왔다.

　다른 기독교인들보다도 개신교는 성경이 기독교 신학과 윤리에 있어서의 진리를
결정짓는 최우선, 또는 심지어 유일한 권위라고 주장하는 경향이 있다. 일부 보수
적인 개신교인들은 성경의 진리성에 대한 주장을 더욱 증대하여 "무류성(infallibility,
성경은 하나님의 영감으로 씌여졌기에 잘못될 수가 없다는 뜻, 역자주)"과 "무오성
(inerrancy, 성경은 오류가 없이 기록되었다는 뜻, 역자주)" 등의 용어를 사용한다.
성경의 진리와 권위에 대해 더 강하고 독점적인 주장을 할수록, 성경을 어떻게 해석
해야 하는가에 대한 토론이 더욱 격렬해진다.

　사람들은 (내가/우리가 해석하는) "성경이 가르치는 바"에 대한 주장들을 통해
모든 논쟁적인 문제들이 해결될 것이라고 생각한다.

　자신들의 지식을 주장하는 기준을 성경의 영감과 권위에 걸고 있는 개신교
전통주의자들은 – 자연법이나 신적 영감을 받은 성경을 비롯한 교회의 가르침에
자신들의 주장들의 기준을 걸고 있는 카톨릭 전통주의자들에 비하여 – 보통 강한
확신을 가지고, '성경은 도덕적 타당성을 갖는 (성적인, 로맨틱한) 동성 관계는 없다고
가르친다'고 말한다. 어떤 이들은 다른 대안적 관점이 논의되는 것 자체에 불신을

드러낸다. 이는 궁극적으로 성경의 "분명한 관점"에 근거해서 명백히 알 수 있는 사안이라고 여긴다.

다른 한 편으로, 의문을 제기하는 사람들은, 기독교인들이 이 문제, 또는 오늘날의 다른 어떤 문제에 대하여 주장을 펼 때, 권위를 가진 증거 구절을 만들기 위해 정확히 (개신교) 성경의 66권, 1,189장, 31,273절 중에서 어떤 부분을 선택하고 조합해야 하는 지 "어떻게 아는가"라고 질문한다. 더 나아가, 그들은 기독교인들이 광범위한 성경 내용 중에서 자신들이 선택한 구절들을 어떤 방향으로 해석할 지 "어떻게 아는가"라고 질문한다.

앞으로 전개될 장들을 통해 나는, 기독교인들이 이 문제나 다른 문제에 있어서 성경에서 광범위하게 흩어져 있는 점들을 어떻게 연결하는지, 또한 누가 올바로 연결하고 있는 지를 어떻게 알 수 있는지를 생각해 보도록 여러분에게 요청할 것이다. 누가 권위를 갖고 우리가 성경의 점들을 올바로 연결하는 지를 판단할 것인가?

어떤 의문론자들(skeptics)은 이러한 점을 연결하는 작업이 본질적으로 무작위로, 제멋대로, 기준이 없는 과정이며, 다른 어떤 것보다 개인의 선호도나 힘의 관계에 의해 결정되는 것이라고 생각한다. (여담이지만, 그 의문론자들의 일부는 우리들의 주장에 염증을 느끼는 우리 아이들이다.)

때때로 그런 회의론은, 기독교의 오랜 역사 속에서 다양한 범주의 신학적, 도덕적인 문제들에 대해 때로 격렬하게, 때로는 서로 죽이면서 주장했던 일들에 대해 알고 있기 때문에 제기된 것이다. 이러한 역사 속에서:

- 기독교인들은 무수히 많은 문제들에 대해 근본적으로 서로 다른 결론들을 내려왔다.
- 기독교인들은 그런 문제들에 대해 서로 다른 입장을 가진 모든 진영들이 성경을 인용했다.
- 종종 여러 문제들에 대해 기독교의 대부분이 취했던 입장이 완전히 바뀌었다.
- 종종 기독교인들은 그들이 보는 "진리"에 대해 무척 열성적이어서 자신들의 적들을 배제하고 말살시키려고 했고, 그렇게 할 수 있는 힘이 생겼을 때 실제로 그렇게 실행했다.

지난 2000년의 기독교 역사 속에서 가장 격렬히 논쟁했던 신학적이고 도덕적인 문제들-완강한 기독교인들이 서로 반대되는 입장의 근거로 모두 성경을 인용했던-의 사례들을 꼽으라면 많이 꼽을 수 있다. 내가 공부했거나 직접 목격한 문제들을 통해 무작위로 목록을 만들자면 다음과 같다.

- 카톨릭 교도들, 개신교인들, 또는 침례교파 교인들 등을 처형하거나 고발해야 하는 지 여부에 대한 논쟁
- 칼빈주의과 알미니안주의 가운데 어느 것이 구원에 있어서 하나님과 인간의 역할을 더 정확하게 설명하고 있는지에 대한 논쟁
- 카리스마파/오순절파 방식의 예배가 반드시 필요하다고 생각하는지, 허용될 수 있다고 생각하는지, 아니면 "마귀에 속한 것"인지에 대한 논쟁

- 교회, 가정, 사회에서 남자와 여자의 역할들에 있어서 하나님이 계획하신 바에 대한 논쟁
- "테러와의 전쟁"에서 사로잡은 포로들을 고문하는 것이 도덕적으로 타당한지에 대한 논쟁
- 술을 파는 것과 마시는 것이 갖는 도덕성에 대한 논쟁
- 기독교에서 안식일을 올바르게 지키는 것의 본질에 대한 논쟁
- (당신이 임의대로 생각할 수 있는) 그러한 전쟁의 도덕성에 대한 논쟁
- 성경에 따르면 노예제도, 식민지, 또는 노예 폐지 등이 필수적인 것인지, 허용되는 것인지, 금지되어야 하는 것인지에 대한 논쟁
- 1950년대와 1960년대에 계속된 인종 분리와 인종 통합(공교육 시스템에서 흑인 학생들과 백인 학생들 사이의 분리와 통합에 대한 논쟁, 역자주)의 대립이 갖는 도덕성에 대한 논쟁
- 자본주의, 사회주의, 제3의 길 가운데 하나님이 선호하시는 경제 제도에 대한 논쟁
- 1930년대 독일에서, 나치주의에 협력할 것인지 저항할 것인지에 대한 논쟁. 또한 어떠한 지점에서 그렇게 할 것인지에 대한 논쟁
- 신학적으로 또한 정치적으로 유대인들에 대해 어떻게 생각하고 행동해야 하는지에 대한 논쟁 (제20장을 보라)
- 현대 이스라엘에 대해 어떻게 생각해야 하는지에 대한 논쟁
- (인간과 창조의 죽음, 심판, 최후의 운명과 관련하여) 어떤 종말론적 입장을 받아들여야 할 지에 대한 논쟁
- 남아프리카 공화국의 아파르트헤이트(인종차별 정책, 역자주)의 도덕성에 대한 논쟁
- 아동 노동과 산업 자본주의의 규제되지 않은 다른 관행들의 도덕성에 대한 논쟁
- 이혼이 허용되는지, 또한 이혼이 허용되는 이유들에 대한 논쟁
- 공장형 농장에서 생산된 육류의 도덕성에 대한 논쟁
- [당신이 생각하는 문제를 여기에 써보라]

이들 문제를 다룬 그 당시의 문헌들 속에서 여러가지 입장들이 스스로를 "유일한 성경적 입장"이라고 부르면서, 반대 진영을 비성경적이라고 부르는 사례들을 쉽게 찾을 수 있다.

오늘날 어떤 종류의 기독교의 도덕적 또는 신학적 논쟁이든지 간에, 가장 흥미로운 대화의 상대는, 역사속에서 이렇게 때로는 피비린내가 나는 해석의 전쟁터들이 기독교 지형을 덮어버렸다는 것을 아는 사람들이다. 이 현명한 영혼들은 한편에 있는 성경의 본문과 다른 한편에 있는 해석의 과정은 서로 같은 것이 아니라는 것을 인식한다. 그들은 그리스도에게, 성경에 대해, 그리고 진리에 대해 열정적으로 헌신되어 있는 기독교인들 사이에서도 서로 차이가 있다는 것을 인정한다. 누군가가 어느 한 시점에서 본문, 또는 어떤 문제를 해석하는 것이 잘못된 것으로 판명될

수 있음을 인정한다. 따라서, 신학적이고 도덕적인 주장을 할 때 겸손과 관용이 요구된다는 것을 그들은 이해한다. 가장 관심이 생기지 않는 토론 상대는 우리 자신의 갈등의 역사로부터 아무것도 배우지 못한 사람들이고, 자신들이 이해한 본문이 "하나님 자신으로부터 나온 진리"라는 확신 속에서 그러한 역사를 계속해서 반복하는 사람들이다.

물론, 이 모든 성경 본문들과 해석으로 인한 싸움들 때문에, 많은 이들이 성경이 그토록 엄청난 권위를 갖고 있다고 보아야 하는지에 대해 깊은 회의를 갖게 되었다. 이들 의문론자들 중에는 성경에 관해 너무 많은 싸움을 해서 상처를 입은 동료 기독교인들-대체적으로는 (한 때) 개신교인들-이 있다. 물론 카톨릭 교인들과 동방 정교 역시 다른 방식들을 통해 종교적 권위의 문제를 해결하려고 시도했다. 그들의 싸움이 더 쉬운 것이 아니었다는 것을 여러분이 알고 있으리라 생각한다. 왜냐하면 인간은 거울을 통해서 어둡게 바라보기 때문에, 서로가 진리라고 주장하며 갈등하는 일을 피할 수 없고, 그러한 주장들이 권위를 갖도록 자리잡기까지 갈등을 겪게 된다.

'왜 고대의 신성한 문헌이 오늘날의 종교 공동체 안에서도 그토록 큰 권위를 갖는가?', '신자들이 성경의 점들을 서로 연결하는데 따라야 할 어떤 리듬이나 이성적 판단이 있는 것인가?', '어떤 사안에 대해 누군가가 "유일한 성경의 관점"이라고 일관되게 주장을 할 수 있는 것인가?' 이런 질문들을 던지는 것이 매우 중요하다. 어떤 이들은 그런 질문들은 본질적으로 파괴적이어서, 성경을 인용하며 도덕적 표준을 제시하려는 모든 기독교적 노력들이 기본적으로 타당성을 잃게 되거나, 아니면 어느 누구의 관점도 다른 사람들의 관점보다 더 옹호할 수 없게 만들어버린다고 생각한다. 나 역시 온라인 상에서 어떤 문제에 관해 성경의 본문을 인용하며 글을 썼을 때, 즉시 누군가가 레위기서를 인용하며 조롱해오는 경험을 했다. 오늘날 성경의 권위를 믿으면서 성경을 읽는 것이 어리석은 짓이라고 조롱하는 기발한 농담들을 쉽게 접할 수 있다.

이 책의 여러 장들에서, 나는 그러한 의문론자들을 향해 글을 쓰는 것은 아니다. 그 대신에, 나처럼 그 모든 것에도 불구하고, 기독교인의 삶에 있어서 성경이 갖는 영감과 권위에 대하여 강한 믿음을 계속 유지하고 있는 동료 기독교인들을 위해 이 글을 쓰고 있다.

특정한 문제들을 다루기 위해 신성한 성경을 고르고, 해석하고, 적용하는 데 있어서, 그래도 더 좋거나 더 나쁜, 더 지지하거나 덜 지지할 수 있는 방법들이 참으로 존재한다고 믿는 기독교인들을 위해 이 글을 쓴다.

오늘날의 기독교인들을 위한 도덕적 표준을 제시하려는 자라면 누구라도, 성경을 연구하는 과제를 해야 하고, 공동체 안에서 그 작업의 내용을 보여주고 (수학 교실처럼) 또한 시험해 보아야 한다고 믿는 이들을 위해 나는 이 글을 쓴다.

또한 신학적이고 도덕적인 문제를 연구하려면 뛰어난 성경적 주해와 해석이 필요하다는 것을 알고 있지만, 그 당시의 본문의 의미만이 아닌 오늘날의 신앙 공동체에 주는 의미까지 알기 위해서는 사랑의 기독교 공동체 안에서 머리와 가슴을 통합하는 더 광범위한 해석과 통찰이 필요하다는 것을 알고 있는 이들에게 나는 이 글을 쓴다.

   기독교인의 삶에서, 진실되고 건전한 생각을 가진 개인 및 공동체의 탐구가 반드시 있어야 한다고 생각하는 이들을 위해, 또한 이것이 실제로 성령의 도우심으로 우리 가운데에서 진리를 추구하는 방법이라고 생각하는 이들을 위해 이 글을 쓴다.

   이런 생각으로 다음 장에서는 성소수자(LGBTQ) 문제를 다루는데 가장 적합하다고 일반적으로 생각되는 본문들을 파헤쳐보려 한다.

전통주의자들이 성경의 점들을 연결하는 방법

성소수자(LGBTQ) 문제를 다룰 때 전통주의자들이 어떻게 "성경의 점들을 연결하는가", 그리고 그들과 논쟁을 하지 않는 방법은 무엇인가.

동성 관계에 대해 전통주의적 방식의 성경 읽기의 요점은 – 물론 변형된 방법들이 있기는 하지만 – 이 공식으로 나타낼 수 있다.

> 창세기1~2장 + 창세기 19장 + 레위기 18:22/20:13 + 사사기 19장 + 마태복음 19:1~12/마가복음 10:2~12 + 로마서 1:26~27 + 고린도전서 6:9/디모데전서 1:10 [+에베소서 5:22~23, 그리고 성과 결혼이 남자+여자에 해당한다고 전제하거나 묘사한 모든 구절들] = 동성 관계에 대한 성경의 명백한 금지.

이 구절들에 대해 내가 할 수 있는 대로 균형을 잡기위해 요약하자면:

창세기 1~2장에서 제공하는 창조 이야기들은, 1) 하나님께서 인간을 남자와 여자로 만드시고 그들에게 명령/축복하사 생육하고 번성하라고 하셨다. 2) 하나님이 남자의 외로움에 대하여 여자를 만들어 주심으로 응답하셨고, 그 남자에게 여자를 주셨으며, 이 이야기를 결혼과 연결시키는 해설이 이어진다.

창세기 19장과 사사기 19장은 그 도시 지역의 변태스러운 남자들이 어느 집에서 대접을 받고 있는 남자 손님들을 성적으로 폭행하려는 이야기를 그리고 있다.

레위기 18:22는 남자를 향해 여자와 그렇게 하듯이 다른 남자와 눕지 말라고 명령한다. 레위기 20:13은 이것을 위반하는 사람을 사형에 처하도록 정한다. 이 구절에 나오는 히브리어 'toevah'는 일반적으로 '가증한 일'이라고 번역된다.

마태복음 19:1~12/마가복음 12:2~12는 아내들과 이혼하는 남자들의 도덕성을 묻는 질문에 예수님께서 대답하는 장면을 그리고 있다. 그는 위에서 언급한 두 개의 창조 관련 본문들을 자신의 엄중한 대답의 근거로 사용하며, 이혼 청구를 시작하는 것을 엄격하게 제한한다. 마태복음의 본문에서는 마지막 부분에 고자에 대한 언급을 첨가했다.

로마서 1:26~27은 왜 모든 사람이 예수 그리스도 안에서 제시된 그 구원을 필요로 하는가에 대한 바울의 주장의 한 부분이다. 아마도 이방인들의 우상 숭배와 죄악을 묘사하려는 노력의 일환으로, 바울은 남자와 여자 모두에게 해당되는 동성애적 행동들에 대해 명백하게 부정적으로 언급하고 있다. 그 이후에 바울은 21개의 다른 행동들도 나열한다.

고린도전서 6:9과 디모데전서 1:10은 기독교인의 삶에 대한 도덕적 훈계의 일부로서 죄의 목록을 열거하고 있다. 이 구절에 나오는 헬라어 단어들, 'malakoi'와 특히 'arsenokoitai'는 영어 성경에서 종종 '동성애자들'(New American Standard Bible)이나 '남색자들'(New Revised Standard Version)로 번역되었다. 많은 영어 성경들이 서로의 차이들은 있지만, 이러한 번역들이 많은 기독교인들의 생각들을 형성시키는 역할을 했다.

오직 남자와 여자 사이에서만 성 관계를 하고, 또한 남자와 여자가 결혼을 이루는 것을 언급한 다른 본문들 역시 전통주의자들의 편에서 나열되는 구절들이고 그들의 목록에 포함된다.

만일 우리가 이 문제를 다루는데 가장 많이 인용되는 구절들을 전통주의자들의 편에서 고른다면, 성경 전체의 1189개의 장 중에서 11개의 장에서 가져온 구절들일 것이다. 그러나 우리가 흔히 듣게 되는 것은, 성경이 인정하는 성관계는 오직 이성간의 관계만을 말한다고 대략적으로 주장하는 목소리들이다.

∽

앞으로 나올 장들에서, 나는 이 구절들을 둘러싼 실질적인 해석학적 문제들을 간략하게라도 언급하고, 또한 성경의 여러 점들을 잇는 다른 가능한 방법들을 제안하려고 한다.

그러나 지금은, 어떻게 전통주의자들과의 논쟁하지 않을 수 있는지 몇 가지 방법들을 추천하려고 한다. 여기에서의 나의 주장들은 신학적, 윤리적, 자문적 고려에 기반한 것이고, 주로 나의 진보적인 친구들에게 추천하는 것들이다.

제발, 친구들이여:

전통주의자들이 인용하는 성경 구절들을, 게이들을 해하려는 악의를 가지고 사용하는 "두드려 패는 구절들"이라고 일축해버리지 말라. 물론 남을 두드려 패기 위해 어처구니없는 방식으로 성경을 사용하는 사람들이 있다. 그러나, 그저 신실한 기독교인이 되고 싶은 선한 마음의 기독교인들이 있고, 그들이 생각하기에 이 문제에 가장 타당성이 있다고 여겨지는 성경을 인용할 때 남을 때리려는 의도를 갖지 않은 사람들도 있다.

마치 우리처럼 좋은, 오늘의 시대를 사는 사람들은, 성경의 저자들(바울과 같은)이나 성경 내의 큰 섹션(구약과 같은)이 문명화된 현대 사회에 해줄 수 있는 말이 없음을 이미 알고 있다는 듯이 성경을 일축해버리지 않아야 한다. 적어도 전통주의적 기독교인들이 여러분을 진지하게 대해 주기를 원한다면 말이다.

여러분의 관점에 반대하면서 성경을 인용하는 사람들을 그저 전통주의자들, 또는 다른 경멸적인 말로 내쳐서는 안된다. 그런 행동은 도움이 되지 않으며, 대부분의 경우 공정하지도 않다. 남을 매도하는 말은 진리를 추구하는 일이나 건강한 기독교 공동체를 세우는 데 도움이 되지 않는다.

전통주의적 기독교의 성윤리를 단순히 인간의 몸, 성, 여자, 즐거움에 반대하기 위해 전체적으로 설정된 의제의 일부분이라고 일축해서는 안된다. 물론, 이러한 흐름이 기독교 역사에서 하나의 가닥으로 이어져 왔다. 그렇지만, 나는 몸, 성, 여자, 남자, 즐거움을 사랑하는 기독교인들 중에서도 이 문제와 관련해서는 성경을 전통주의적 방법으로 읽는 무수한 사람들이 있다는 것을 말하고 싶다.

단순히 해방, 정의, 소외받는 자들에 대한 포용 같은 커다란 주제들을 들먹이지 말라. 마치 그러한 중요한 성경적 명령들을 언급하면 전통주의자들이 인용하는 본문들을 다루어야 할 필요성이 없어지는 것처럼 말이다.

"선지자적 주장" 이라고 말하면 이 문제가 정리될 것이라고 추정하지 말라. 이것은 강한 주장이고, 이 문제를 다른 입장에서 바라보는 사람들도 똑같은 주장을 하고 있음을 기억하는 것이 도움이 될 것이다. 오직 하나님 만이 누가 정말로 선지자적 주장을 하는 지 입증하실 수 있을 것이다.

단순히, 이제는 기독교인들이 "문화를 따라가야 할 때"라거나 "시대에 뒤떨어지지 않아야 한다"고 말하지 말라. 어떤 문화가 어떤 식으로 흘러간다는 사실이 무엇을 증명해 주는 것은 아니다. 왜냐하면 문화가 잘못되어 가는 경우들이 종종 있기 때문이다.

오늘날 성에 관한 논쟁은 심각한 것이다. 이것은 진지한 작업을 요구한다. 그러나 진보주의자들이 이러한 반응을 기본값으로 정하고 다른 입장의 사람들이 갖는 실제의 염려들에 관여하기를 거절한다면, 그들은 성경이나 신학이나 윤리나 기독교의 제자도에 대해 근본적으로 진지하게 여기지 않는다는 인상을 주게 된다. 나는 이것이 전통주의자들의 입장에서 이 문제에 대한 열정의 수준이 낮은 이유 중 하나가 아닐까 생각한다. 그들은 성소수자(LGBTQ) 문제가 교회에 있는 훨씬 폭넓은 어떤 문제를 상징하는 것이라고 생각한다. 그런 염려 또한 언급되어야 한다.

소돔(그리고 기브아)의 죄

성소수자(LGBTQ) 문제에 있어 역사적으로 기독교의 태도를
형성하는데 치명적인 파괴력을 가진 소돔(과 기브아) 이야기를 해석.

전통주의적 기독교인들은, 성경이 금지하고 있기 때문에 정당한 동성 관계는 있을
수 없다고 주장한다. 그래서, 전통주의자들은 동성애적 지향성을 지속적으로 가지고
사는 사람들의 존재를 인정하는 시점에서도, 게이나 레즈비언 기독교인들에게 평생
독신으로 살기를 요구한다. 이 문제를 제외하고는 전통주의적 성윤리를 고수하는
수정주의적 기독교인들은, 게이 기독교인들의 언약적, 일대일의 동성 관계는 허용되
어야 한다고 제안한다.

　나는 지난 장에서, 전통주의적 입장은 성경의 여러 점들을 다음과 같은 패턴으로
연결하는 것을 기초로 삼고 있다고 언급했다.

　　창세기1~2장 + 창세기 19장 + 레위기 18:22/20:13 + 사사기
　　19장 + 마태복음 19:1~12/마가복음 10:2~12 + 로마서 1:26~27
　　+ 고린도전서 6:9/디모데전서 1:10 [+ 성과 결혼에 대해 남자+여
　　자로 전제하거나 묘사한 모든 구절들] = 동성 관계에 대한 명백한
　　성경의 금지.

　앞으로 몇 장에 걸쳐 이 본문들을 검토할 때 제기되는 가장 중요한 문제들을
살펴보고, 특히 전통주의적 해석들과 다른 방식의 해석들이 갖는 상대적 장점들을
고찰해 보려고 한다.

　서로 짝이 되는 창세기 19장/사사기 19장과 함께, 성경에서 이들 이야기가
반영된 구절들을 다루면서 시작해 보자. 이 두 이야기들은 매우 비슷하다. 이 두
이야기 모두 고대 근동시대에 있던 환대의 표준에 따라 어느 집에서 대접을 받고
있던 방문객들을 성폭행하려는 남자 패거리들의 이야기이다. 두 이야기 모두에서

맹렬하게 요구하는 남자들에게 여자를 대신 내어주겠다는 제안을 한다. 창세기 19장에서 여자들(딸들)은 거부되었고, 사사기 19장에서는 폭도들이 그 여자(첩의 신분으로 손님으로 왔지만, 보호받지 못한)를 취해서, 고문하고 강간해서 거의 죽게 만들었다. 그후 그 여자는 주인에 의해 몸이 여러 조각으로 절단되었다. 게르하르트 폰 라트(Gerhard von Rad, 20세기 독일 구약학자, 역자주)에 따르면 이 두 본문은 적어도 서로 "느슨한 의존관계"를 맺고 있는 듯하다.[45]

두 이야기 모두 성경에 나오는 가장 충격적인 이야기들 중에서도 – 필리스 트리블(Phyllis Trible)이 통렬하게 이름 붙인 – "공포의 본문들"이라고 할 수 있다.[46]

이 이야기가 성경 전체와 기독교 전통과 성소수자(LGBTQ)에 관한 z논의 속에서 차지하는 역할 때문에, 나는 소돔과 고모라 이야기에 초점을 맞추고자 한다.

성경을 읽는 대부분의 사람들은 이 이야기의 전체 개요에 대해 익숙히 알고 있을 것이다. 소돔과 고모라가 처음 나온 것은 창세기 10:19절이지만, 창세기 18:16~19:38 에서부터 이 이야기가 전개된다. 역사 비평을 하는 성서학자들은 여러 개의 이야기 가닥들이 여기에 함께 섞여져 있다고 확신한다. 이 이야기의 최종 형태는, 부분적으로는 한 때 사해 (Dead Sea) 근처의 평원에 존재했던 도시들을 사라지게 만든 대재난에 대해 설명하려는 인과 관계학(etiology, 어떤 것의 원인이나 근원을 설명하는 학문)적 이야기이다. (창세기 19:24~25를 보라). 부분적으로 이것은 거룩하신 하나님의 성품과 고집 센 인간의 성향이 최악일 때를 서로 대비시키는 이야기이다. 그의 창세기 주석에서 월터 브루지만(Walter Brueggemann)은, 이 이야기의 가장 흥미로운 면은 이 도시들의 파괴를 막기 위해 아브라함이 하나님과 협상하는 이야기가 보여주는 계시적인 힘이라고 강조한다. 여기에서 우리는 아브라함이 하나님과 언약과 대화의 파트너로서, 정의와 공의의 구현자로서, 또한 인간에게 축복을 전달하는 자로서 특별한 역할을 하기 시작하는 것을 보게 된다. 예수님과 복음을 가리키는 은혜의 요소들이 있는 것이다.[47]

아브라함이 묻기를, "만일 이 사악한 도시들에 50, 40, 30, 20, 또는 10명의 의인들이 있다면, 정의의 하나님께서 소돔을 살려주지 않으시겠습니까?" (18:22~33) 하나님이 반복적으로 그렇다고 말씀하신다. 많은 이들에 대한 하나님의 징벌은 소수의 의인들로 인해 보류될 것이다.

그러나, 그들이 소돔에 도착할 때, 하나님의 사자인 두 천사들은 10명의 의인조차 발견하지 못한다. 소돔에 살던 아브라함의 조카인 롯은 그 두 "남자들"에게 모범적인 환대를 제공했다. 그러나 늦은 밤, "그 도시의 남자들"이 집단으로 롯의 집을 둘러싸고 공격했다. 그들은 롯이 숙소를 제공한 방문객들을 "알고" 싶어했다. 롯은 거절했고, 안전한 집 밖으로 나가서 그 군중들의 마음을 가라앉히려고 애원하며, 심지어는 군중을 달래려고 그의 처녀 딸들을 내어주겠다고 했다. 그러나 그들은 거절하며 말하기를, "너는 물러나라! 이 자가 들어와서 거류하면서 우리의 법관이 되려 하는도다. 이제 우리가 그들보다 너를 더 해하리라" (창세기 19:9). 그들의 공격은 천사들의 기적 같은 도움을 통해서만 물리칠 수 있었다. 다음날, 롯의 가족이 천사들을 따라 안전한 곳으로 피신한 후 소돔과 고모라는 불바다가 되었다.

한 때는 이 이야기를 동성애에 대해 분명하게 고발하는 것으로 해석하는 것이 일반적이었다. 당연히 숙명적으로 "남색(sodomy)"이라는 단어가 이 이야기로부터 생겨났다. (마크 조단(Mark Jordan)에 따르면 이 용어는 11세기에 사용되기 시작했다.)[48] 이 이야기와 이 용어 둘 다 문화에 미친 영향이 엄청났다. 그러나 현재 이 이야기가 "동성애"에 관한 것이라고 생각하는 진지한 성경 해석자들은 거의 없다. 전통주의자들의 주장에서도 이런 해석은 확실히 줄어들었다.

이유는 모르지만, 우리는 소돔과 고모라가 창세기 19장이 시작되기 전에도 전설적인 죄악의 도시들이었다는 것을 알고 있다. 그러나 롯과 그의 방문객들에 대한 끔찍한 공격 후에, 독자들은 그들의 죄악의 본질에 대해 어느 정도 알게 된다. 이것은 외부인들에 대해 집단 강간을 시도하려는 공포스러운 이야기이고, 이스라엘 사람과 고대 근동에서의 환대의 규범을 유린하는 충격적인 이야기이고, 롯이 자신의 딸을 희생양으로 삼아 군중에게 내어주려고 했던 이야기이고, 한 도시 전체의 타락에 대한 이야기이다. 이 모든 것이 거룩하신 하나님의 사자인 천사들을 향해 이루어졌다는 사실에 더욱 분개하게 된다. 이 이야기는 폭력과 협박으로 가득 차 있다. 롯이 그의 손님들을 보호하려 했을 때, 그의 "형제들"이 롯을 향해서도 협박을 했던 것을 주목하라: "이제 우리가 그들보다 너를 더 해하리라." 유사한 이야기인 사사기 20:5까지 더한다면 분명해지는 사실은, 그 남자들이 원했던 것은 성적 폭력을 포함하여 폭력을 행사하는 것이었고, 그들은 폭력을 가했다는 것이다.

소돔과 고모라, 그들의 죄, 그리고 하나님의 징계는 계속 울려 퍼지는 상징들이 되었다. 이후의 성경 전체에서 이 사건이 인용될 때, 이 도시들의 이름들 자체가 전적인 인간의 죄와 가공할 하나님의 심판의 대명사가 되었다 (신명기 29:23, 32:32; 이사야 1:9, 3:9, 13:19; 예레미야 23:14, 49:18, 50:40; 예레미야 애가 4:6; 에스겔 16:46~50; 아모스 4:11; 스바냐 2:9; 마태복음 10:15/누가복음 10:10~12; 로마서 9:29; 베드로후서 2:6~10; 유다서 6~7). 이스라엘이나 교회에 대한 임박한 심판을 경고하는 가장 확실한 방법이 소돔을 언급하는 것이었다.

그러나 성경 내에서 이렇게 소돔을 언급한 구절들 어디에도, 그들의 죄악을 동성애에 대한 관심이나 행동이라고 서술하는 곳이 없다. 이사야 1:9~23에서는 다수의 죄의 목록이 나타나 있는데 주로 공적 정의를 악용하는 것과 관련된 것들이다. 예레미야 23:14에서는 간음, 거짓말, 회개하려 하지 않는 죄를 지적한다. 에스겔 16:49에서의 그들의 죄는 자만심, 무절제한 음식소비, 풍족함에서 오는 안락함, 가난한 자들을 돌아보지 않는 것이라고 기록한다. 아모스와 스바냐에서의 그들의 문제는 자만심과 가난한 이들을 조롱하고 억압하는 것이라고 말한다. 신구약 중간기에 씌어진 외경에 포함된 집회서 16:8 (Sirach, 지혜서)와 제3 마카비서 2:5 (Maccabees, 역사서), 지혜서 19:15 (Wisdom, 지혜서)에서도 소돔과 고모라에 대해 이야기하지만, 그들의 죄를 성과 연결하지는 않는다.

소돔과 관련된 성경 구절 중 동성 간의 행위와 연결시킬 수 있는 유일한 구절이 유다서 1:6~8과 그와 유사한 베드로후서 2:6~7 말씀인데, "다른 육체"에 대한 불경건한 관심(유다서1:7)이라는 언급이 나온다. 창세기 19장의 이야기를 동성 간의 행위에 관한 이야기로 확신하는 상황에서, 나중 시기에 기록된 이 두 책들은 그것을 확인시켜주는 것으로 이해되었다. 그러나 자세히 살펴보라. 이 구절들은, 천사들과의 성관계에 관심을 갖는 불경건한 인간의 모습을 나타내는 전통의 파편들을 보여준다. 이러한 주제는 에녹서(성경 외경에 포함된 창조, 심판, 예언 등에 관한 책, 역자주)에서 유래된 것인데, 천사들이 인간인 여자들과 성관계를 갖는다는 창세기 6:1~4의 불가사의한 이야기를 참조하고 있다.

소돔과 고모라 이야기와 가장 분명하게 비교가 될 수 있는 것은 전쟁시나 감옥에서 벌어지는 강간이다. 감옥에 대해 생각해볼 때 가장 먼저 떠오르는 이미지가 강간을 당할 것에 대한 두려움이라는 것을 생각해 보라.

소돔의 남자들은 집단 강간을 원했다. 그들은 롯의 딸들보다 남자들에게 더 큰 관심을 보였는데, 이는 가부장적 사회에서 남자들이 더 큰 값어치를 가졌기 때문에 그들을 성폭행하는 것이 여자를 강간하는 것보다 더 큰 모욕을 주는 것으로 여겨졌기 때문이었다.[49] 그 남자들은 그 남자 방문객들을 방어능력이 없는 여자들처럼 다룸으로써, 그들을 지배하고, 모욕하고, 해를 가하려고 했다고 나는 제안한다. 성차별이 사회적 시스템으로 존재하는 곳에서 남자에게 가할 수 있는 가장 모욕적인 가해는 그를 여자처럼 취급하는 것이다. 소돔 이야기는 남자들에 대한 집단 성폭행을 시도한 이야기이며, 이는 그들이 외부인들이고, 연약하며, 모욕과 공격을 가하기에 쉬운 대상들이었기 때문이다. 이 이야기는 가장 타락한 전쟁터나 감옥의 수준까지 곤두박질한 어느 마을에 관한 이야기라고 할 수 있다.

창세기 19장과 사사기 19장은 전쟁, 감옥, 젠더, 폭력, 강간 등이 갖는 윤리성에 대해 큰 함축적 의미를 주는 이야기들이다. 그러나 이 이야기들은, 사랑스럽고 언약적인 동성 관계의 도덕성 문제와는 아무 상관이 없다. 그것은 이 이야기들이 사랑스럽고 언약적인 이성 관계의 도덕성과 아무 상관이 없는 것과 마찬가지이다.

제12장

레위기, 가증한 것, 그리고 예수

레위기에 있는 두 본문들, 그리고 오늘날 기독교인들이 이
본문으로부터 무엇을 생각해 볼 수 있는 지에 대한 복잡성.

오늘날, 구약성경의 레위기서를 인용하는 기독교인들은 거의 없는데, 이는 이 책이
마지막 유대교 성전이 파괴되면서 유대인들 자신들에게도 수세기 전에 퇴색되어 버린
예배에 대한 가르침을 주로 – 완전히 그런 것은 아니지만 – 포함하고 있기 때문이다.
그러나, 성소수자(LGBTQ) 논쟁에 있어서는 기독교인들이 종종 레위기에 있는 두
구절만 빼내어서 인용하고 있다.

> "너는 여자와 동침함 같이 남자와 동침하지 말라. 이는 가증한
> 일이니라."

(레위기 18:22)

> "누구든지 여인과 동침하듯 남자와 동침하면 둘 다 가증한 일을
> 행함인즉, 반드시 죽일지니 자기의 피가 자기에게로 돌아가리라."

(레위기 20:13)

히브리어의 'toevah' (주로 형용사로 '가증한' 또는 여기에서와 같이 명사로 '가증한
일'로 번역됨)의 변형된 형태들이 구약성경에 117번 사용되었고, 특히 신명기, 에스겔,
잠언 등에 많이 나타난다. 이 단어는 하나님이 몹시 싫어하시고 따라서 하나님의
율법과 선지자들도 싫어하는 행위들을 가리킨다.

레위기 18장과 20장에서 온갖 종류의 성적 행위들을 금지하고 그것들을 통칭해서
가증한 일들이라고 부르는데, 여기에는 혈육과의 성관계나, 넓은 범위의 가족 관계
안에서의 성관계나, 생리중인 여자와의 성관계 등이 포함된다.

음식도 종종 이 개념과 연결된다. 신명기에는 돼지, 토끼, 갑각류, 이미 죽은 동물들을 먹는 것을 가증한 일이라고 일컫는다. (신명기 14:3~21).

에스겔서에서 '가증한 일'은, 여호와의 맹렬한 심판을 초래한 이스라엘의 다양한 죄악들 전체를 표현하는 중심적인 단어이다.

- 에스겔 18:10~13은 폭력, 산 위에서 먹는 것(아마 이방신을 섬기는 것을 의미), 간음, 가난하고 궁핍한 자들을 억압하는 것, 약탈, 빚진 자의 저당물을 돌려주지 않는 것, 우상을 향해 눈을 드는 것, 대출에 이자를 부과하는 것 등을 죽어 마땅한 가증한 일들로 일컫는다.
- 에스겔 22:6~12는 부모를 업신여기는 것, 나그네를 학대하는 것, 고아와 과부에게 해를 가하는 것, 안식일을 더럽히는 것, 중상하는 것, 뇌물을 받고 피를 흘리게 하는 것, 그리고 여러가지 성적인 죄악들 (동성 간의 관계를 특정하여 말하지는 않았지만) 등을 가증한 일에 포함시켰다.
- 에스겔 44:5~7은 외국인들을 성전에 들이는 것과 지방과 피를 제단에 드릴 때 (그들이 성소 안에 있게 하여) 성전을 더럽히는 것을 가증한 일들로 기록하고 있다.

잠언은 다음과 같은 것들을 가증한 일로 일컫는다. 패역한 자(3:32); 교만한 눈, 거짓된 입, 무죄한 자의 피를 흘리는 손, 악한 계교를 꾀하는 마음, 빨리 악으로 달려가는 발, 거짓을 말하는 망령된 증인, 형제 사이를 이간하는 자(6:15~17); 진실되지 않은 말(8:7); 마음이 굽은 자(11:20); 장사꾼의 속이는 저울(11:1, 20:10, 20:23); 거짓 입술(12:22); 악인의 제사(15:8, 21:27); 악한 꾀 (15:26); 교만한 자(16:5); 악을 행하는 왕들(16:12); 악인을 의롭다 하고 의인을 악하다 하는 것(17:15); 거만한 자(24:9); 율법을 듣지 않는 자(28:9); 불의한 자(29:27) 등이다.

"가증한 일"이라고 기술한 경우들 중 적어도 117번 중 111번은 다른 문제들을 가리키는 용어로 사용하였는데, 레위기서를 제외하고는 구약성경의 율법들 중에서 동성애적 행위에 대해 언급하는 일이 없다는 사실을 주목하는 것은 타당한 일이다. 오늘날 기독교인들이 가증스러운 일이라고 말할 때 이러한 다른 많은 행위들이나 품성을 가리켜 말하는 경우가 거의 없다는 것은 흥미로운 일이다.

~

우리가 다루는 주제와 직접적으로 관련된 결정적인 질문을 하자면, 레위기서의 두 구절에서 가증하다는 혐의를 받는 남성 간의 성교가 정확히 무엇을 말하는가 하는 문제이다. 그 중 하나의 해석이 특히 중요하기는 하지만, 학자들 간에 일치된 의견은 없다.

골든 웬햄(Goldon Wenham)과 같은 일부 학자들은 레위기서 18장에서, 그 지역의 인접한 가나안 땅과 애굽의 관습들과 구별되도록 이스라엘을 부르시는 도입부 이후에 이 구절이 나오는 점을 주목한다.[50] 따라서 다른 이방 족속들, 특히 그들의 우상 숭배의 관습과 아마도 신전의 매춘제도와 분명하게 구별되도록 이스라엘을 보존하는 것이 문제였다.[51] 구약 성서학자 필리스 버드(Phyllis Bird)는 더 나아가 'toevah (가증한, 가증한 일)'가 "윤리적 용어가 아니라 경계를 표시하는 용어"였다고 주장한다.[52]

이 주장이 너무 대범한 면이 있지만, 이 주장은 문화적 관습이라는 것이 – 특히 몸을 둘러싼 문제와 관련해서는 – 종교적 전통에 기반하는 경우가 흔하며, 사람들을 서로 구분해주고, 흔히 가까운 거리에서 서로 다른 것들이 부딪혔을 때 서로에 대한 혐오가 조장된다는 사실을 지적하고 있다.

유대교 성서 학자이며 보수적인 랍비인 제이콥 밀그롬(Jacob Milgrom)은 레위기서 18/20장에서 여성끼리의 동성 관계에 대한 언급이 없다는 것에 주목한다. 그는 이 법의 일차적 동기는 남자의 "씨가 유출되는 것"(창세기 38장의 오난 이야기를 생각하라), 즉 상징적으로 생명이 손실되거나 낭비되는 것에 있다고 제안한다. 학자들이 일반적으로 동의하는 바는 구약성경에서, 그리고 아마도 신약성경에서도, 생식과 관련되지 않는 성에 대한 거부감이 동성애 문제를 다루는 데 하나의 요소로 작용한다는 것이다. 또한 밀그롬(Milgrom)은 레위기 18장이 다른 사람들이 아닌 '거룩한 땅'에 거주하는 이스라엘 족속에게 주어진 것이고, 이는 그때나 지금이나 그 적용 범위가 매우 한정된다는 것을 주목한다.[53]

성경 신학자들인 리차드 엘리엇 프리드먼(Richard Elliott Friedman)과 쇼나 돌란스키(Shawna Dolansky)는 "그러한 성관계는 불가피하게 수동적 역할을 하는 자에게 모욕을 주어 그가 하나님의 율법 아래서 동등하게 가지는 그의 위치를 침해할 수 있다"고 제안하며, 젠더의 차원에 초점을 맞추었다.[54] 그 말은 삽입을 당하는 남자가 스스로를 여자처럼 취급받도록 허용하는 것은 위계적이고 남성 지배적인 젠더의 역할을 심하게 위배하는 것이기 때문에, 그 자체가 가증한 일이 된다. 그러나 이것 때문에 그러한 행위를 금지하는 것이라면, 아마도 여자가 남자보다 가치와 존엄성이 떨어진다고 믿지 않는 기독교인들이 문제를 제기할 것이다.

그녀의 유명한 책 "순결과 위험"에서, 메리 더글라스(Mary Douglas)는 레위기서에서의 거룩/불경, 정결/불결의 범주들이 온전함, 완전함, 바른 질서에 대한 이해에 기초하고 있다고 제시한다. 그렇다면, 레위기서 18/20장의 성도덕에 따른 금지사항들 역시 "창조 때에 나뉘어진 범주들을 그 구별된 형태 그대로 지키는 것"과 관련이 있다.[55] 전통주의적 기독교의 목소리를 학문적으로 선도하는 로버트 개그논(Robert Gagnon) 역시 이러한 관점을 주장하는데, 그는 모세오경(토라)의 부분들이라는 관점에서 최종 버전의 레위기와 창세기를 연결시킨다. 그는 하나님의 창조 설계에 기초하여, 성경이 동성 관계를 일관되게 거부하고 있다고 본다.[56]

앞으로 이 부분을 다룰 장들을 통해, 창조 때에 하나님에 의해 만들어진 도덕적 질서로부터 파생된 주장들이, 기독교에서 성소수자(LGBTQ) 문제를 논의하는데 엄청난 중요성을 갖는다는 것이 명확해질 것이다. (제15장을 보라.)

∽

레위기 20:13에서는 사형을 명령한다. 만일, (일부 사람들이 레위기 20:13을 인용하며 그렇게 제시하듯이) 오늘날 기독교인들이 사형을 명령하는 구약의 율법들을 권위있는 명령으로 받아들인다면, 사형을 명령하는 다른 잘못된 행위들에 대한 구절들도 여기에 함께 나열하는 것이 타당해 보인다.

레위기의 성결법(The Holiness Code)에 따라 사형에 해당되는 죄악들: 아동을 희생제물로 삼기 (레위기 20:2); 부모를 저주하는 자(20:9); 근친상간이나 가족 관계 내의 성관계로 대표되는 여러가지 성적 행위들(20:11~15); 접신이나 박수무당이 되는 것(20:27); 여호와의 이름을 모욕하는 것(24:16); 살인(24:21); 금지 상태에 놓인 자(거룩한 전쟁에 바쳐진 자)는 반드시 죽이고 절대 무를 수 없다(27:29).

구약의 율법에서 사형에 해당하는 다른 죄악들: 하나님이 시내산에서 율법을 주시는 동안 시내산을 오르는 자 (출 19:12); 사람을 쳐죽인 자 (출21:12); 자기 아버지나 어머니를 치는 자(출21:15); 사람을 납치하는 자(출21:16); 자기 아버지나 어머니를 저주하는 자(출21:17); 사나운 동물을 단속하지 못한 자(출21:29); 짐승과 행음하는 자(출22:19); 안식일에 일하는 자(출31:15, 35:2; 민수기 15:35와 비교해보라); 레위인이 아닌 자가 성전에 가까이 가는 경우(민3:10); 모세나 아론이나 아론의 자손을 제외하고 누구라도 성막 앞 동쪽에 진을 치는 경우(민3:38); 외부인이 제단 가까이에 오는 경우(민18:7); 다른 사람을 어떤 연장으로 쳐서 죽게 하는 경우(민35:16~21)인데 이 경우에는 "피를 보복하는 자"만이 그를 죽일 수 있다 (민35:21, 30~34; 신명기 19:11~13과 비교해보라). 신명기는 사형의 경우들을 추가하는데, 꿈을 통해 예언하여 백성들로 하여금 우상을 숭배하게 하는 자(신13:1~5), 가족이라고 할지라도 다른 사람을 꾀어 우상을 숭배하게 하는 자(신13:6~11), 어느 성읍이 엇나가서 우상 숭배의 길로 가게 되면 그 가축들까지 다 진멸해야 하며(신13:12~18), 이는 다른 거룩한 전쟁의 경우들과 동일하다 (신명기 7장, 여호수아 2, 8, 10장 등). 부모에게 순종하지 않는 자녀들 또한 사형에 처한다 (신21:18~21).

제사장들이 제사장 직분을 행할 때 의례를 어기면 죄악으로 간주되며 죽음을 맞게 된다: 성전에 들어가고 나올 때 격식에 맞게 제작된 제사장의 예복, 머리에 쓰는 관, 속옷 등을 입지 않은 경우(출28:31~43); 성막이나 제단에 들어갈 때 손과 발을 씻지 않은 경우 (출30:17~21); 위임식을 하는 7일간 회막 문 안에 머물지 않는 경우(레8:33~35); 회막에 들어갈 때 포도주나 독주를 마신 경우(레10:8~9); 사정을 한 후와 피를 유출한 후에 정결법에 따라 씻지 않은 경우 (레위기 15장); 대속죄일에 회막에 들어가기 전 올바르게 준비되지 않은 경우(레위기16장); 회막에 들어가는 제사장이 부정한 몸을 정결하게 하지 않은 경우(레22:1~9) 등이다.

레위기 20:13을 인용하는 기독교인들은 동성애 행위를 하는 자들에게 사형을 집행하는 것을 지지하는 것인가? 만일 그것이 아니라면, 왜 아닌가? 만일 그렇다면 그들은, 앞의 세 문단에서 나열한 모든 위법 사항들에 대해서도 사형이 집행되는 것을 지지하는가?

~

내가 이러한 구약성경의 율법의 재료들을 살펴본 것은, 자신들이 만들어 낸 선택, 해석, 적용의 원칙들을 기술하고 또 방어하기 위해 이러한 구절들을 선택적으로 인용하는 기독교인들에게 물어보려는 의도 때문이다. 달리 말하면, 만일 오늘날 기독교인들이 모든 구약의 율법들을 기록된 방식 그대로 받아들이는 것이 아니라면, 어떤 대안적인 해석학(성경을 해석하는 방법)적 원리들이 적용되어야 하는 것인가?

이 문제는 실제로 상당히 복잡한 문제이며, 전체 기독교 역사 속에서 성경을 진지하게 읽는 이들에게 제기되었던 질문이다.

이것은 "기독교인들은 구약 성경에 나오는 모든 율법을 받아들이는데, 다만 그 율법에서 언급된 사형에 관한 부분만 받아들이지 않는 것이다"라고 말하는 것처럼 단순한 문제가 아니다. 왜냐하면, 설사 그런 경우가 있다고 하더라도 아주 극소수의 기독교인들만 모든 율법을 전부 다 받아들이기 때문이다. 예를 들어, 우상을 숭배하는 성읍에 대해 대량 학살이라는 폭력을 요구하는 율법이나, 코셔법(유대교의 정결법에 합당한 음식)을 고수해야 하는 율법이나, 제사장이 제물을 다루는 규례들의 경우를 생각해볼 수 있다.

또한 이것은 "기독교인들은 구약에 나오는 도덕법들은 받아들이고 제의나 종교적 의식에 관한 법, 제례법, 음식에 관한 법, 민법 등은 받아들이지 않는다"라고 말하는 것처럼 단순한 문제가 아니다. 왜냐하면, 구약 성서학자 마틴 노스(Martin Noth)가 쓴 것처럼, "구약에서는 계명이 어떠한 범주에 속하는 지를 묻지 않고, 오직 모든 이스라엘을 결속하시는 하나님의 뜻이라는 하나의 범주만 존재한다. 그 안에서 굉장히 다양한 구체적인 요구 사항들이 나타난다."[57] 구약 성경의 율법적 재료들을 다양한 범주로 분류하고 그 범주들의 권위를 차등해서 순번을 매기는 것은 그러한 재료들 자체로 보더라도 이상한 일이다. 신약성경에서 이런 식의 선 긋기에 관한 분명히 묘사는 나타나지 않는다.

또한 이 문제는 고든 웬햄(Gordon Wenham)과 다른 이들이 제안했듯이 "기독교인들은 구약성경에 나오는 모든 율법들을 받아들이지 않을 지는 몰라도 그 율법들 뒤에 있는 원리들은 실천하려고 노력한다"[58]고 말하는 것처럼 단순한 문제가 아니다. 이러한 입장이 어떤 경우에는 설득력을 갖지만, 다른 경우에는 이 원칙이 명확하지 않고, 또 어떤 경우에는 그 원칙은 명확하지만 기독교인으로서 우리가 받아들일 수 없을 때도 있다. 예를 들어, 그 마을에 만연한 종교적 관행들 때문에 공동책임의 원칙, 그리고 그로 인해 한 마을의 모든 구성원을 대상으로 공동의 징벌의 원칙이 가해진다고 생각해보라. 아니면 "부정한 자들"(생리를 하는 여자들의 경우처럼)은 공동체에서 퇴출되어야 한다는 원칙을 생각해보라.

만일 우리가 "기독교인들은 구약의 모든 율법들이나 원칙들을 받아들이지는 않지만, 그 원칙들 안에 나타난 하나님의 핵심적인 성품들 - 예를 들면 하나님은 거룩하시고 우리에게 거룩을 요구하신다-을 믿는 믿음에 전념한다."고 말한다면, 그것은 그나마 좀 낫다. 그러나, 이것으로는 모든 동성 관계가 거룩하신 하나님의 성품을 거역하는 것인지에 대한 질문이 해결되지 않는다.

또한 이런 접근이, 신적 거룩함-최소한 레위기에서 강조된 종류의-이 예수 그리스도가 가르치고 구현하셨던 하나님의 성품과 일치하는가 하는 질문을 해결해 주지 않는다. 기독교인들에게 구약의 율법들을 어떻게 적용할 지를 질문할 때, 예수 그리스도의 인격과 사역, 또한 그가 구약의 율법들을 대하셨던 방법을 고려하지 않고 그 질문을 다룬다는 것은 불가능한 일이다. 여기에서 언급할 점은, 'toevah(가증한, 가증한 일)'와 관련된 용어들이 신약 성경에서는 아주 드물게 나오는데, 그 중 두 번은 요한계시록에 나온다 (눅 16:15, 요한계시록 17:4~5, 21:27; 또한 마태복음 24:15를 보라). 구약에서 이렇게 광범위하게 입증이 된 용어가 예수님의 어휘 속에서는 거의 아무런 역할을 하지 못했기 때문에, 예수님께서 이런 식으로 하나님의 성품을 이해하는 것을 더 강화하시기 보다 오히려 더 문제 제기를 하셨다고 주장하는 것이 더 쉽지 않을까 한다.

다른 방향의 극단은, 기독교인들은 구약성경의 율법 전체를 무시해도 된다고 너무 단순화해서 말하는 것이다. 예수님과 그를 따르는 자들의 손에서 구약 성경의 율법을 상당할 정도로 걸러내야 하는 것은 분명하다. 사도 바울은 - 그의 서신들에 계속적으로 나타나듯이 - 그 율법들을 잘 걸러낸 사람들 중에서 가장 유명하다. 그는 베드로에게서 핵심적인 조력을 받았다 (사도행전 10장). 사도행전 15장은 특별하게 절충된 하나의 해법이 기록된 유명한 이야기이다. 히브리서 전체는, 어떻게 유대인들의 율법과 예수 그리스도가 서로 연결되는지에 대해 매우 복잡한 숙고를 한 내용으로 채워져 있다. 이 책은 2000년 간의 유대교-기독교 관계에서 문제적인 영향을 끼쳐 온 옛것/새것, 더 나쁜 것/더 좋은 것이라는 패러다임을 사용한다. 그렇지만, 구약성경의 율법들을 신약성경에서도 재승인한 부분들은 - 어떤 이들은 이들 레위기 구절들도 재승인 되었다고 말한다 - 그 내용이 갖는 권위가 급격하게 올라간다.

공정하게 요약하자면, 예수님이 오시고 교회가 세워진 이후, 2000년 전이나 지금에도 기독교의 도덕성에 대한 문제를 해결하는 일이 그저 레위기서의 어느 구절을 인용하는 것처럼 쉬운 일이 아니라는 것이다.

유대교 전통 자체에서도 단순히 히브리어 성경의 본문들을 있는 그대로 읽은 적이 없다. 그 대신에 고도로 정교한 묵상을 하는 랍비 전통의 그룹에서 질문을 던지고 논쟁하면서 그것들을 고찰해 왔다. 기독교인들이 고대 문서인 히브리어 성경을 가지고 와서 그것을 구약 성경이라고 부르고, 그런 후에 그 성경을 유대인들이 2000년 이상 해석해 왔던 과정을 참고하지 않고 본문들을 해석하는 것은 창피한 일이다.

그래서, 레위기 18:22와 20:13의 두 문장에 대해 충분히 언급하였다. 이들은 교회의 도덕적 숙의 과정에서 당연히, 또한 여기에서 제안한 타당한 경고들과 함께 다루어져야 한다. 그 구절들이 성소수자(LGBTQ) 문제를 해결해주지 않는다.

제13장

두 개의 이상하고 사소한 단어들

불분명한 두 개의 헬라어 단어들을 어설프게 번역하여
성소수자(LGBTQ) 문제에 사용하면서 문제가 야기됨.

고린도전서 6:9절과 디모데전서 1:10절에서 바울은 (두 번째 서신은 아마도 "바울"의 이름을 빌린 위작(pseudonymous) 서신일 것이다) 죄악된 행위들이 받게 될 정죄에 대해 그의 독자들에게 알려주기 위해, 두 개의 "죄의 목록" – 그리스 로마 시대의 일반적인 수사학적 방식이었던-을 사용하고 있다. 고린도전서와 관련하여, 대부분의 학자들은 바울이 특별히 통제불능이었던 회중들을 다루고 있다는 데 동의한다. 그들 중 일부는 성 문제를 포함하여 도덕적 방종에 빠져 있었다. 바울은 그들을 바로잡기 위해 그들에게 편지를 쓰면서, 은혜로 주어진 구원이라고 해서 기본적인 도덕적 필요조건들을 면제받는 것이 아니라는 점을 분명히 한다. 그런 후에 바울은, "하나님의 나라를 유업으로 받지 못하게 될" 10가지 종류의 사람들에 대해 경고한다. 디모데전서 1장에서 죄악의 목록을 열거하는 배경은 좀 더 불분명하다. 이는 "율법"에 대해 논의하는 과정에서 나왔으며, 또한 명백하게 율법을 지나치게 강조하는 거짓 스승들에 대해 우려를 나타내면서 말한 내용이다. 바울은 율법이 주로 경건하지 않은 자들을 위해 주어진 것이라고 말한다. 그런 후에, 그런 불경건함의 일곱 가지 예를 나열한다.

이 두 경우의 죄의 목록에서 헬라어 단어 "arsenokoitai"가 사용된다. 첫 번째 목록에서는 "malakoi"를 바로 그 앞에 사용하고 있다. 이 이상하고 사소한 두 단어들의 의미를 분석하기 위해 광범위하고 활발한 논쟁을 담은 학자들의 글들이 발표되었다.

"malakoi"를 생각해 보자. 이 헬라어 단어는 영어 성경들에서 "병약자"에서 "바람둥이" "방탕한 자" "음탕한 자" "호색하는 자" "사내답지 못한 자" "남창" 등 다양하게 번역되었는데 "arsenokoitai"와 "malakoi"를 합쳐서 "다른 남자들과 성관계 하는 남자들" 또는 "동성애자들"이라고 번역하기도 한다. 이 단어는 문자적으로 "부드러운"의 의미이고, 신약성경의 다른 부분에서는 부자들이 입는 부드럽거나 고급스러운 옷을 일컬을 때 사용되었다. (마11:8/눅7:25).

윌리엄 로더(William Loader)는 이 단어가 기본적으로 부드럽다는 의미이고 만일 남자에게 적용할 때는 그의 남성성을 경멸적으로 공격하는 의미일 수 있다고 말한다.[59] 데일 마틴(Dale Martin)은 이 단어의 의미가 성적으로 스스로를 여자처럼 삽입을 당하는 위치에 두는 남자들을 조롱하는 의미로 확대될 수 있다고 말하면서, 그렇지만 이러한 의미로 더 일반적으로 쓰이는 다른 단어들이 있기 때문에 이 단어가 여기에서 그런 뜻으로 사용되었다고 확실히 주장하기는 어렵다고 말한다. 그는 그 대신에 "부드러움"과 그 의미가 통할 수 있는 더 광범위한 범주의 말들, 즉 '방종의', '성적 자제력이 부족한', '쾌락에 빠진'과 같은 말들에 초점을 맞춘다.[60] 그러한 스펙트럼의 다른 한쪽 끝에 서 있는 로버트 개그논(Robert Gagnon)은 이 단어가 NIV(New International Version)에서 사용하는 것처럼 단순히 "남창들"에게만 적용되는 것이 아니라, 정확히 남성끼리의 성관계에서의 수동적인 상대 (삽입을 당하는 남자들)에도 적용되는 것으로 읽는다.[61] 그러나 윌리엄 로더(William Loader)는 만일 바울이 정확히 그런 의미로 이 단어를 사용하고 싶었다면 다른 유용한 단어들을 썼을 것이라고 지적한다.[62]

아직 이해가 되지 않는가?

"arsenokoitai"는 신약성경에 고린도전서 6:9과 디모데전서 1:10에 단지 두 번만 나온다. 이 단어는 바울 이후의 다른 고대 그리스 문헌들에도 아주 드물게 나타나는데, 주로 죄악을 나열하는 중에 나온다. 이 단어 'arsenokoitai'('arsenokoites'의 복수형)는 기존에 존재하는 두 단어를 합성하여 만든 단어인데 그리스 문학 이전에는 이 단어들을 합성하여 사용하지 않았다.

상당수의 전통주의적 학자들은 바울이 이 단어를 독창적으로 만든 것이 아니라, 히브리어 성경을 헬라어로 번역한 70인역(Septuagint)에 나오는 레위기 18:22와 20:13을 염두에 두고 만들었다고 생각한다.[63] 또는, 만일 바울이 직접적으로 그 구절들을 염두에 둔 것이 아니라면, 아마도 그가 최소한 전통적 유대교의 성윤리-그가 지금 기독교의 성윤리라고 가르치고 싶어하는-를 염두에 둔 것이라고 말한다.[64]

70인역에서는 레위기 18:22와 20:13의 두 구절 모두 'arsenos'와 'koiten'의 두 단어가 포함되어 있다. 여기에서 레위기 20:13의 경우가 더 중요한데, 왜냐하면 이 두 단어를 직접적으로 나란히 쓰고 있기 때문이다. 많은 학자들은 바울이 언어적으로 이 두 단어를 병행하거나 연결을 했다는 사실이 바울이 만든 이 단어의 출처와 의미를 결정짓는 증거라고 말한다. 비록, 그 이전까지 바울이 그렇게 사용한 적은 없지만 말이다.

마티 누시넨(Marti Nissinen)은 전반적으로 학계에서 논의된 바를 요약한다. "이러한 시도들은 달라진 상황에서 이 단어의 실제적인 의미를 가려내는 것이 정말로 얼마나 어려운 지를 보여준다."[65]

그러나, 영어를 사용하는 기독교 공동체가 있기 때문에, 헬라어 신약 성경을 영어로 번역하는 일이 정말 필요하고, 번역자들은 'arsenokoitai'를 번역할 어떤 단어를 찾아내어야 한다.

매튜 바인스(Matthew Vines)가 자료를 모아 둔 덕분에 지난 425년간 'arsenokoitai' 이란 단어가 영어로 어떻게 번역해 왔는지 여기에 그 예들을 볼 수 있다.

- 제네바 성경(Geneva Bible,1587): "동성 간의 성 행위자들(buggerers)"
- 킹 제임스 성경(King James Bible, 1607): "남자와 함께 스스로에게 성적 폭력을 가하는 자들(abusers of themselves with mankind)"
- 메이스 신약 성경(Mace New Testament, 1729): "야만인들(the brutal)"
- 웨슬리 신약 성경(Wesley's New Testament, 1755): "남색자들(sodomites)"
- 듀이-라임스 (Douay-Rheims, 1899): "남자와 눕는 자들(liers with mankind)"
- 개역 표준 성경(Revised Standard Version, 1946): "동성애자들(homosexuals)"
- 필립스 성경(Phillips Bible, 1958): "성도착자(pervert)"
- 투데이스 영어 성경(Today's English Version, 1966): "동성애적 성도착자들 (homosexual perverts)"
- 뉴 인터내셔널 성경(New International Version, 1973): "동성애적 범죄자들 (homosexual offenders)"
- 뉴 아메리칸 성경(New American Bible, 1987): "동성애를 행하는 자들 (practicing homosexuals)"

대부분의 영어 해석/번역들을 통해서, 영어를 사용하는 대부분의 기독교인들과 영어로 설교하는 대부분의 설교자들은, 자연스럽게 바울이 모든 동성애자들이나 동성애적 행위를 하는 자들 또는 그 두 그룹 모두를 책망하고 있다고 결론을 내린다 (종종 – 용서하기 어려운 – 투데이스 영어 성경(Today's English Version)이나 필립스 성경(Phillips Bible) 처럼 심하게 모욕적인 용어를 사용하면서). 또한 어떤 이들은, 고린도전서 6:9을 사용하여 그러한 자들 모두가 천국으로부터 배제된다고 – 그래서 지옥으로 직행한다고 – 결론짓는다. 영생을 얻는 기준을 언급하는 신약 성경의 다른 구절들 – 예를 들면 용서받았지만 불완전한 죄인, 믿음을 가진 죄인들에게 주시는 하나님의 은혜를 강조하는 (요한복음3:16절을 생각해보라)-이 있음에도 불구하고, 이들은 그런 결론을 내린다. 그리고, 고린도전서 6:9절을 인용하며 게이의 삶을 "실천하는" 자들은 지옥에 간다고 말하는 이들 중에서, 탐욕이나 술 취하는 것을 "실천하는" 자들 또한 지옥에 간다고 말하는 사람은 거의 없다.

영어를 사용하는 대부분의 기독교인들은 'arsenokoitai'라는 단어의 의미와 해석을 둘러싸고 여러 논쟁이 있다는 것을 전혀 알지 못한다.

또한 바울이 동성 간의 행위를 언급할 때 그리스-로마의 세계에서 (정확하게 또는 분명하게) 무엇을 떠올리며 이 말을 했는지에 대해 고대 그리스-로마 시대를 연구하는 학자들과 신약 성경 해석가들 가운데 격렬한 논쟁이 있다는 것을 대부분의 기독교인들은 알지 못한다. 성인 간의 상호 합의에 의한 성관계? 남자 성인과 소년의 성관계/성착취? 매춘? 강간? 노예를 성적으로 착취하는 것? 예를 들면, 그들은 마이클 베이시(Michael Vasey)의 연구에서, 로마 제국 시대의 동성 간의 행위는 "우상 숭배, 노예, 사회적 지배 체제와 깊은 관련이 있으며, 종종 강자가 약자의 몸에 대해 권리를 주장하는 것"[66]이라고 말한 것을 읽어보지 못한 것 같다. 이것이 오늘날 "동성애자"라는 단어를 들을 때 생각하게 되는 개념인가? 만일 그렇다면, 그것은 정확한 이해인가?

그들은 신약 성서학자인 데일 마틴(Dale Martin)의 주장을 알지 못하는 것 같은데, 그의 말에 따르면 신약 성경을 제외하고 그리스 문헌들에서 "arsenokoites"가 사용된 사례는 소수에 불과한데, 그 중에 네 개의 경우에서 이 단어는 동성 간의 행위를 말하는 것이 아니라 경제적 착취와 권력의 남용에 대한 이야기이고, 더 정확하게는 성매매 알선과 강제 매춘과 같이 성매매 산업 내의 경제적 착취와 폭력과 관련된 단어이다.[67] (시빌린 오라클(Sibylline Oracles), 요한행전(Acts of John), 아우톨리쿠스(Autolycus) 등을 살펴보라.)

그들은 윌리엄 로더(William Loader)가 그의 권위있는 연구에서, 그 단어의 의미를 그보다 더 광범위한 범주로 취급하는 하는 것이 나을 것이라고 주장했던 것도 몰랐을 것이다.[68]

그렇다면 신약 성서학자 제임스 브라운슨(James Brownson)이 디모데전서 1:10절에 나오는 죄의 목록 안에 "남성끼리의 애로틱한 행위와 관련된 세 개의 단어들이 포함되어 있다"고 주목한 것에 대해 우리는 어떻게 생각해야 하는가? 그는 그 단어들을 함께 묶음으로써 이 목록이 전체적으로, "구금되었거나 거세된 소년들(pornoi, 또는 남자 매춘부들)의 '포주들'로 행세하면서 'arsenokoitai'를 제공하는 인신 매매자들 또는 노예 매매자들(andropodistai)들, 즉 이들 소년 매춘부들을 이용하는 남자들을 지칭한다는 의견을 제시한다.[69]

이제 분명해졌는가?

만일 'arsenokoitai'를 "성적 인신매매자들"이나 "성 착취자들"이나 "강간범들"이나 "성적 약탈자" 나 "포주들" 같은 단어들로 번역했더라면 기독교 역사에서 게이나 레즈비언들을 대했던 태도가 어떻게 달랐을까? 비록 지금 대부분의 학문적 이해가 그런 것은 아니지만, 그런 번역들은 타당성이 있다. 그런 번역들은 적어도 "동성애자들"이란 용어만큼이나 적절, 또는 부적절할 것이다. 우리의 (최근의) 문화에서 (빠르게 사라지는) "동성애자"라는 이 용어는 바울이 살던 세계에 존재했던 용어가 아니라, 성적 지향성, 성정체성, 성적 활동을 광범위하게 포함하는 의미를 가지고 있다.

우리들이 사용하는 영어 성경들에서 최소한 각주에서 만이라도 'arsenokoitai'나 또는 나란히 쓰인 'malakoi'와 'arsenokoitai' 두 단어들의 의미가 명확하지 않다는 것을 언급하였더라면 좋았을 것이다.

그러나 애통하게도 대부분의 번역들은 마치 모든 "동성애자 개인"이 정죄를 받아 영원한 불에 들어가는 것처럼 기록하고 있다. 이렇게 과도하게 확신에 찬 번역 때문에 모든 성소수자(LGBTQ)들의 삶이 어둡게 되었고, 가장 슬픈 일은 청소년인 게이와 레즈비언들이 자신들의 부모들에 의해 (그리고 목사들과 주일학교 사역자들로부터) 지옥에 갈 성도착자로 거부당하고 있다.

깊은 문화적, 언어적 차이점들과 더불어 학문적으로도 두 헬라어 단어의 의미와 번역이 불확실하다는 사실로 인해, 'malakoi'와 'arsenokoitai'가 성소수자(LGBTQ) 문제를 해결하는데 결정적 역할을 한다는 주장의 토대가 무너지고 있다.

나는 그런 미심쩍고, 때로는 거칠고 경멸적인 성경 번역들 때문에 하나님의 형상대로 지음 받은 연약한 사람들의 삶이 훼손되었다는 것에 깊은 슬픔을 느낀다.

제14장

하나님이 그들을 남자와
여자로 만드심

우리는 성소수자(LGBTQ) 문제와 관련해 가장 중요한 본문들-창세기 1~2장,
마태복음 19장, 로마서 1장-과, 또한 가장 중요한 신학적 문제인,
창조 때의 하나님의 설계하신 성에 대해 살펴보려고 한다.

전통주의자들의 입장에서 주로 인용하는 구절들 중 아직 살펴보지 않은 본문들은
이제 네 개만 남았다: 창세기 1:26~28/2:18~25, 마태복음 19:3~12 (그리고 그 병행
본문들), 로마서 1:26~27이다.

그 내용과 배경의 차이에도 불구하고, 이들 본문들은 성소수자(LGBTQ) 문제를
논의하는데 (대부분) 같은 식의 타당성을 가진다: "이 본문들 모두가 하나님이
창조 때 설계하셨던 인간의 성– 종종 상호 보완적인 남자/여자라는 성/젠더로 명시
된-에 근거해서 동성애가 위법하다는 의미로 읽힌다."[70] 이 설계는 모든 동성 관계를
"정도를 벗어난" 것, 즉 창조 때의 하나님의 확정된 계획과 상반되는 것이라고
말한다.[71] 분명히 이것은 성소수자(LGBTQ) 문제와 씨름하는 기독교인이라면 누구
든지 직면하는 가장 중요한 성경적, 신학적, 윤리적 문제이다. 이 관점은 전통주의자
들의 입장에서 넓게 인용된다. 주의 깊게 살펴볼 필요가 있다.

❦

아마도 유대인들의 바벨론 포로 기간(기원전 587~539년)과 그 이후에 최종본이
만들어졌을 것으로 생각되는 창세기의 전체적인 기능은, 자신들의 전승과 일부 이웃
나라의 전승들을 사용해서 독특하면서도 그들을 하나로 묶는 유대인들의 기원에
대한 이야기, 신학적 서술, 윤리적 비전을 분명히 하고 또한 강화하는 것이었다.
최초의 역사 이전에 대한 기록인 창세기 1~11장에서, 저자들/편집자들은, 이웃
나라들의 창조 이야기들을 가져오기도 하고, 또 그 이야기들을 뒤바꾸기도 하고,
새로운 요소들도 추가해서, 창조와 인간의 기원, 결혼과 가정 생활, 인간 죄악과
고통의 기원, 문화/농경/초기 기술/도시들의 탄생, 다양한 사람과 언어들의 기원,
아브라함을 부르시기 전에 존재했던 지구의 상황들에 대해 신학적인 묘사를 그리고

있다. 이 모든 것은 하나님이 선하게 창조하신 세계, 인간의 반역으로 손상된 세계, 하나님의 심판의 대상이 되지만 또한 신적 회복이 주어지는 세계에 관한 이야기라는 구조로 되어 있다.

대부분의 학자들은 창세기 1:1~2:4a와 2:4b~25에서 두 가지의 창조 이야기들이 편집자에 의해 서로 엮어져 있다는 것에 동의한다. 창세기 1:26~28은 인간들이 하나님의 형상을 따라 만들어졌고, 남자와 여자로서 "성적인 차이"[72]를 갖도록 창조되었으며, 생육하고 번성하고, 땅에 충만하고, 땅을 "정복하도록" 명령을 (축복을) 받았다고 말한다. 창세기 2:18~25에서는 하나님이 첫번째 남자의 외로움을 인지하시고 그에게 돕는 이/동반자/파트너가 필요하다는 것을 아셨다고 묘사한다. 그 남자의 갈비뼈에서 취한 그의 동반자가 여자이다. 마지막 두 절에서는 첫번째 남자와 여자를 "남자"와 "아내"로 부르면서 결혼의 기원을 인과적으로 설명하는 역할을 한다.

이 이야기들은 하나님께서 인류와 최초의 커플을 창조하시는 고대의 아주 사랑스러운 두 개의 이야기이다. 창조를 하신 하나님의 목적, 하나님의 형상으로 지음 받았다는 것의 의미, 창조에 대한 인간의 책임의 모습, 이미 70억이 넘는 사람들로 가득한 세상에서 어떻게 출산의 의무/축복을 이해해야 하는 지, 어떻게 인간은 본질적으로 관계적인 존재인지 ("혼자 있는 것이 좋지 못하니"), 인간과 하나님이 만드신 다른 피조물 들과의 관계의 본질, 그리고 첫번째 남자와 여자 사이에 하나님이 의도하신 관계성 등과 관련하여 성서학, 신학, 윤리학의 특별한 역작들이 이 짧은 고대의 이야기들을 바탕으로 해서 나왔다.

창세기 1~2장을 통해 성과 결혼에 대해 논의할 때, 한 남자와 한 여자만 존재한다는 사실, 그리고 오직 한 남자와 한 여자를 통해서만 아기를 생산할 수 있다는 사실 (인공 수정의 기술들이 나오기까지는) 등이 성소수자(LGBTQ) 문제에 대한 전통주의적 기독교의 의견을 형성하는 데 명백하게 중요한 역할을 했다. 기독교 전통은 성, 결혼, 가정 생활의 설계와 목적과 관련해서 이 본문들이 모든 시대와 모든 사람들에게 규범이 된다고 받아들였다. 이는 자신들의 성적 지향성 때문에 그러한 규범을 충족하지 못하는 사람들을 배제시켜 버렸다. 그러나 오늘날, 창세기 1~2장에 나타난 핵심 실천 사항들, 즉 아이들을 함께 돌보는 일, 도와주고 함께하는 동반자(창2:18) 관계, 전적으로 자기를 내어주는 일 등이 언약 관계인 게이와 레즈비언 커플들 사이에서도 발생한다는 것을 점점 주목하게 되었다.

∽

마태복음 5:31~32, 19:3~12/마가복음 10:2~12 (누가복음 16:18)에 기록된 이혼에 관한 예수님의 가르침은 그 자체로는 단순하게 보이지만 복음서 저자들의 편집 과정에서 좀 더 복잡한 형태로 바뀌었다. 이 본문들에 대해서는 내가 다른 책에서 길게 언급하였다.[73] 여기에서는 다음과 같이 말하는 것으로 충분하리라 본다: 예수님이 "한 남자가 (어떤 이유로든-마태복음 19:3) 그의 아내와 이혼하는 것이 옳습니까?"라는 질문을 받았을 때, 그는 구약에 있는 원래의 출처로 대화를 이끈다. 예수님이 "모세"(신명기 24:1~4)를 언급하기는 했지만 주된 초점은 창세기 1:27과 2:24

이었다. 예수님은 그의 유명한 판결을 덧붙이신다. "그러므로, 하나님이 짝지어 주신 것을 사람이 나누지 못할지니라"(마태복음 10:6b/마가복음 10:9). 그런 후에 예수님은 이혼을 추진하는 것과 재혼하는 것을 간음이라고 정죄(위법이라는?)하신다.

마태복음의 기록에서는 이러한 예수님의 말씀이 제자들과의 대화로 이어지고, 그의 엄격한 가르침 때문에 그들은 당황하듯이, "장가들지 않는 것이 낫겠습니다"(마태복음 19:10)라고 말한다. 예수님은 그들에게 유대적 상황에서의 새로운 가능성을 제시하시며 "하나님의 나라를 위하여 고자가 된 자"를 언급하시는데, 이는 독신을 수용하시는 것처럼 보인다. 이 본문은 기독교 안에서 독신이라는 선택을 승인하는 데 꽤 중요하다. 일부 게이 기독교인들을 포함한 일부 기독교인들은 이 본문이 모든 게이와 레즈비언들에게 독신의 삶을 요구한다고 이해한다. 독신의 삶을 사는 게이 기독교인들-그렇게 하는 게이 기독교인들이 종종 있다-이 그런 주장을을 할 때, 결혼 생활의 즐거움을 누리는 이성애자 기독교인들이 그런 주장을 하는 것보다 더 큰 존재론적 무게감을 갖게 된다.

이러한 그 당시의 가르침/본문의 목적은 우리가 지금 성소수자(LGBTQ) 문제라고 부르는 것에 대해 언급하셨던 것이 아니다. 비록 예수님이 창세기 1~2장을 말씀하셨기 때문에 이러한 논쟁에서 종종 언급되기는 하지만 말이다. 이 본문 자체의 의도는 1세기 유대인들의 관습에서, 남자들이 자신들의 아내들을 사소한 이유를 들어 이혼을 청구하면서, 가정이 파괴되고, 아이들을 빼앗고, 여자들을 수치스럽고 빈곤하게 만드는 방임적 행동들이 점점 증가하는 추세를 준엄하게 꾸짖는 것이었다. 따라서 이 가르침의 목적은, 듣는 이들로 하여금 결혼의 영속성에 대해 훨씬 더 철저하게 이해하도록 요구하기 위한 것이며, 그것이 어른들과 아이들과 공동체의 선을 위해 평생동안 한 몸인 관계를 갖도록 하는 하나님의 의도이다. 이러한 가르침은 절대적으로 오늘날의 교회들이 들을 필요가 있다. 이 본문이 성소수자(LGBTQ) 문제와 관련해서 적절한 본문인 지는 더 많은 논의가 있어야 한다.

～

역사적으로 학자들은 로마서 1~3장에서의 바울의 목적은 세상에 대한 신학적 그림을 그리면서, 하나님께서 예수 그리스도를 통해 주시는 구원이 모든 사람에게 간절히 필요하다는 결론으로 이끌려는 것이었다. 유대인과 이방인 모두를 구원하시는 복음을 찬양한 후에, 로마서 1:18~32에서 바울은 일차적으로 이방인 이교도들의 특징적인 죄들-가장 악한 모습의, 또는 그의 눈에 띈, 또는 신학적 고발이라는 특정한 목적에 맞는-을 고발한다.

바울은 우상 숭배의 허망한 행동을 함으로써 하나님을 모욕하고, 변명할 여지없이 창조에 나타난(로마서 1:20)하나님의 "진리를 막는" 자들을 고발한다. 그 대가로 주어진 분노하신 하나님의 징벌은 그들이 원하는 대로 모욕적인/부끄러운 욕심, 불결함, 수치스러운 열정에 "내버려 두시는" 것이었다(로마서 1:24~26). 그들이 그러한 결과 도덕적 나락으로 떨어진 모습이 또다른 죄의 목록-정말로 22개나 되는(로마서1:26~32)-에 나타나 있는데, 그 중에는 "모든 불의, 추악, 탐욕, 악의가 가득한 자... 시기, 살인, 분쟁, 사기, 악독이 가득한자, 수군수군 하는 자, 비방하는 자,

하나님께서 미워하시는 자, 능욕하는 자, 교만한 자, 자랑하는 자, 악을 도모하는 자, 부모를 거역하는 자, 우매한 자, 배약하는 자, 무정한 자, 무자비한 자" (로마서1:29~31) 등이 포함되어 있다.

그러나 치명적으로, 이 본문에서 바울이 좀더 집중적으로 다루고 있는 하나의 문제가 있다면 동성 간의 성관계이다. 로마서 1:26~27은 성소수자(LGBTQ)에 대한 논쟁을 통틀어 가장 널리 인용되는 구절이다:

"이 때문에 하나님께서 그들을 부끄러운 욕심에 내버려 두셨으니 곧 그들의 여자들도 순리대로 쓸 것을 바꾸어 역리로 쓰며 그와 같이 남자들도 순리대로 여자 쓰기를 버리고 서로 향하여 음욕이 불 일듯하매 남자가 남자와 더불어 부끄러운 일을 행하여 그들의 그릇됨에 상당한 보응을 그들 자신이 받았느니라."

물론 우리가 이 구절을 계속 인용하며 현대의 게이와 레즈비언들을 아주 잘못된 성적 욕망을 가진 자들로 서술할 수 있고, 모든 동성 간의 행위를 "비정상적인," "부끄러운," 하나님의 징벌을 받게 될 것으로 묘사할 수 있다. 이것은 무시무시한 유산이며, 특히 만약에 기독교 가정과 교회에서 성장한 후 자신의 동성애적 지향성을 알게 된 이들이 겪는 고통에 대해 염려하는 사람이라면 더욱 그러하다.

이 본문에 대한 막대한 양의 학문적 저술들이 여러 방향으로 흘러오고 있는데, 그들 중에는 바울의 주장을 형성하는 데 배경이 된 문헌이나 문화적 영향들, 그가 어떤 의미로 "정상적, 비정상적"이란 용어를 사용했는지, 그가 자기의 상황에서 무엇을 가르치고자 의도한 것인지 (주해), 우리 시대에 그 본문을 통해 우리가 무엇을 말할 수 있는지 (해석과 윤리) 등이 포함된다.

배경: 항상 사리분별을 잘하는 윌리엄 로더(William Loader)는 바울이 가진 유대교적 배경이 가장 우선 고려되어야 할 것이라고 제안하는데, 이에는 아마도 창세기의 이야기들과 우리가 앞에서 살펴보았던 레위기 본문들이 포함될 것이다. 또한 바울은, 마치 "자연적"이라는 개념과 그 자연적인 것을 보편적으로 알 수 있다고 생각하는 스토아 철학처럼, 그리스-로마 사회의 지적이고 도덕적인 사고와 결합시키려고 시도하는 것일 수 있다. 이미 알려진 로마의 성적 관습과 표준들-여러 상황에서 동성 간의 행위가 광범위하게 용납되었다든지, 또한 결혼한 남자들에게도 그런 행위가 용납되었다든지-을 재고해 본다면, 전통적인 유대교의 성윤리와 그들의 관습 사이에 얼마나 극단적인 차이가 있는지를 알 수 있다.[74]

로더(Loader)는 더 나아가, 바울에게 영향을 끼쳤을 수 있지만 현대의 전통주의적 기독교 독자들에게는 덜 익숙하고 덜 환영받는 문화적인 주제들을 제시한다. 이들 중 하나가, 남자들이 성에 있어서 자신의 우월적이고 능동적인 역할을 포기하고 자신이 여자들처럼 취급되도록 허용하는 것을 명예/수치(honor/shame)에 대한 문제와 연결시키는 것이다. 다른 하나는 남자와 남자 사이의 성관계를 수치스럽고 폭력적인 강간-전쟁에서 종종 발생하는-과 연결시키는 것이다. 여자들의 경우, 그들은 수동적인 위치에서 남자들의 욕망을 받아들이도록 설계에 의해/자연적으로 정해졌는데, 동성 간의 행위를 할 때 그 수동성이 자신들의 의지에 따라 아주 달라지게 된다. 그런 행위는 가부장적 사회에서 여성의 주체성의 불온한 표현이고, 따라서 부자연스럽고, 확실하게 남자의 권력을 위협하는 것으로 여겨졌다.[75]

이제 바울의 말을 전통적으로 비난의 방식으로 해석해 온 것에 대해 네 가지의 문제제기를 해보려고 한다.

1. "순리대로 쓸 것"을 "역리"로 "바꾼다" 또는 "내어준다"는 용어를 사용함으로써, 바울은 동성 간의 성관계를 하는 사람들이 "정상적"이고 자연스러운 이성애적 관계를 할 수 있음에도 변태적으로 동성을 선택했다고 말하고 있는 것으로 들린다. 경험적으로 말하자면, 이 말은 지금과 같이 그 당시에도 종종 사실이었다 (다음 문단을 보라). 그러나, 해석학적인 측면에서 보자면, 이제 우리는 적은 규모인 성소수자들은 이성애적 끌림이나 관계를 전혀 할 수 없다는 것을 알고 있다. 그들이 순리적인 성관계를 역리적으로 바꿨다거나, 또는 역리에 내어주었다고 말하는 것은 공정하지 않은 것 같다. 이러한 묘사를 오늘날 그런 부류의 사람들에게 적용하는 것이 공정한지에 대해 합리적인 문제 제기를 하게 된다.

2. 우리는 그리스-로마 시대의 동성 간의 행위가 항상 그런 것은 아니지만, 때때로 어린 소년과의 성관계, 매춘, 주인과 종 사이에서의 성관계 등을 말하는 것처럼 보인다는 것을 알게 되었다(학자들 사이에서 합의에 의한 동성 간의 행위와 강압적인/해로운 행위 사이의 기준에 있어서 서로 의견이 다르다). 이러한 행위들은 기독교인들 뿐만 아니라 이교도 도덕론자들에게도 비판을 받았다. 이들 행위들은 본질적으로 다른 사람들의 몸을 자신들의 쾌락을 위해 이용할 수 있는 힘을 가진 특권층 남자들의 방종이고, 모든 다른 종류의 성관계를 놀이감처럼 사용하며 시간을 보내는 호사로움이었다. 이런 남자들은 아내 한 명으로는 충분하지 않았다. 그들은 훨씬 더 색다른 종류의 참신함, 과도함, 쾌락을 원했다. 예를 들면, 1세기 로마 철학자였던 무소니우스 루푸스(Musonius Rufus)는, "호사스럽고 방종한 삶에 있어서 적지 않게 중요한 부분은 과도한 성생활이다... 그런 삶에 앞장서는 사람들은 다양한 사랑을 갈구하는데... 여자들 뿐만 아니라 남자들과도 그러하다"라고 썼다.[76] 어떤 이들은 바울이 로마서 1장에서 이러한 성적 과도함, 이기주의, 용인된 간음이 존재하는 당시 문화에 반응하고 있는 것이며, 동성애 부분은 부수적인 것이지 중심적인 것이 아니었다고 주장한다. 이러한 주장 역시 강한 논쟁거리가 된다. 학자들에게는 이런 논쟁을 해결하는 것이 이 본문을 상호 합의에 의한 – 사랑과 언약적 관계에서의 동성 관계는 물론이고 – 동성 관계에 적용하는 것이 타당한지를 생각하는데 영향을 미친다.[77]

3. 하버드 고전 문학자인 새라 루덴(Sarah Ruden)은 그녀의 열정을 담은 책 "사람들 가운데 있는 바울(Paul Among the People)"에서 문화적 문제를 상당히 예리하게 다루었다.[78] 대중적인 글들과 난해한 시와 같은 모든 종류의 출처들을 사용하여, 그녀는 그리스-로마 시대의 악한 문화적 관습으로, 힘 없는 젊은 남자들, 특히 노예들, 더 나아가 사회적 지위가 낮은 누구라도 종종 폭력적으로 항문 강간의 대상으로 삼는 일들이 넓게 용인되었다고 서술한다. 이러한 관습은 "가해자들 보다는 피해자들을 도덕적으로 비난하는" 잔인함이 동반되었는데, 가해자들은 종종

남자답다는 칭찬을 받기도 했다. 그녀는 아주 어린 소년들을 성적인 공격으로부터 보호하기 위해 어떠한 세심한 노력들이 있었는지 자료를 통해 제시하면서, 그런 공격은 언제든지 일어날 수 있었고, 그 아이들에게 감정적인 수치심과 때로는 신체적인 손상까지 가져올 수 있는 일이었다고 말한다. 루덴(Ruden)은 바울이 동성 간의 관심과 행위를 생각할 때 이런 관습을 염두에 두었던 것이고, 이것이 바울이 로마서 1장에서 이런 행위를 다른 과도함과 방탕의 죄들과 연결해서 말하고 있는 이유라고 확신한다. 바울의 성에 대한 가르침은 이러한 문화적 타락에 대한 그의 혐오, 선량한 이들의 몸과 영혼을 보호하고 싶은 그의 열망, 이러한 악하고 만연된 행위에 젊은 기독교인들이 참여하지 않도록 훈련하려는 그의 헌신 등이 크게 반영된 것이라고 그녀는 주장한다. 만일 이것이 그의 목표였다면, 누구도 바울과 논쟁하지 못할 것이다. 이와 같은 문화가 타락된 것이라는 데에는 우리 모두가 동의할 것이다.

4. 바울은 로마에 있는 기독교인들에게 편지를 쓰고 있는데, 그들 중 일부는 로마 제국의 황실과 관련되어 있고, 그들 모두는 거기에서 벌어지는 광기어린 일들을 잘 알고 있었을 것이다. 폭력이 난무하고, 가이우스 칼리굴라(Gaius Caligula)의 많은 악행들과 네로 자신의 동성 관계를 포함하여 떠들썩하고 흥청대는 황실안에서의 성적인 문제들은 가히 전설적이었다.[79] 제임스 브라운슨(James Brownson)은 이러한 잔인한 음탕함을 자세히 기록하면서, 이것이 바울이 (종종 남용되는) 로마서 1:27절에서 "그들의 그릇됨에 상당한 보응을 그들 자신이 받았느니라"고 말한 것을 설명해줄 수 있다고 지적한다. 칼리굴라(Caligula)는 저녁 식사에 초대된 사람들의 아내들을 겁탈했고, 동성과도 관계했으며, 군 장교를 성적으로 모욕하기도 했는데, 그 결과로 그는 칼이 그의 성기를 관통하면서 암살당했다.[80]

만일 바울이 황실을 염두에 두면서 이방 세계가 방탕함을 숭배하는 모습을 넓은 붓터치로 그리고 있는 것이라면, 그 말은 로마서 1:18~32이 하는 기능이, 이방 세계에서 죄악이 가장 섬뜩하게 적나라하게 드러난 상징으로서의 로마의 황실에 대한 기억을 그 상황에서 상기하도록, 약간 가려진 베일을 사용하여 묘사한 것이라고 볼 수 있다 (이러한 관점으로 전체를 다시 읽어보라). 이러한 점은 최근 바울 연구에서 넓게 다루는 주제인, 바울이 유일한 주님이신 예수 그리스도의 이름으로 로마 제국에 저항하는 것과 연결된다. 정말로 중요한 이러한 발견은 이 본문을 로마 황실과 완전히 다른 오늘날의 상황에 적용하는 데 한계를 두어야 함을 말해준다.

온건한 입장의 수정주의자로서 내린 결론은, 로마서 1장에서의 바울의 신학적 목적과 편지를 쓸 당시 그가 처한 종교적이고 문화적인 상황에서는, 그가 어떤 형태의 동성 관계에 대해서도 호의적으로 말을 하기 어려웠을 것이라고 제안하는 것이다. 같은 "주제"를 말하는 것 같기는 하지만, 많은 이들은 그 때의 상황이 너무 달라서, 오늘날 헌신된 기독인들 가운데 존재하는 언약적 동성 관계들에 관하여 문제를 제기하기에는, 바울의 말이 거의 적합하지 않다고 주장했다. 바울의 말들을 오늘날 이런 식으로 적용하는 것을 재검토하면서 그가 암묵적, 또는 직접적으로 지시한 내용들을 제쳐놓게 만드는 것은 이 문제 뿐만이 아니다. (여자의 머리를

가리는 문제, 남자의 머리 길이, 여자가 교회에서 잠잠하는 문제, 좋은 주인에게 복종하라는 가르침 등)

그런 결론은 전통주의자들에게 별로 설득력이 없는데, 그들은 여기에서의 바울의 가르침과 우리가 살펴보았던 성경의 다른 본문들-특히 창조/설계라는 주제-을 연결시켜서, 바울의 가르침을 당시의 배경 안에서 상황화하는 것을 상당 부분 무시한 채, 이 본문을 성경의 일관된 전체적 성윤리의 일부분으로 여긴다.

한발 물러서서, 바울이 로마서 1장에서 냉혹하게 비난하는 내용이, 독실하고, 사랑하고, 서로 20년이 넘도록 함께 한, 예배당 셋째 줄에 함께 앉아있는 그 레즈비언 커플과 어떤 관계가 있는지-만일 있다면- 궁금해하는 것은 당연한 일이다. 그들의 삶은 로마서 1:18~32에서 묘사하는 타락의 전반적인 묘사와 전혀 맞지 않는다. 만일 당신이 그러한 커플을 알고 있다면, 또는 당신 자신이 그러한 커플이라면, 이 본문에 대해 분명히 의문을 가질 것이다.

다음 장에서는 창조에 나타난 하나님의 설계와 그것이 어떻게 성적 지향성과 연결되는가 하는 주제를 좀더 깊이 있게 살펴볼 것이다.

제15장

창조, 성적 지향성, 그리고 하나님의 뜻

창조, 성 정체성, 그리고 하나님의 뜻에
대해 생각할 수 있는 세가지 제안들.

창조에 나타난 하나님의 설계에 따르면 어떠한 적법한 동성 관계도 배제해야 된다는 아주 중요한 주장에 대해 세 가지의 제안이 가능하다. 우리가 창조와 관련된 유대적 신학과 연결시켜서 이해한다면, 이 주장은 창세기 1~2장, 마태복음 19장, 로마서 1장, 그리고 아마도 레위기 18/20장, 고린도전서 6:9/디모데전서 1:10절 등에서 이끌어 낸 것이다. 지금까지 이 책에서 살펴본 거의 모든 성경적 탐구들은 우리를 이 지점으로 이끈다. 신학적으로, 성소수자(LGBTQ) 문제와 관련해서 이 지점이 궁극적인 갈림길이 된다는 것을 인식하면서 이 제안들을 하고자 한다.

  제안 1: 구약의 창조 이야기들과 신약에서 암시적 또는 직접적으로 그 이야기들을 언급하는 본문들은, 우리가 발견한 대로 세상을 과학적으로 서술한 것이기 보다는, 신학적인 이야기들로 취급해야 한다. 이를 위해서는 신실한 현대 기독교인들이 두개의 다른 종류의 지식을 통합하는 방법-때로 우리가 다른 문제들과 관련해서 이전에 그렇게 했던 것처럼-을 찾는 것이 요구된다.

  본질적으로 이 제안은, 성소수자(LGBTQ) 문제가 그동안 많은 경우와 마찬가지로 믿음과 과학을 통합하는 문제라고 제시한다.

  16세기 이후로 기독교인들, 유대인들, 무슬림들은 과학적인 발견들과 우리의 원시 창조이야기 및 그로부터 발전해 온 신학적 전통 사이에서 어느 정도까지 그 두 가지를 통합할 수 있는지-또는 통합하려고 할 것인지-에 있어서 중요한 갈림길에 직면해 왔다. 오늘날 우리가 겪는 문제는 성경과 기독교 전통과 그것을 해석하는 권위적 해석자들이 갈릴레오(Galileo), 코페르니쿠스(Copernicus), 다윈(Darwin)을 처음 접했을 때의 상황과 비슷한 종류의 것이다.[81] 그동안 기독교인들이, (성경이 그렇게 가르친다고 믿었던 대로) 태양이 도는 것이 아니라 지구가 꾸준히 계속해서 태양의 둘레를 돌고 있다는 결론에 이르게 되었듯이, 또한 지구의 나이가 6000년이고 문자적으로 24시간인 날들이 여섯 번 지나는 동안 창조된 것이 아니라, 수십억년의 진화 과정을 거쳤다고 말하게 되었듯이, 성소수자(LGBTQ) 문제에 있어서도 우리는 젠더와 성적 지향성에 대한 현대 과학의 발견과 하나님이 만드신 세상에 대한 신학적 이야기 사이를 통합해야 하는 과제에 직면해 있다. 기독교인들이 성경 본문들과 저 바깥 세상 속에서 확고하게 대치되는 사실들 사이를 통합하는 일은 결코 쉬운 일이 아니었다. 지금도 쉬운 일이 아니다.

우리는 "하나님이 그들을 남자와 여자로 만드셨고" 그들을 생육하고 번성할 수 있도록 축복하셨다고 창세기 1장에서 말하는 것을 알고 있다. 이것은 이해가 되는 말이고, 우리는 확실히 남자이고 확실히 여자인 많은 사람들, 또한 그들의 자녀들과 매일 마주친다. 그러나 우리는 이제 인구 중 아주 적은 비율의 사람들은 인터섹스(intersex: 염색체, 생식선, 또는 성기와 관련된 성적 특성들이 남자나 여자로 뚜렷하게 식별되지 않는 유형) 또는 성전환자(transgender: 자신의 성 정체성이나 성적 표현들이 그들의 선천적으로 가진 성과 일치하지 않는 사람)라는 것을 실제의 사람들과 그들에 관한 연구를 통해 알게 되었다.

사람들에게 구체적으로 나타나는 이러한 현상들은 실제로 존재하는 것이다. 한편으로는 우리 앞에 실제로 존재하는 그런 사람들을 온정을 가지고 대하면서, 어떻게 성경과 우리 앞에 있는 이러한 엄중한 사실들을 통합할 수 있을까?

우리는 창세기 2장에서 하나님이 남자로부터 여자를 만드시고, 여자를 남자에게 주셨으며, 결혼은 남자와 여자가 함께하는 것으로 선포하셨다고 알고 있다. 이것은 이해가 되는 말이고, 우리는 확실히 남자이고 확실히 여자인 이들이 서로를 필요로 하고, 서로를 원하며, 짝을 맺어 함께 살아가고 있는 많은 사람들과 마주친다. 그러나 우리는 또한 실제의 사람들과 그들에 관한 연구를 통해, 인구의 약 3.4~5퍼센트의 사람들이 그들의 (고정된, 지속하는, 바뀌지 않는) 성적 지향성 때문에 "반대의 성"을 가진 사람들 중에서는 "알맞은 배필" (창세기 2장)을 찾을 수 없다는 것을 알고 있다. (비록 우리가 양성애자들과 유동적인 성적 지향성을 가진 사람들을 제외한 후에 그 숫자를 2퍼센트로 줄여서 말한다고 하더라도, 여전히 2퍼센트 정도의 사람들이 남게 된다.) 한편으로는 우리가 예상하듯이, 어쩔 수 없이 동성에 끌리는 사람들 중 아주 많은 퍼센트가 – 창세기 2장에서 남자가 경험하였고 하나님이 보시기에도 "좋지 않은" 것으로 표현된-자신들과 함께 할 짝과 성적인 동반자를 절실히 필요로 하고, 또 혼자 살게 될 때의 가슴 아픈 슬픔을 겪게 된다.

사람들에게 구체적으로 나타나는 이러한 현상들은 실제로 존재하는 것이다. 한편으로는 우리 앞에 있는 실제로 존재하는 그런 사람들을 온정을 가지고 대하면서, 어떻게 성경과 우리 앞에 있는 이러한 엄중한 사실들을 통합할 수 있을까?

이러한 두 가지 다른 종류의 지식 즉, 하나는 성경의 본문에서 제시하는 것이고, 다른 하나는 사람들과 과학적 연구에서 제시하는 엄중한 사실들에 대해 기독교인들이 보일 수 있는 반응은 다음의 세 가지 밖에 없다.

하나의 반응은 성경의 이야기를 고대의 설화로 취급해 버림으로써 인지적 부조화를 감소시키려고 하는 것이다.

다른 반응은, 오늘날 실제로 존재하는 사람들의 경험들 및 그와 관련된 연구들 같은 엄중한 사실들을 무신론적인, 또는 믿기 어려운 것으로 취급해 버림으로써 인지적 부조화를 감소시키려고 하는 것이다.

세 번째 반응은 - 많은 기독교인들이 이전에 태양을 중심으로 하는 태양계와 관련해서 그랬던 것처럼, 또한 수십 억년에 걸친 일종의 진화 과정을 다룰 때 그랬던 것처럼 - 어떻게 하든지 두 종류의 지식을 통합하는 방법을 모색하는 것이다.

그러한 통합을 가져오는 하나의 간단한 방법은, '보통은'성 정체성이 확실히 남자이거나 확실히 여자이고, '보통은'성 정체성이 자신에게 주어진 성과 일치하며, '보통은' 성적 지향성이 이성애적인 지향성을 갖는다고 말하면 된다. 이 말은, 통계적으로 대부분의 사람들은 이런 식의 경험을 하고, 대부분의 사회가 결혼, 성, 가족에 대한 기대치를 이러한 구조를 통해 구성하며, 따라서 성경을 포함한 고대의 종교적 문서들에 나타난 서술 역시 이러한 내용이 반영되어 있다고 말하면 된다.

그러나 엄연한 사실은, 성과 관련된 부분만이 아니라, 또한 최근에만 일어나는 일이 아니라, 인간 공동체에서 차이라는 것이 존재한다는 것이다. 자신의 성 정체성과 성적 지향성이 대다수의 사람들과는 다른 소수의 사람들 역시, 그들 자신의 모습 그대로 받아들여져야 하고, 그들의 전체적인 웰빙에 부합하는 방식으로 필요한 도움을 받아야 한다. 이렇게 하는 것이, 불가능한 획일성을 요구하면서 그것을 따를 수 없는 자들을 거절하는 것 보다 그리스도의 사역의 정신을 더욱 잘 반영하는 방법이다.

❧

제안 2: 창조 당시의 하나님의 설계를 기반으로 이끌어 낸 주장들이 기독교 역사에서 현저하게 문제가 있는 것으로 증명되어 왔기에, 성윤리를 논할 때 그런 주장들에 의존하지 않아야 한다.

본질적으로, 이 제안은 기독교인들이 성소수자(LGBTQ) 문제에 대해 신학적으로 또한 윤리적으로 생각을 할 때 과거를 지향하기 보다 미래를 지향해야 한다고 제시한다.

나는 2013년에 디트리히 본회퍼(Dietrich Bonhoeffer)의 저술들을 살펴보면서, 그가 초반에는 자신이 속한 루터교 전통에서 가져온 "창조 질서"라는 용어를 수용하였지만, 이후에는 "명령"이라는 새로운 용어를 사용하며 이전의 용어를 버렸다는 것을 주목하였다.[82] 왜냐하면 최소한 부분적으로는 그가 점점 나치주의화 되어 가는 독일 기독교의 상황 가운데, '창조 질서'라는 용어가 가져오는 위험성에 대해 두려움을 느꼈기 때문이다. 독일의 많은 기독교인들은 보수적이고 심지어는 수구적인 사회적 관행들과 이데올로기들을 창조에 나타난 하나님의 뜻을 반영하고 있다고 생각하면서 오랫동안 옹호했다.

그 이후에 1920년대와 1930년대에 와서 나치의, 또는 나치의 영향을 받은 사상가들이 루터교의 "창조 질서"라는 용어를 의도적으로 차용하면서 혈통, 지역, 인종, 국가 등의 개념을 창조의 신학적 윤리와 연결시켰다. 따라서, 사람들은 - 일부 최고의 권위를 가진 신학자들을 포함하여 - 하나님이 각기 다른 땅에서 각기 다른 혈통을 가진 서로 다른 인종들을 만드셨고, 그 그룹들 간에 인종적 위계를 세우셨으며, 그에 따라 "인종간의 혼합"을 금지시켰다는 등의 주장을 폈다.

본회퍼는 그 대신에 "명령"이라는 용어를 사용하였다. 그의 접근법에서는, 우리의 삶이 이러한 가족, 국가, 국민 등의 여러 가지 중요한 구성체 또는 영역으로 짜여져 있다는 인식을 계속 유지하였다. 그러나 그는, 우리가 타락한 세상에서 보는 것들이 하나님이 원래 창조하시거나 의도하신 것과 같다는 그 어떤 주장도 거부하였다. 또한 그는 나치가 말하는 식의 하나님의 원래의 의도라는 것을 거부하였다. 마지막으로 그는, 창조란 인간의 웰빙과 예수 그리스도의 오심을 준비하는 데 필요한 삶의 조건들이 실질적으로 보호받는 것을 선택하고자 하는 어떤 윤리적 카테고리를 말하는 것으로 중요성의 수위를 낮추었다.

이 문제는 내가 참여했던 토론들 가운데서 창조에 관한 이야기들을 사용하거나 악용하면서 제기했던 주장들을 떠올리게 한다.

- 어떤 기독교인들은, 창세기 1:26~31에서 하나님이 인간에게 우리가 원하는 대로 땅을 지배하라고 말씀하셨기 때문에, "창조 세계의 보호"라는 논의는 인간에게 피조 세계를 다스리게 하신 하나님의 계획을 어기는 것이라고 주장한다.
- 어떤 기독교인들은, 창세기 9:11에서 하나님이 다시는 홍수를 보내지 않겠다고 약속하셨기에, 급변하는 기후 변화가 해수면의 상승을 가져올 수 있다고 염려하는 기후학자들의 입장은 거부되어야 한다고 주장한다.
- 어떤 기독교인들은, 창세기 2장으로부터 여자는 신에 의해 세워진 지도자인 남자에게 복종함으로 돕는 역할을 해야 한다고 주장하고, 또한 창세기 3장으로부터 여자는 "에덴에서의 타락의 시초"이기에 도덕적으로 열등한 존재라고 주장한다.
- 어떤 기독교인들은 창세기 9장에 나오는 "함에게 내린 저주"라는 것은 모든 아프리카의 후손들이 노예가 될 운명이었다는 의미라고 주장하거나, 또는 한 때 주장했었다.

내가 이러한 슬픈 예시들을 통해 말하려는 것은 창세기 1~11장이 기독교 윤리에 관해 어떠한 건설적인 역할도 할 수 없다고 제안하는 것이 아니다. 다만 나는, 우리가 최초의 창조 이야기를 향하여 뒤로 가면서 종종 문제를 끌어안기 보다는, 예수 그리스도를 향해서, 또한 그의 인격과 일, 그가 사역을 통해서 오실 하나님의 나라를 앞당기시는 방식, 그가 만드시는 새창조를 향해서 나아가기를 제안하는 것이다.[83]

제안 3: 우리는 단순히 창세기 1~2장에만 의존하기 보다, 창세기 3장의 세계에 사는 성윤리의 의미를 더 심각하게 고려해야 한다.

본질적으로 이 제안은, 창세기의 시작 부분에 간단하게 묘사되어 있는 최초의 에덴 동산으로 돌아가는 일은 실제적으로, 또는 신학적으로 존재하지 않는다고 제시하는 것이다.

역사적으로 대부분의 기독교인들은, 최초의 인간이 죄악으로 "타락한" 이야기로 창세기 3장을 이해했고, 창세기 4장에서 계시록 22장까지는 타락의 결과 및 이스라엘에게, 그리고 그리스도 안에서 회복을 주시는 응답이라고 이해했다. 창세기 1~3장의 주해적 기초에 대해서는 논란이 있음을 인식하면서, 일단 그러한 개요에 대한 생각은 유지하도록 해 보자.

많은 기독교 사상가들은 다음과 같이 말해왔다:

"하나님께서 세상을 선하게 창조하시고, 인간은 죄를 지어 창조를 망쳐 놓았으며, 그런 후에 하나님은 회복을 주시기 위해 행동하셨고, 그 회복의 과정은 그리스도가 다시 오시는 종말의 때까지 계속될 것이다. 우리는 여전히 원래의 선한 창조의 모습의 단면을 조금씩 발견하고, 죄와 그로 인한 무질서의 난맥상들의 증거는 더 확실하게 많이 볼 수 있으며, 우리의 분명한 소망은 회복되는 모습의 단면들이 그리스도를 통해 우리 삶 속으로 뚫고 들어오는 것이다."

나는 여전히 이러한 신학적 이야기가 매우 설득력이 있다고 생각한다.

죄와 걸맞는 어두운 신학에서는 "전적 타락"을 인정한다. 이것은 인간이나 지구의 삶 가운데 죄와 그로 인한 무질서의 영향을 받지 않는 영역이 없다는 의미이다. 이 안에는 당연히 수없이 많은 방식으로 왜곡되고 문란한 인간의 성이 포함된다. 매주마다 새롭게 뉴스에 나오는 성 범죄들과 추문들을 생각해 보라. 이것은 창조와 인간의 삶의 모든 측면들 만큼이나 정확한 진실이다. 인간의 본성에 대해 밝고 개방적인 낙관주의적 태도는 기독교적 신학 전통에 맞지 않고, 우리의 눈에 보이는 증거들과도 맞지 않는다. 또한 성경에서 하나님의 백성에게 끊임없이 주는 도덕적 훈계들과도 맞지 않는데, 죄성을 가진 인간을 근본적으로 변화시키기에는 그러한 훈계들이 명백한 한계를 갖고 있기 - 그러한 인간들이 훈계를 따르려고 시도하더라도 - 때문이다.

단순히 말해서, 내가 여기에서 제안하는 것은 이것이다:

전통주의자들은 창세기 1~2장에 의존해서 이렇게 말한다: '하나님께서 그들을 남자와 여자로 만드셨고, 또한 남자를 위한 여자로 만드셨다. 따라서, 모든 이들은 이러한 패턴에 순응하거나 그것이 아니라면 독신으로 살아야 한다.' 그러나 그들은 (대부분의 기독교인들이 말하는 대로) 인간의 죄가 시작되는 이야기인 창세기 3장에 대해서는 언급하지 않는다. 이 죄로 인한 무질서한 결과들이 창세기 4장에서 계시록까지 매우 고통스럽게 기록되어 있다.

만일 우리가 창세기 1~2장이 아니라 창세기 3장의 세계에 살고 있는 것이라면, 이 말은 의심할 것없이 - 우리와 관련된 다른 모든 것이 그렇듯이 - 모든 사람의 성은 죄악되고, 파괴되었고, 무질서하다는 의미이다. 누구도 창세기 1~2장의 성으로 살지 않는다. 전 국방부 장관인 도날드 럼스펠드의 (내가 여러분을 놀라게했는가?) 말을 차용해서 말하자면 "우리는 우리가 가졌으면 하고 원하거나 바라는 성이 아니라, 우리가 가지고 있는 성을 가지고 성인의 삶으로 들어가는 것이다."(원래 그가 사용한 문구는 "여러분은 원하거나 나중에 가졌으면 하고 바라는 군대가 아니라, 지금 가지고 있는 군대를 가지고 전쟁에 참여하는 것이다"– 역자주) 어느 성인도 성적으로 결백하지 않다. 우리가 기독교인이라면 우리의 과제는 우리가 가진 성을 할 수 있는 대로 책임있는 자세로 사용하도록 노력하는 것이다. 우리는 창세기 1~2장에 나오는 최초의 죄 없는 세상으로 돌아갈 수 없다. 그러나 우리는 우리가 갖고 있는 창세기 3장의 성으로 최선을 다할 수는 있다. 카톨릭 윤리학자인 리사 카힐(Lisa Cahill)은 말하기를, 우리가 실제로 살고 있는 세상에서의 기독교 성윤리는, 사람들이 그들의 특정한 상황 속에서 "그들이 구체적으로 취할 수 있는 행동 중에서 가장 도덕적으로 훌륭한 선택"을 할 수 있도록 돕는 것이라고 했다.[84] 이 말은 우리 모두에게 해당된다.

전통주의자들은 때때로, 이성애자들의 성은 결백하고 게이와 레즈비언들의 성은 파괴되었고, 훼손되었고, 죄악된 것처럼 말한다. 수정주의자들은 때때로, 모든 사람의 성은 결백한 것처럼 말한다. 나는 창세기 3장의 관점에서 어느 누구의 성도 결백하지 않다고 제시한다. 모든 사람의 성은 – 우리 스스로의 마음 속에서 잘 알고 있는 대로 – 파괴되어 있다. 모든 사람의 성은 도덕적으로 훈련되어야 하고 질서를 찾아야 한다. 한편, 기독교인의 겸손의 기본적인 표준은, 남들의 문제보다 우리 자신의 문제에 주의를 기울이는 것이다.

다음 장에서 나는, 기독교 전통에서는 이미 창세기 3장의 성과 씨름하는 인간에게 주는 규범을 제시했다고 주장할 것이다: 그 규범은 바로 언약이다. 이것은 엄격한 표준이며, 우리로 하여금 가장 격렬한 노력을 하도록 요구하며, 또한 기독교인들을 포함해 사람들로부터 지속적인 조롱을 받는다.

만일 우리가 창세기 3장의 세상에서 성 윤리를 바로 세우는 데 진심으로 관심이 있다면, 우리는 언약에 대해 다시 한 번 견고하게 헌신해야 한다. 우리 모두는 이 표준을 위해 노력할 수 있고, 또 이 표준에 의해 평가받게 될 것이다.

제16장:

언약을 향하여

그 다음은 무엇인가? 모든 기독교인을
위한 성 윤리의 언약적 표준을 찾아서.

많은 기독교 대학들과 신학교들이 성소수자(LGBTQ) 문제와 씨름하고 있다. 지난 20년간 이들 학교들을 방문했을 때, 원래 다루기로 했던 주제가 아니었음에도 불구하고 이 보편적인 문제가 튀어나오는 일이 자주 있었다.

언젠가 서부에 있는 보수적인 기독교 대학에서 토론회를 할 때가 생각난다. 우리의 대화가 "거기로 갔다." 교수진에 있던 한 철학자의 투명한 소견이 기억난다.

"문제는, 우리가 동성애가 잘못되었다는 것은 아는데, 그것이 왜 잘못된 것인지는 더 이상 알지 못한다는 것이다." 만일 여러분이 자신의 주장의 근거는 내세우지 못하면서, 그저 단정적으로만 말한다면, 여러분의 입장이 지지받을 수 없다는 것을 모든 철학자들은 알고 있다.

부모들도 나름대로 이것을 알고 있다. 내가 어느 꽤 보수적인 복음주의자가 쓴 글에 기반한 부모 세미나에 참가했던 일이 생각난다. 그 글 중에 내 마음에 들었던 부분들 중 하나는, 부모가 자녀들에게 규칙을 부여할 때에는 그 규칙의 이유 또한 알려주어야 한다고 저자가 강조한 것이다.

그렇다면, 자신의 성적 지향성이 뿌리깊게 게이이거나 레즈비언인 사람들은 절대로 로맨틱한 관계를 발전시키지 말아야 하는가? 정확히 왜 그래야 하는가? 이유가 무엇인가? 무엇이 그러한 관계를 죄악된 것으로 만드는가? 제임스 브라운슨(James Brownson)의 말을 사용하자면, 이를 금하는 "도적적 논리"가 무엇인가?[85]

"성경이 그렇게 말한다!" 좋다. 정확히 어느 성경 본문이 그렇게 말하는가?

- 창세기 19장/사사기 19장: 그렇지만 이 본문들은 남자 방문객들/천사들을 집단 으로 강간하는 것이 얼마나 끔찍한 지를 가르치는 것이다. 불행하게도, 지난 천년 동안 소돔(Sodom)과 "남색(sodomy)"을 연결시켜서 사용하였다.

- 레위기 18/20장: 이 본문들은 남자가 여자와 눕는 것 같이 다른 남자와 눕는 것은 가증한 일이라고 말한다. 그러나 학자들은 이 금지 사항의 이유들에 대해서는 서로 다른 의견을 갖고 있다. 앞의 장에서 기독교 윤리의 표준을 이들 본문과 다른 구약의 율법의 구절로부터 발전시키는 것이 갖는 복잡성을 논의하였다.

- 고린도전서 6장/디모데전서 1장: 이 본문들은, 그 뜻이 명확하지 않고 또한 미심쩍게 번역된 두 개의 단어를 사용하며, 배경에 대한 실마리도 주지 않고 그 단어들을 죄악의 목록에 포함시켜 버렸다.

- 창세기 1~2장/마태복음 19장/로마서 1장 (아마도 레위기 18/20장, 고린도전서 6장/디모데 전서 1장도 마찬가지일 것이다): 비록 논란이 있기는 하지만, 이 본문들은 동성 관계가 하나님의 창조 설계-종종 성의 상호보완적 성격을 일컫는-를 위반하는 것이라고 읽힐 수 있다. 여전히 이 관점이 전통주의자들 편에서 가장 강력한 "왜"에 대한 대답이다. 바로 앞 장에서 나는, 모든 동성 관계를 도덕적으로 거부할 가장 강한 이유로 자리잡은 이 입장에 대해 세가지 가능한 대답을 제공하였다. (또한 그보다 앞서, 바울이 동성애 문제를 다루는데 영향을 미쳤던 중요한 문화적 배경에 대해 논의하였다.)

전통주의자들은 때때로, 어떻게 기독교인이 성소수자(LGBTQ) 문제에 대한 자신의 관점을 재고할 수 있는 지에 대해 놀라움을 표현한다. 그러나, 그렇게 재고를 하는 원인들 중 하나는 이것 때문이다:

게이와 레즈비언들 역시 유일하게 추구하는 관계인 "돕는 자/동반자/로맨틱한 관계"를 금지하려는, 이른 바 성경적 이유는 하나의 핵심적인 신학적 주장으로 귀결된다. 그것은 창조 이야기를 담은 본문들과, 그 본문을 반영하고 전제하는 듯한 몇 개의 신약 성경의 구절들에 기초한 것이다.

이러한 성경 읽기에 기초한 생각들이 기독교 전통을 통해 강화되고, 전 세계적인 기독교 체계 속에서 '변화가 생기기 매우 어려운' 교회의 권력 구조 속에 편입되고, 기독교적 사고와 행동 방식에 관성이 생기게 되면서, 그리스도 안에 있는 3.4~5퍼센트의 소수의 우리 형제들과 자매들은, 교회 공동체 안에서 온전히 받아들여지지 못하고 배제되어왔다. 그들이 버려지고 자신들의 가족들로부터 쫓겨나는 일이 너무도 흔했다. 그들은 심한 심리적 고민을 겪어야 했고 자해를 하고 자살에 이르도록 내몰렸다. 일부 기독교인들도 함께 격렬하게 싸워온 결과 지금은 조금 나아지긴 했지만, 사회 안에서 수세기동안 게이들과 레즈비언은 사회적 차별을 겪어왔다. 그것은 지불하기에 커다란 대가이다.

해당 본문들을 주의 깊게 살펴보면서, 성소수자(LGBTQ)들이나 동성 관계에 있는 사람들을 도덕적으로 배척하는 데 논박할 수 없는 성경적 근거라고 했던 것들이, 결국 논란의 여지 없이 명백한 것이 전혀 아니었다고 나는 이제 믿게 되었다. 그것은 주로, 우리가 기독교에서 말하는 하나님의 창조 설계와 실제 존재하는 소수의 게이와 레즈비언 이웃들-그 중 일부는 신실하게 그리스도를 따르는 자들이다-을 연결하는 방식을 다르게 생각해 볼 수 있는가에 달려 있다. 나는 그런 논의가 불가능해서는 안된다고 확실하게 믿는다. 이 문제가 대화와 연구를 할 수 없는 것이 되어서는 안된다. 그게 바로 내가 여기에서 시도하고 있는 것이다.

　나와 함께 또다른 갈림길을 향해 나아가보자. 우리가 성소수자(LGBTQ)들을 바깥 어둠으로부터 이끌어내어 다른 모든 사람들과 마찬가지로 기독교 공동체에 포함시킨다고 해보자. 이것이 성소수자(LGBTQ)들이 그들의 성적인, 그리고 로맨틱한 갈망에 관해 무엇을 해야 하는 것인가의 문제를 해결해 주지 않는다. 또한, '성적 지향성에 따른 금지'를 해제한다고 해보자. 그 빈 자리에 무엇이 들어가겠는가? 이것 역시 어떤 제안이 있어야 하고, 그 이유도 뒤따라야 한다.

～

　현대 서구 문화에서는 주로 이렇게 말할 것이다: 적합한 성윤리란, 그것이 성관계 중에 상대방에게 원하지 않는 상처를 주는 것이 아니라면, 당신이 성적으로 원하는 것은 무엇이든 마음대로 하는 것이다. 또는 아마 조금 더 정제해서 말하자면, 미성년이나 장애인을 착취하거나 임신이나 질병의 위험을 가져오는 것이 아니라면 말이다. 이것을 '상호 동의의 윤리'라고 부르기로 하자. 그런 것이 아니라면 어느 것도 가능하다.

　어떤 이들은 자신들의 윤리 기준을 좀 더 높고 까다롭게 정제하면서, 이렇게 말한다: 적합한 성 윤리는 사랑할 사람을 찾되 그 관계가 지속되는 동안에는 그 사람과만 성관계를 하는 것으로 제한하는 것이다. 이것을 '사랑의 관계의 윤리'라고 부르기로 하자.

　기독교는 역사적으로 이렇게 말해왔다: 성윤리에 대한 하나님의 계획은 한 남자와 한 여자가 서로에게(하나님과 교회와 시민 사회를 대표하는 국가 앞에서) 평생 하나로 결합되는 결혼 서약을 하고, 또한 그들 중 하나가 죽음을 맞이할 때까지 그 서약에서 한 약속에 계속 충실-정절과 독점권을 포함하여-하는 것이다. 이것을 '언약적-결혼 관계의 윤리'라고 부르기로 하자. 이것은 결혼을 벗어난 모든 성관계, 외도, 청산, 이혼 (드물게 예외의 경우는 있지만) 등을 금지하며, 독신만이 결혼에 대한 유일한 다른 대안이 된다.

　각각의 성윤리는 인간의 삶에서의 어떤 필요에 응답하는 것이지만, 그 각각은 연속적으로 그 윤리가 적용되는 "창세기 3장"의 인간에게 점점 더 큰 것을 요구한다.

　'상호 동의의 윤리'는 성관계(sex)에 대한 인간의 깊은 욕구와 필요를 인정하고 강제, 착취, 해를 가하는 경우 등에만 그것을 제한하도록 정한다. 이 입장은 오늘날의 우리 문화에 넓게 영향을 미치고 있다. 이것이 세속의 대학 캠퍼스에서 가르치는 (성폭력 비율을 보면 성공적이지 않은 것이 명백한) 윤리이다.

　'사랑의 관계의 윤리'는 동일하게 성관계(sex)에 대한 인간의 깊은 필요를 인정하지만, 사랑을 위해 인간이 할 수 있는 가능성을 더하고, 인간의 관계성을 인식해서, 친밀한 성적 관계에서 발생할 수도 있는 위험을 인정한다. 이 입장은 일부일처의 상태에서 더 좋은 관계가 유지될 수 있다고 인정하지만, 그것이 계속 지속되리라 기대하지는 않는다. 이것이 대부분의 사랑 노래들이 가르치는 윤리이다.

기독교적 '언약적-결혼 관계의 윤리'는 성관계(sex)에 대한 욕구, 사랑을 위한 인간의 가능성, 정절의 요구와 일생동안 유지되는 관계가 주는 깊은 만족을 인정한다. 그러나 그것은 결혼이란 형태를 가져야 한다고 요구하고, 비록 변덕스럽고 호전적인 인간들이 성취하기가 매우 어렵긴 하지만, 그 결혼이 실제로 일생 동안 유지되는 것(드문 예외의 경우를 제외하고)을 요구한다. 따라서, 기독교 전통은 손상되어버린 타고난 성향에 인간들을 그대로 맡겨두지 않고, 법적, 윤리적, 집단적, 교회적인 구조의 틀로 우리를 둘러싸도록 해서, 우리가 원하지 않을 때에도 우리가 헌신했던 바를 지킬 수 있도록 했다. 또한 결혼 서약을 하고 그 서약을 준수하는 자들에게 교회와 우리가 예배하는 하나님께서 도와주실 것이라고 약속했다.[86]

이전에 기독교 전통에서 가르쳤던 '언약적-결혼 관계의 윤리'는 20세기 중반에 점차적으로 붕괴되었다. 그것을 세대를 거쳐오면서 확인할 수 있다. 나의 아버지는 최근에 어머니를 땅에 묻으셨다. 그들은 53년간 결혼생활을 하였다. 그들은 옳은 일을 한 것이다. 그러나 지금 35세 이전의 세대가 결혼 50주년을 맞는 것을 다시 보기는 어려울 것이다. 내 생각에는 '상호 동의의 윤리'가 보기에 1960년대의 '언약적-결혼 관계의 윤리'는 문제가 있다고 생각했고, '사랑의 관계의 윤리'로 절충하려던 많은 사람들의 노력이 크게 실패하며, 그저 잘해 봐야 서로 상대를 바꾸어 가며 일부일처를 유지하는 정도가 되었다. 그러나 만일 상대가 계속 바뀌는 일부일처라면, 그런 결혼은 진짜 결혼이라 할 수 없고, 결합하는/신실한/평생의 언약이라는 개념이 무너지면서 결혼을 뿌리부터 약화시키게 되었다. 평생의 언약이라는 결혼의 개념이 무너지는 것은 의심할 바 없이, 가장 큰 우리 시대의 성윤리와 가정 윤리의 문제점이라고 할 수 있으며, 이는 성소수자(LGBTQ) 문제에만 집중해 온 도덕적 검증의 눈이 진정으로 초점을 맞추어야 할 문제이다.

무너지는 (혹은 아예 형성되지도 않은) 결혼이 만연한 문화 속에서 가장 고통을 받는 것은 아이들이다. 결혼에 관한 현대 기독교적 사고에서 잊혀진 요소가 바로 아이들이다. 그것은 마치 1960년대에 성인들이 성관계가 출산으로 이어진다는 것을 망각했던 것과 같다. 성인들은 피임약이나 콘돔이 있기 때문에 어느 누구와도, 또한 어느 때라도 성관계를 할 수 있었다.

그렇지만 그것은 사실이 아니었다. 미국에서 태어난 아이들의 절반은 뜻하지 않게 임신이 된 아이들이고, 약 40퍼센트의 아이들은 혼외 출산으로 태어난다. 이혼은 아주 보편적인 것이 되었다. 미국 전역에서, 그리고 "발전된" 세계의 대부분의 나라에서, 힘이 없는 아이들은 그들 부모의 무질서한 성생활로 잡동사니나 버리는 물건처럼 던져졌다. 노련하게 그 역할을 감당했던 이전의 '언약적-결혼 관계의 윤리'에서는, 적어도 아이들의 웰빙이 어른들의 웰빙 만큼이나 중요하게 여겨졌었다.

나는 '언약적-결혼 관계의 성 윤리'를 따르는 사람이다. 내가 이전에 이 주제와 관련해서 쓴 어떤 글이라도 읽어 본 사람들은 그것을 알 것이다. 나는 이러한 윤리가 성경의 말라기 2장, 마태복음 19장/마가복음 10장, 에베소서 5장 등에서 나왔다고 생각한다. 나는 '상호 동의의 윤리'를 몹시 싫어한다. 내 생각에 그것은 재앙이다. 내 생각에는 '사랑의 관계의 윤리' 또한 결국에는 실패할 것이다. 내 생각에 우리가 성경의 증언을 가장 제대로 읽는 방법은, 또한 우리들이 눈으로 보는 증거들을 생각한다면, 인간-어른들과 그들이 도덕적으로 책임을 져야 하는 아이들-은 평생 지속되는 결혼 언약을 필요로 한다는 것이다. 나도 기독교적 결혼 언약을 지켜온 지 30년째가 되었다. 또한 나는 나의 부모가 한 위대한 언약의 큰 축복을 받은 수혜자이다.

이렇게 여러 장들에 걸쳐서 살펴보는 중에도 그러한 책무는 조금도 흔들리지 않았다. 나는 엄격한 언약주의자이며, 엄격한 언약적 접근법을 받아들이겠다는 확신과 열정이 부족한 교회들을 참기 어렵다. 또한 나는 그들의 도덕적 느슨함 때문에 전통적인 교회에 속하고 싶어하는 (반동성애 부분은 빼고) 진지한 기독교 성소수자(LGBTQ) 공동체가 상처를 입는다고 생각한다.

일부 진보적인 게이, 레즈비언, 양성애자 기독교인들은, 나 그리고 다른 기독교 목사/학자 부류들이 그들이 맺고 싶어하는 성적 관계가 어떤 것이든지 상관없이 그들에게 분명한 "환영과 지지"를 표명해 주기를 바란다. 나는 그들이 원하는 사람이 아니다.

그러나, 게이, 레즈비언, 그리고 양성애자(그렇다. 양성애적 지향성을 가진 사람도 다른 사람들과 마찬가지로 한 사람에게 언약적 헌신을 할 수 있다)이면서 기독교 전통의 '언약적-결혼 관계의 윤리'에 들어오고 싶어하는 기독교인들도 있다. 그들은 기독교 전통에서 증언하는 바에 따라 한 사람과 평생의 언약을 맺고 싶어하며, 그 과정에서 그들의 교회들의 지지를 받고 싶어한다.

그들이 교회에 의해 거부되었음에도 불구하고, 이들 "전통주의적"인 게이와 레즈비언들이 결혼과 언약에 있어서 교회가 줄 수 있는 최고의 가르침을 받아들였다는 것은 실로 놀라운 일이라 할 수 있다. 그들은 그 전통에 자신들 역시 포함되기를 바라는 것 뿐이다.

여기에서 성소수자(LGBTQ) 문제를 살펴보는 동안, 미국 문화 도처에서, 또한 주로 이성애자들 사이에서, 즉흥적인, 착취적인, 실험적인, 통제되지 않은, 술에 취한, 가볍게 관계하는, 여러 명과 관계하는, 사귀는 중에 성관계를 하는, 마음에 끌리는 대로 하는 성적 행위들이 마구 발생하는 것을 "지지"하기 위해, 기독교 성윤리에서의 올바른 '언약적-결혼 관계의 기준'을 낮추어야 한다고 내가 말한 적이 결코 없다.

그 대신에 나는 독실한 게이와 레즈비언 기독교인들이 언약적-결혼 관계의 성윤리의 기준(한 사람만, 일생동안, 신실하게, 서로에게만, 사랑하는, 착취하지 않는, 강제적이지 않은, 상호적인 관계)에 참여할 수 있는지를 묻고 있는 것이다. 사실, 꽤 많은 사람들이 이미 이러한 실천을 하고 있다. 나는 그것이 잘못되었다는 말을 할 만한 설득력 있는 이유를 더 이상 찾을 수 없다.

제17장:

을 바꾸어 준 만남들과
패러다임의 도약

왜 성경 해석에 있어서의 패러다임의 급격한 변화(또는 도약)는
종종 하나님과, 그리고 사람들과의 놀라운 만남을 통해 일어나는가.

지난 몇 장에 걸쳐서 나는, 성소수자(LGBTQ) 문제와 관련하여 전통주의자들이
성경의 점들을 서로 연결하는 방법들이 왜 더 이상 나에게 설득력이 없는지를 조금씩
드러내려고 했다.

아마 그것 때문에 내가 이 문제를 재고하는 전체 과정에서 성서 연구를 통한 방법
이외는 없었다고 말하는 것처럼 들릴 수도 있겠다: 이전에 성경을 연구했고 이런
식으로 알고 있었는데, 이제 다시 성경을 연구하고 새로운 방법으로 성경을 알게
되었다는 식으로 말이다.

그러나 나 자신의 윤리적 방법론은 그렇게 고지식한 것이 아니다. "하나님의 통치와
예수따름의 윤리(Kingdom Ethics)"에서 우리는 네 개의 상자로 그린 도표-원래 글렌
스타센(Glen Stassen)이 도덕적 분별이 어떻게 이루어지는가를 설명하기 위해 계발
했던-를 사용한다.[87] 우리는 기본적 확신, 충실함, 신뢰, 관심, 열정, 현실을 인식하는
방식, 도덕적 사고를 하는 방식 등이 복잡하게 서로 연결되어 있다고 말한다. 이 방법
론은 단순히 이성적 인지만이 아니라 머리와 가슴을 포함하는 것이다. 이 책의 마지막
장들은 주로 이 단계에서 작동하는 내용들이다.

나는 지난 여름에 휴가 기간동안 매일 경건의 시간을 갖고 있었다-내가 꼭 이 말을
하고 싶었던 이유는, 독자들 중 나의 구원에 대해 의심하는 사람들은 적어도 내가
지금도 경건하게, 심지어 휴가 중에도 성경을 읽고 있다는 것을 알아주기를 바라기
때문이다-. 그 때 누가복음 24장의 엠마오로 가는 길에 대한 이야기를 읽으면서
이전에는 주목하지 못했던 내용 때문에 강한 충격을 받았었다.

이 이야기에서, 상심한 두 제자들은 어느 낯선 사람과 함께 그들의 무너진 꿈을
화제로 삼아 이야기하고 있었다. 예수는 얼마전에 재판을 받아 죽임을 당했고 그들은
그가 "이스라엘을 회복할 자라는 소망을 가졌었다"(눅24:21). 그들과 얘기를

나누던 사람이 바로 예수님 자신이었지만, 그들은 "계속해서 그를 알아보지 못했다" (눅24:16). 그들은 자신들이 보고 있는 관점에서 이야기를 전했지만, 그 불가사의한 낯선 사람은, "미련하고 선지자들이 말한 모든 것을 마음에 더디 믿는 자들이여! 그리스도가 이런 고난을 받고 자기의 영광에 들어가야 할 것이 아니냐?"라고 말했다. 본문이 이어지기를, "이에 모세와 모든 선지자의 글로 시작하여 모든 성경에 쓴 바 자기에 관한 것을 자세히 설명하시니라."(눅24:26~27). 결국, 그 낯선 사람과 신비한 성찬과 같은 식사를 마친 후, "그들은 그인 줄 알아보았지만"(눅24:31), 그는 사라졌다.

어느 학자도 1세기 유대인들이 십자가에 못박힌 메시야, 회복되지 못한 이스라엘, 변혁되지 않은 세계를 기대했다고 주장하지 않는다. 누가복음에 있는 탄생 이야기들 중에서, 이스라엘을 구원하기 위해 태어날 아기가 옷이 벗기운 채 조롱 가운데 로마의 십자가에 죽음으로써 구원을 성취할 것이라고 예상했던 사람은 없다. 유대교와 기독교의 대화에서, 내 논문의 지도 교수였던 랍비 얼빙 그린버그(Rabbi Irving Greenberg)는 말하기를, "압도적인 대다수의 유대인들에게…그대로 드러난 사실 만으로도" 예수는 메시야일 리가 없다며 정확하게 요점을 지적했다.[88]

초기의 유대인들과 이후의 이방인 기독교인들에게는 그들의 삶을 바꾸어 준 예수와 만난 경험 때문에 엄청난 패러다임의 변화가 일어났는데, 그 변화가 너무 커서 '패러다임의 도약'이라고 부르는 것이 맞을 것이다. 이전의, 그리고 여전히 지배적인 유대교적 해석에도 불구하고, 그들은 실제로 이 예수가 약속된 구원자, 메시야, 그리고 그 이상이라고 이제 믿게 되었다. 그들이 이렇게 된 것은 십자가에 못박히시고 부활하신 예수 그리스도와의 삶이 바뀌는 만남을 통해 이전의 패러다임이 무력화되어 버렸기 때문이다. 옛 패러다임+삶을 바꾸어 준 만남=성경을 새롭게 읽게 해주는 패러다임의 도약.

유대 기독교인들은 그들의 삶을 바꾼 예수-명백히 부활 이후의 예수-와의 만남 이후에 패러다임의 도약을 처음 경험한 자들이었다. 기독교인이 아닌 유대인들은 아마도 그런 기회가 없었기 때문에 그런 도약이 없었다. 그것이 커다란 갈림길-만일 그런 게 이전에도 있었다면-이라고 말할 수 있는 숙명적인 갈라짐이 생겨난 이유이다.

아주 중요한 또다른 성경 본문을 생각해보자.

성소수자(LGBTQ) 문제와 씨름해온 많은 이들 – 특히 "다양한 성적 지향성을 가진 자들이 융화된" 교회들에서-은 사도행전 10장을 계속 주목한다. 그 본문 이야기 전체를 다시 말하지는 않겠지만, 그 핵심부분은 이야기하려고 한다. 하나님은 자신이 예비하신 대로 베드로가 이방인 백부장 고넬료와 만나게 하심으로써 그를 가르치셨다: "하나님은 사람의 외모를 보지 아니하시고 각 나라 중 하나님을 경외하며 의를 행하는 사람은 다 받으신다… 예수 그리스도는 만유의 주이시다." (사도행전 10:34~36)

베드로는 넓게 입증된 유대교의 경전들과 전통 즉, 하나님은 유대인들을 선호하여 선택하셨고, "유대인이 이방인과 어울리거나 방문하는 것은 율법에 어긋난다"는 사상에 뿌리박은 성경의 패러다임을 따라 행동했었다. 그러나, "하나님께서 내게 지시하사 아무도 속되다 하거나 깨끗하지 않다 하지 말라고 하셨다." (사도행전 10:28).

이러한 성경의 패러다임과 - 하나님이 예비하신 대로 - 새롭게 개종한 이방인 신자들과의 '삶을 바꾸어 준 만남'이 합쳐져서, 커다란 패러다임의 도약이 발생하면서 성경을 새롭게 읽게 된 것이다. 신약 성경을 연구하는 사람이라면 베드로 자신을 포함하여 초대 교회에 이러한 패러다임의 도약이 발생하는 것이 얼마나 어려웠을 지 알 것이다. 교회가 이제는 이방인을 유대인들과 동일한 방식으로 받아들이고, 유대교의 율법은 대체로 제쳐두었다고 ?! 어떤 이들은 이런 변화를 이루었지만, 다른 이들은 아니었다. 또다른 갈림길이 있었던 것이다.

같은 휴가 기간에 나는 해리엇 비처 스토우(Harriet Beecher Stowe)의 고전인 "톰 아저씨의 오두막(Uncle Tom's Cabin)"을 읽기 시작했다. 그 대표적인 노예 해방론자의 작품의 상당 부분이 노예제도가 성경적이라고 말하는 백인 기독교인들의 주장을 담은 내용이라는 것에 나는 할 말을 잃었다. 수없이 많은 장면들에서 노예 주인들, 노예 상인들, 또한 다른 많은 이들이 노예 소유에 대한 신념을 강화시키고, 노예들의 저항을 억누르기 위하여 노예제도를 옹호하는 성경 구절들을 비정하게 사용했던 것을 보게 되었다. 그러나 여러 장면에서, "종들은 주께 하듯이 주인에게 복종하라" (골로새서 3장)와 같이 상당히 분명한 성경 구절들을 인용하던 사람들이, 실제의 노예들-그들의 인간됨, 그들의 고난, 그들의 존엄, 그들의 가족에 대한 사랑-과의 '삶을 바꾸어 준 만남'을 통해 문제점을 느끼면서, 그들이 성경을 읽어왔던 방법이 산산이 부서지게 되었다.

기독교 역사의 최상의 순간들에 그와 같은 일들이 반복해서 일어났다. 구식으로, 또는 부적절하게 성경의 점들을 연결했던 방법들이 실제의 사람들과의 '삶을 바꾸어 준 만남'을 통해 부서지게 되는 일이 발생한다.[89] 정확히 이런 만남들을 통해, 많은 사람들이 삶을 바꾸시는 하나님의 성령을 경험하였음을 증언한다.[90]

이런 일은 스페인과 포르투갈 사람들이 남미 국가의 원주민들을 정복하고 노예로 삼는 것을 정당화하기 위해 성경을 인용했을 때도 나타났는데, 바르톨로메 데 라스카사스(Bartolomé de las Casas) 같은 사람들은 피해를 입고 고통을 겪은 사람들과의 '삶을 바꾸어 준 만남' 이후에 이런 식의 성경 읽기를 용납할 수가 없었다.[91]

이런 일은 - 마침내, 주로 홀로코스트 이후에 - 기독교 교회가 큰 행렬을 이루어 유대인에 대한 경멸을 정당화하기 위해 성경 구절들을 사용하던 것을 마침내 멈추었을 때에도 일어났다(제20장을 보라). 1000년을 이어 온 "경멸을 가르치기"가 단 한 세대 만에 근본적으로 사라졌다. 그 끔찍한 이야기를 근본적으로 다시 재해석하는 로즈마리 류터(Rosemary Ruether)의 "믿음과 형제 살인(Faith and Fratricide)"을 읽어보라.[92]

또한 이런 일은 여자들이 영적, 도덕적으로 열등하다고 수백 년 동안 가르쳤던 것들이 기독교 페미니즘에 직면해서, 또한 영적 은사들을 가진 여성들과의 '삶을 바꾸어 준 만남'들을 통해서 본질적으로 무너지게 되면서, 이전의 패러다임은 타당성을 잃게 되었다. 전통주의자들 조차도 이 문제 만큼은 대부분의 전통적인 입장에서 물러서 있는데, 여성의 목회적 지도자 위치, 기능, 역할 등에 제한을 두는 것은 (일부는 논쟁 중에 있지만) 여전하다.[93]

우리들 중 어떤 이들은, 특정한 방식으로 성경의 점들을 연결하는 오래되고 파괴적인 패러다임은 우리들 시대에 성소수자(LGBTQ)인 동료 기독교인들과의 '삶을 바꾸어 주는' 앞에서 더 이상 유지될 수 없다고 믿는다. 그러한 만남들 가운데 우리는 하나님의 임재를 주기적으로 또한 놀랍게 다시 상기하게 되는 경험을 한다.

만일 새로운 방식으로 문제들에 바라보는 데 있어서 그러한 '삶이 바뀌는 만남'들이 아주 중요한 것이라면, 그것은 또한 불가피하게 도덕적 갈등을 겪을 수밖에 없음을 의미한다. 왜냐하면 불가피하게, 모든 사람이 '삶을 바꾸어 주는 만남'을 경험하는 축복을 누리는 것이 아니기 때문이다. 나는 그런 축복을 받았다.

우리들 중 성소수자(LGBTQ)들을 온전히 포용하는 쪽으로 패러다임의 도약을 하는 과정 중에 있는 이들은 종종 "복음을 저버린다"는 비난을 받는다. 이것은 매우 심각한 비난이다. 그렇다면 그러한 혐의를 씌우는 자들은, 기독교인들이 기독교 성윤리의 한 측면을 재고하도록 제안한다고 해서, "그리스도 안에서 하나님께서 세상을 자기와 화목하게 하셨다"(고린도후서 5:19), "하나님이 세상을 이처럼 사랑하사 독생자를 주셨으니 누구든지 그를 믿으면 멸망치 않고 영생을 얻는다"(요한복음 3:16)고 말씀하신 복된 소식이 손상된다고 말하는 것인가? 그것은 무리한 주장이다!

하나님과의 삶을 바꾸어 주는 만남, 그리고 하나님의 형상대로 지어진 인간들의 고난과 존엄성과의 만남, 특히 지금까지 내버려지고 거부당했던 사람들과의 만남, 더 특별하게는 하나님께 속한 사람들에 의해 학대를 경험한 이들과의 '삶을 바꾸어 주는 만남'은, 우리로 하여금 종종 패러다임의 도약을 경험하게 한다. 그러나 슬프게도 절대로 그것이 모든 사람의 경험은 아니다. 패러다임의 도약은, 최소한 처음 단계에서는, 분열시킨다. 그리고 그런 도약을 경험한 사람들은 종종 신성한 성경을 저버리는 자들이라고 비난받는다. 그러나 나는 그러한 주장이나 복음을 저버렸다는 비난에 대해 강하게 거부한다.

기독교 역사에 있어서 첫번째 있었던 패러다임의 도약은, 십자가에 못박힌 유대인 목수가 이스라엘의 메시야, 온 세상의 구원자이며, 우리를 구하기 위해 오셨다는 터무니없을 정도로 놀라운 복된 소식이었다. 나는 우리 기독교인들이 실제로 그것을 "복음"이라고 부른다고 믿는다. 이것이 세상을 바꾸어 놓았다.

제18장

두 가지의 담론 여행

지금 무슨 일이 벌어지고 있는가? 오늘날 성소수자(LGBTQ)
문제에 대한 태도가 바뀌고 있는 것을 "바라보는"
기독교인들의 아주 다른 두 가지의 방법들.

2011년 여름, 나는 풀러 신학 대학원의 후원으로 이스라엘과 팔레스타인 지역들을 방문하는 프로그램에 참여하는 특권을 누렸다.

그 여행은 "두 가지의 담론 여행"의 일환으로 계획되었다. 우리들을 안내한 사람들은 그 지역의 젊은 여자들이었는데, 한 명은 이스라엘 태생의 아랍인이고 다른 하나는 이스라엘 태생의 유대인이었다. 그들의 개인적인 이야기들과 그들 각자의 방식으로 역사와 그들이 처한 현실에 대해 말하는 것들을 통해, 이 훌륭하고 젊은 안내자들은, 요르단과 지중해 사이에 있는 이 땅에서 과거에 일어났고 또 현재 일어나고 있는 모든 것들을 설명하는 데 (적어도) 두 개의 담론이 있다는 것을 우리에게 가르쳐 주었다.

지난 몇 년간 성소수자(LGBTQ) 문제에 대해 깊이 생각해오면서, 나는 그 때의 여행을 떠올리게 되었다. 나는 이 문제에 대한 반응들이 두 개의 (서로 상충하는) 줄기로 요약된다고 제안한다. 각각의 지지자들 대부분은 자신들 편의 담론이 너무 자명해서 다른 측의 담론은 전혀 생각조차 할 수 없는 것이라 생각한다. 마치 이스라엘/팔레스타인의 이야기처럼 말이다. 그 두 개의 담론들은 오늘날 성소수자(LGBTQ) 논쟁에서 벌어지고 있는 일들을 "바라보는" 두 개의 입장을 보여준다.

수십 년 전, 신학자인 H.R.니버(Niebuhr)는, 윤리의 첫번째 질문은 "내가 무엇을 해야 하는가?"가 아니라 "지금 여기에서 무슨 일이 일어나고 있는가?"라고 썼다.[94] 그가 한 말은 중요한 것이다. 그러니까, 진짜로 여기에서 무슨 일이 일어나고 있는 것인가?

그 첫번째 답을 "문화적, 교회적, 도덕적 쇠퇴의 담론"이라고 부르기로 하자. 나는 이것에 대해 잘 아는데, 왜냐하면 내가 이전에 이런 논조로 글을 썼고, 그 문제 자체에 대해서도 글을 쓴 적이 있으며, 2015년 가을에 나온 책이 그 예이다.[95] 지상 만 미터 상공에서 보듯이 넓게 보자면, 그것은 서구 사회의 세속화와 기독교 왕국의 붕괴에 대한 이야기, 혹은 최소한 기독교의 문화적 지배의 붕괴라는 프레임으로 볼 수 있을 것이다. 오천 미터 상공에서 보듯이 조금 더 가까이서 프레임을 잡는다면, 기독교가 신학적, 윤리적 자유주의에 굴복하면서 그 결과로 교회들이 생명력을 잃게 된 것이다. 지상 천 오백 미터 상공에서 프레임을 잡는다면, 역사적인 서구의/기독교의 성윤리가 '성의 혁명'의 공격을 받아 붕괴되었다고 말할 수 있다. 이 모든 것이 더해져서, 오늘날 신실하게 그리스도를 따른다는 것은 이러한 쇠퇴의 흐름에 저항하는 것이라고 확신하게 된다.

　이러한 담론은 현대 서구 사회와 미국의 역사를 주로 원래의 기독교가 가진 핵심에서 변절한 슬픈 이야기로 바라본다. 기독교/서구/미국의 역사속에서 있었던 갈등들과 실패들은 거의 보지 못한 채, 이러한 서술은 그 대신에 서구와 미국의 문화에서 기독교가 지배적인 위치를 차지했을 때, 기독교의 신학과 도덕이 훨씬 더 우세했을 때, 성윤리에 관한 이해가 전통적인 기독교의 방향-이성애 중심의, 결혼 관계 안에서, 배우자에게 충실한, 영구적인-에 따라 이해되었을 당시에 초점을 맞추면서, 그러한 시대를 떠올리고 또 꿈꾼다. 충실한 기독교 교회의 역할은 문화적 하락에 맞서거나, 최소한 그러한 하락이 교회 안으로 들어오지 못하도록 맞서는 것이다.

　이 담론의 관점에서 보면, 성소수자(LGBTQ) 문제가 그러한 문화적, 교회적, 도덕적 쇠퇴를 보여주는 또다른 하나의 예, 그리고 어쩌면 가장 악명 높은 예라는 프레임으로 이해하게 된다. 이전에는 나 자신도 ('결혼권 획득하기(Getting Marriage Right)'에서) 게이들의 권리라는 혁명이 역사적으로 기독교의 결혼에 대한 이해를 약화시키는 일곱 개의 혁명들 중 하나라고 쓴 적이 있다. 나는 이 문제를 성의 혁명, 이혼의 급증 등과 연결시켜서 프레임한 후, 교회에서 결혼의 중요성을 강화하려면, 암묵적이라도 언약적 동성 관계조차도 받아들이지 않도록 저항해야 한다고 말했었다.[96]

　한 때는 내가 이런 믿음을 가졌기 때문에, 나는 지금도 그런 주장을 하는 사람들을 악마화 하기 어렵다. 또한 나는 언약적 관계를 추구하는 게이들에 관한 부분을 제외하고는 지금도 내가 그 책에서 말했던 모든 것을 여전히 믿는다.

　그러나 다른 대안적인 답이 있다. 이 답을 "소외, 저항, 평등의 담론"이라고 부르기로 하자. 지상 만 미터 상공에서 보자면, 이것은 지속적으로 "타자(The Other)"를 골라내어 멸시하고 거부하며 학대했던, 슬프지만 끊임없는 인간의 경향성에 대한 이야기이다. 오천 미터 상공에서 보자면, 이것은 죄인들, 하찮은 자들, 무가치한 자들이라고 여겼던 사람들 - 그것이 여자들이든, 유대인들이든, 미국 원주민들이든, 노예들이든, 흑인들이든, 무슬림들이든, 이민자들이든, 죄수들이든, 또는 다른 어떤 이들이었든 상관없이-을 학대하는 일에 기독교인들이 참여했던 방식들에 대한 이야기이다. 천 오백 미터 상공에서 보면, 이것은 성소수자(LGBTQ)들과 그들을 지지하는 자들이 더 이상의 소외에 저항하는 데 성공하며, 교회가 사회가 태도와 관행을 바꾸도록 압력을 가해왔던 것에 관한 이야기이다. 이러한 담론으로부터, 신실한 기독교 교회의 역할은 성소수자(LGBTQ)들을 포용하고, 수용하고, 평등하게 대하는 일을 위한 노력에 온정적으로 참여하는 것이 된다.

　이 두 가지 중에서 어느 담론이 '지금 여기에서 무슨 일이 일어나는가?"에 대해 가장 설득력이 있는 답이라고 생각하는가? 어느 것이 우리 시대의 교회의 과제에 대한 비전이라고 생각하는가? 어느 쪽이든지 간에, 특정한 성경 분문에 관하여 특정한 해석을 한다고 해서 지금의 상황을 온전히 설명해 내지는 못한다는 것을 이해하겠는가? 그 대신에 우리가 말하려고 하는 것은, 어떻게 담론들이 사람들로 하여금 그들이 인식하는 실제 현실의 더 넓은 패턴에 대해 이치에 맞게 생각하도록 돕는 역할을 하는가 하는 것이다.

일반적으로, 서구 세계 전체에 걸쳐 전통주의적 기독교인들은 '문화적 쇠퇴의 담론'에 더 이끌리면서 오늘날의 성소수자(LGBTQ) 문제를 그러한 담론과 연결시킨다. 특히, 문화 전쟁의 현장에서 눈에 띄는 패배를 아주 여러 번 경험한 후에, 또한 교회 안에서 엄청나게 교리적이고 도덕적인 혼돈을 겪은 후에, 왜 일부의 전통주의자들이 이 문제를 특정해서 한계선을 분명히 그어야 하는 절대적인 본질의 문제로 받아들이는 지를 쉽게 이해할 수 있다. 이것은 기독교 왕국을 거부하는 세력에 맞서는, 기독교가 문화적 지배력을 잃는 것에 맞서는, 신학적 자유주의에 맞서는, 이혼과 동거와 가벼운 성관계의 만연에서 볼 수 있듯이 교회와 사회 속에서 성윤리가 눈에 띄게 악화일로로 가는 것에 맞서는 '커스터의 마지막 저항'(Custer's last stand: 1876년 인디언에 맞서 싸우다 죽은 커스터 장군의 패배를 말한다, 역자주)이다. 많은 이들이 이 싸움의 전선에서 끝까지 싸울 것이다.

서로 다른 교회적, 문화적 상황에 놓여있는 서로 다른 종류의 전통주의자들은, 문화적 쇠퇴의 담론의 서로 다른 측면을 찍어서 초점을 맞춘다. 어떤 이들은 여전히 합법적 동성 결혼에 강하게 반대하면서 싸운다. 다른 어떤 이들은 그들이 보기에 교리대로 행하지 않는 부분을 감지하거나 그것을 처벌하는 것에 끈질기게 관심을 집중한다. 다른 어떤 이들은 주석을 둘러싼 싸움이나 교회의 정책 등에 철저히 집중한다. 점점 더 많은 수의 사람들은 자신들, 즉 전통주의적 기독교인들의 권리를 보호하는 것에 관심을 집중하는데, 이는 그들 자신들이 더 넓은 영역의 문화적 전투에서 패배하는 것을 보기 때문이다.

이는 단순히 "전통주의자들"만이 아니다. 예를 들어, 미국의 주요 교단들 안에서, 또는 영국의 상황 속에서, 이렇게 특정한 방식으로 현실을 읽는 신중한 학자들과 지도자들을 보게 된다. 이들은 문화적 흐름이 완전히 타락을 향하여 가는 것에 대해 상당히 거슬려 하면서, 엉성하게 기독교 신학을 이해하는 동료 기독교인들과의 행복하지 않은 공동체 안에서, 어떤 이들은 이렇게 말할 수도 있다. 비록 신실한 게이 기독교인들이, 또는 신실하고, 언약적이고, 서로 독점적인 동성 관계가 인정받을 자격이 있다고 하더라도, 그들을 포용하다 보면 문화적, 교회적, 도덕적 쇠퇴로 (더 크게) 미끄러져 내려갈지도 모른다고 말이다. 그래서 그들은 바로 이 지점에서 선을 긋는다. 때로는 필사적으로 말이다.

나는 그들을 이해한다. 여러 면에서 나는 기독교 문화의 시대 이후에 신학적이고 윤리적으로 엉성해진 기독교와 훨씬 더 심해진 성적인 타락에 대해 염려하는 그들의 생각에 동의한다. 나는 사람들이 조금 더 짙은 개인주의적 관점으로 게이들을 옹호하는 논리를 듣게 될 때, 또한 선호공리주의(쾌락을 통한 행복이 아니라, 그것을 조금 희생하더라도 사람들이 원하는 바를 충족시키는 것이 진정한 행복이라는 생각, 역자주)에 약간의 종교적 용어를 섞어 담는 방식으로 게이들을 옹호하는 논리를 듣게 될 때 오글거리는 느낌을 받는다. 그 이유 때문에 나는 단순히 이 문제에 관해 "환영하고 지지하는(Welcoming and affirming)"이라는 표현을 절대로 사용하지 않는다. 나는 정확하게 무엇을 지지하는 지를 알고 싶은 것이다. 그것이 내가, 대학에서 그리고 진보적인 학자들 사이에서 성 정체성 실험법, 젠더 실험법을 장려하고, 도덕적으로 용인되는 것을 넘어서는 성적 행동들을 좋게 포장하여 긍정적으로 말하는 것을 좋지 않게 생각하는 이유이다. 가능한 대로, 나는 젊은 사람들이 자신의 젠더 정체성과 성 정체성을 분명히 알아내고 그것을 고수하는 것이 최선이라고 생각한다. (나를 보수적이라 불러도 좋다.)

그러나 진지한 게이 기독교인들 – 그들 중 상당 수는 복음주의자들이며 상당 수는 언약적 관계를 맺고 있는-과 수십 번 만나면서, 나는 – 적어도 경건한 성소수자(LGBTQ) 기독교인들과 관련해서는 – 넓은 의미의 문화적 쇠퇴의 담론이 맞지 않다는 생각을 하게 되었다. 아마도 내가 이들 기독교인 형제, 자매들을 진지하게 받아들이도록 준비될 수 있었던 것은, 기독교인들이 자신들이 싫어하는 그룹의 사람들에게 고통을 주고 소외시킬 때 성경을 사용했던 과거 및 현재의 많은 경우들에 대해 진지하게 연구했기 때문일 것이다.

만일 우리가 지금 이야기하는 것이 도덕적으로 방탕해진 문화 속에서 어떤 것도 가능하다는 식의 윤리에 복을 빌어주는 것이라면, 나는 – 나의 경력 전체의 시간동안 그래왔듯이 – 그것을 엄중히 반대한다. 그러나 우리가 지금 이야기하는 것이, 게이 또는 레즈비언이면서 진지하게 헌신된 기독교인들에게 동등한 위치에서 사회에 참여하고, 교회에서 같은 가족으로 참여하고, 모든 사람과 같은 수준의 언약을 요구하고 축복하는 데 있어서 그들을 위한 공간을 열어주게 된다면, 내가 생각하기에 이것은 문화적, 교회적, 도덕적 쇠퇴와는 아무 상관이 없는 일이며, 오히려 온전히 그리스도가 하셨던 대로 사람들을 대하는 것과 관련되어 있는 것이다.

제19장:

내가 어떻게 여기까지 오게 되었나

이 장에서, 나는 배경 이야기를 조금 더 하려고 한다.

성소수자(LGBTQ) 문제에 대해 나의 생각과 마음은 바뀌게 되었다. 나만 그런 것은 아닐 것이다.[97] 그러나 그런 마음의 변화는 그것을 이해하거나 받아들이지 못하는 사람들에게는 혼란스러운 것이다. 내가 이 문제에 대해 나의 생각과 마음이 어떻게 변화되었는지, 변하지 않은 것은 무엇인지에 대해 약간의 배경 이야기를 한다면 도움이 되리라 생각한다.

기독교 윤리학자들은 온갖 종류의 문제들에 관해 가르친다. 기초적인 윤리 개론 과목에는 윤리적 방법론과 정치, 경제, 사회, 가정, 생명윤리, 성윤리 문제 등과 관련된 논의가 포함된다. 어느 누구도 이 모든 문제들에 대한 전문가가 될 수는 없다. 특히 처음 강의안을 만들 때에는 우리 모두가 우리의 스승이나 멘토로부터 전수받은 내용에서부터 시작한다. 그런 후에 우리는 강의실이라는 곳에 던져진다. 그것이(space) 1993년에 대형 강의실을 채운 학생들 앞에 처음으로 섰을 때 나에게 일어난 일이다. 나는 겁에 질린 31세의 풋내기 교수였다.

나의 박사 논문과 초창기에 출판한 책들은 홀로코스트(Holocaust)에 관한 것들이었다. 내가 기독교의 성윤리라는 주제로 처음 강의하기 시작했을 때에는 그 주제에 대해 별로 읽은 것이 없었다. 내가 가졌던 관점이란 게 나의 부모님, 열렬한 이성애자였던 나 자신, 나의 청소년기의 침례교인으로서의 경험들, 뉴욕에 있는 유니온 신학교(Union Seminary)에서의 꽤 "노골적인" 게이 문화와 접하면서 받았던 문화 충격, 나의 멘토였던 로날드 사이더(Ronald Sider) - 많은 문제들에 있어서 "진보적"이었지만 이 문제 만큼은 그렇지 않았던-의 보수적인 관점들로부터 형성된 것이었다.

그래서, 나는 침례교/복음주의자인 윤리학 교수였다. 이것이 나의 정체성이고 내가 일했던 환경이었다. 나는 성 문제에 관해 다른 관점을 생각할 만한 자유와 정신적인 여유가 없었다. 2007년 머서 대학(Mercer University)으로 옮기기 전까지 어떤 게이나 레즈비언과도 개인적인 친분 관계를 가져본 적이 없다는 사실이 내가 이 주제에 대해 거의 완전히 무관심했던 이유가 분명히 되었을 것이다. 나는 기독교인의 부드러운 마음을 갖고 있었기에, 게이들에 대해 혐오스러운 말을 하던 사람들을 거부했다. 그것이 옳지 않다는 것을 알았다. 그러나, 앞에서 언급한 창조 설계라는 주제에 기초를 둔 표준에 관련된 문제만큼은 분명하다고 여겼다. 그것이 내가 "하나님의 통치와 예수따름의 윤리(Kingdom Ethics)"에서, 그리고 강의실에서, 주로 다른 주제들을 다루면서 짧은 분량을 할애해서 그 문제에 대해 말했던 내용이다.

나는 아틀란타(Atlanta)에서 살고 있고, 디케이터(Decatur)에 있는 교회에 10년째 다니고 있다. 이 기간 동안, 전혀 기대치 않게 기독교인들인, 또한 한 때 기독교인이었던 성소수자(LGBTQ)들이 나의 세상 안으로 들어오면서 나의 삶은 질적으로 향상되었다.

첫번째 큰 변화는 아틀란타와는 전혀 상관이 없는 것이다. 싱글맘이고 기독교인인 나의 사랑하는 여동생 케이티(Katey)는 우울증과 불안 증세로 주기적으로 병원에 실려갔고 한 번은 자살 시도까지 했었는데, 그 아이가 2008년에 레즈비언으로 커밍아웃한 것이다. 그녀가 증언하기를 자신의 우울증의 주원인은, 자신의 성 정체성과 믿음을 통합하는 것은 고사하고 그 성 정체성 조차 인정할 수 없었던 것 때문이었다고 말했다. 그리고 그것은 그녀가 배웠던 기독교의 가르침이 주된 원인이었다.

전통주의적인 기독교의 가르침이 그것을 참아야 하는 거의 모든 게이와 레즈비언에게 절망을 가져다주었다는 사실은 성소수자(LGBTQ)에 대한 논쟁에 있어서 아주 유용한 정보이다. 여러분의 가족이 그 당사자라면 이것은 확실히 엄청나게 충격적인 뉴스이다. 우리는 결국 직접적으로 이 문제와 맞닥뜨리게 되었다.[98]

커밍아웃하기로 결정한 이후부터 케이티(Katey)는 훨씬 건강해졌고, 행복해졌다. 비록 작년에 내가 속한 디케이터(Decatur)에 있는 교회에 합류하기까지 포용적인 기독교 공동체를 찾기 위해 힘든 과정을 거쳤지만 말이다. 나는 내 동생을 사랑한다. 그녀의 커밍아웃과 보수적인 우리 가족이 그녀를 받아들이기까지 변화되었던 경험은 나의 삶도 변화시켰다. (케이티(Katey)는 내가 자신에 대한 이야기를 하는 것을 허락했을 뿐 아니라 요청까지 하였다.)

나의 양심을 찌르던 자극들이 점점 더 강해지기 시작했다. 나는 2009년경에 이전에 가르쳤던 한 학생에게 편지를 받았는데, 그는 대학시절에 자신의 동성애적 이끌림 때문에 갈등을 겪었고 그 특정한 문제에 대한 나의 가르침 때문에 그는 고통에 빠졌었다고 말했다. 그 이후에 그는 게이로 커밍아웃하였다.

나는 이 문제에 관한 방침을 결정하지는 않았지만, 많은 게이와 레즈비언 개인들, 커플들, 가족들이 몰려들기 시작한 어느 교회에 등록했다. 이 자매들과 형제들은 우리 교회 공동체를 구성하는데 한 부분이 되었다.

그들 중의 일부는 내가 매주 가르치는 주일 학교 수업에 들어왔다. 처음으로, 나는 실제로 게이 기독교인들과 함께하는 기독교 공동체를 경험한 것이다. 그 수업에 나오는 멤버들 중 한 명의 집에서 교제 모임을 하던 중, 그 집에 릭 워렌(Rick Warren)의 책들을 많이 모아 둔 것을 보고 충격을 받았던 것이 기억난다. "그러니까 게이 기독교인들도 릭 워렌(RicK Warren)을 읽는군요." 이 기독교인들은 자유주의자들이 아니었다. 이들은 바이블 벨트(Bible Belt, 미국 남부에서 교회가 부흥한 지역, 역자주)에 사는 복음주의자들이었다. 또한 그들은 뿌리 깊이 게이이고 레즈비언들이 었다. 긴급 뉴스: 카테고리들이 뒤집어졌다. 배움이 생겨나고 있다.

친구 관계들이 발전하기 시작했다. 기독교 공동체에서 사람들이 서로를 알고 사랑하기 시작할 때 어떤 일이 일어나는 지를 경험한 것이다. 아침식사를 하면서 나누는 대화. 서로를 위한 기도. 서로 세워주기, 서로의 필요를 채우기, 서로의 삶으로부터 끊임없이 배우기.

내 마음이 변한 이유의 한 부분은 내가 믿기에 하나님이 디케이터 제일 침례 교회 (First Baptist Church in Decatur) 가운데 해 오신 일들 때문이다. 이 책의 제3판을 펴내는 이 시점에 나는 이 교회의 임시 목사로 섬기고 있다.

계속해서 되돌아보자면, 2008년 이후부터 나의 의견을 피력한 글에서 이러한 일부 경험들과 변화된 관점들이 반영되기 시작했음을 볼 수 있다. 이 주제에 대해 더 많은 글들을 읽기 시작했다. 게이와 레즈비언 기독교인들, 그들의 지지자들, 그리고 다른 사람들이 대화를 하기 위해 나를 찾기 시작했다.

'골드 앤 윌리암스(Gold and Williams)'라는 가구점을 운영하는 미첼 골드 (Mitchell Gold)가 나를 찾았다. 그는 유대인이면서 게이였다. 그 당시 그는 나에게 자신이 출판을 진행하고 있던 책에 대해 말해주었는데, 그것은 보수적인 종교를 믿는 가정에서 자라난 게이들의 이야기들을 담은 책이었다. 그가 나에게 말하기를, 자신이 하나님께 내걸었던 거래는 하나님께서 자신의 21세 생일이 되는 날까지 자신의 성적 지향성을 바꾸어 주시던지, 아니면 자신이 그 날 자살을 할 것이라는 계획이었다. 그는 그 날을 잘 넘겼고, 결국에는 자신과 같은 아이들의 운명을 향상시키는 데 헌신하게 되었다.

그런 후에, 그는 그의 책 "위기(Crisis)"의 결론 부분에서 내 이름을 언급하며 게이와 레즈비언들이 겪는 고난 앞에서 방관자가 되기를 그만두라고 권유했다.[99] 그는 나의 책 "홀로코스트의 의로운 이방인들(Righteous Gentiles of the Holocaust)"을 인용하며 나를 반박했다.[100]

그의 지적은 나를 괴롭혔다. 그러나 그것은 과정의 일부였다.

나는 한 신학교에서 가르치고 있었는데, 그 학교는 앞장서서 깃발을 휘날리는 학교는 아니었지만, 그 다양한 구성원들 가운데는 적은 수의 성소수자(LGBTQ) 학생들이 포함되어 있었다. 나는 그들로부터 그들의 강점들과 상처들을 함께 배웠다. 나는 그 곳에 있었던 코디 샌더스(Cody Sanders, 신학자이자 하버드 대학의 교목, 역자주)의 총명함과 확신을 보고 충격을 받았는데, 그는 머서 대학(Mercer University)을 졸업하고 브라이트 신학교(Brite Divinity School)의 박사과정에 합격했다. 나는 게이 학생이었던 친구가 자신의 목사 안수가 거부된 후에 다른 목사 안수 후보자에게 손을 얹고 기도하는 것을 보고 마음이 아팠는데, 그는 언약적인 동성 관계를 갖고 있었다는 이유 때문에 안수가 거부되었다.

어느날 예기치 않게, 나는 럿거스 대학(Rutgers University)의 학생이었던 타일러 클레멘티(Tyler Clementi)의 어머니인 제인 클레멘티(Jane Clementi)로부터 이야기를 듣게 되었는데, 그 학생은 같은 방 친구에 의해 동성애자라는 것이 폭로되고 촬영까지

당한 후 뉴욕의 어느 다리에서 뛰어내렸다. 그녀의 이야기와 그녀의 아들의 이야기는 나에게 깊은 영향을 주었다. 그녀는 자신과 같은 상황에 처한 다른 이들을 돕기 위해 타일러 클레멘티 재단(Tyler Clementi Foundation)[101]을 만들었다. 나는 마침내 2014년 10월에 제인(Jane)을 만날 수 있었다.

나는 (내가 속한 교단인) 침례교 협력을 위한 협회(Cooperative Baptist Fellowship)의 직원인 릭 베넷(Rick Bennett)으로부터 이 협회에 소속된 교회들이 이런 문제들을 논의할 대화의 장을 마련하는 일을 도와달라는 요청을 받았다. 나는 내가 이전에 가졌던 관점들을 아직 정리하지 못하고 새로운 관점은 아직 정립되지 않은 상태에서 이 일을 시작하게 되었다. 아주 면밀하게 계획을 수립한 후, 우리는 2012년 봄에 조지아(Georgia) 주의 디케이터(Decatur) 시에 있는 제일 침례교회(First Baptist Church in Decatur)에서 행사를 열게 되었다. 그 곳에서, 멋진 일이 일어났다. 강압적이지 않고 존중하는 분위기에서 우리는 서로의 이야기를 듣게 되었다. 나는 교회에서 깊은 상처를 받았지만 여전히 예수님께 헌신된, 아주 사랑스러운 게이 기독교인들이 실제로 얼마나 많은지를 알게 되었다. 그들은 이 행사에 참석하기 위해 미국 전역으로부터 왔다.

이들 형제 자매들과 함께 예배하며 대화하는 동안, 나는 영적으로 새로워지는 것을 느꼈다. 나는 이전에 기독교인 싱어송 라이터로 알려졌던 제니퍼 냅(Jennifer Knapp)[102]의 음악과 그녀의 이야기를 집중해서 들었는데, 그녀는 자신이 레즈비언으로 커밍아웃한 후에 대부분의 기독교인들로부터 거부당했지만, 우리는 그녀를 그 컨퍼런스에 초청한 것이다. 예수님을 너무나 사랑하기 때문에 자신들에게 지속적으로 상처를 주는 교회들을 포기하지 않은 자매들과 형제들을 만나면서, 나는 내가 그들에게서 깊은 영향을 받고 있다는 것을 발견했다. 또한 나는, 교회를 나가지는 않지만 신앙을 떠나지 않은 사람들도 만났는데, 그들은 혹시 이성애자들인 기독교인들이 언젠가는 교회를 그들에게 안전한 곳으로 만들어 주지 않을까 하고 조심스럽게 지켜보는 중이었다. 이러한 만남들은 나로 하여금 교회의 진정한 의미에 대해 새롭게 생각하게 해주었다. 코디 샌더스(Cody Sanders)가 자신의 책 "모든 기독교인들이 성소수자(LGBTQ)들의 삶으로부터 배울 수 있다(All Christians can learn from LGBTQ lives)"에서 말한 것처럼, 2012년에 있었던 그 행사로부터 나는 많은 것을 배웠다.[103]

내가 보기에는 이 온순하고 상처입은 게이와 레즈비언 기독교인들에게서 예수님을 발견하는 것이 이들을 적대시하는 사람들에게서 예수님을 발견하는 것보다 더 쉬울 거라는 생각이 점점 더 확실해지는 것 같았다.

2013년에 나는 책 원고 하나를 쓰고 있었다. 나는 성경으로부터, '예수 그리스도 안에서 하나님은 모든 사람들을 사랑하신다,' '인간의 평등에는 하나님의 구원이 필요하고 그 구원에 대해 감사함이 요구된다,' '기독교 공동체에서 모든 용서받은 죄인들은 본질적으로 평등하다' 등의 개념은, 최소한 교회에서 게이와 레즈비언인 교인들에 대한 하나님의 사랑과 환대를 분명하게 하도록 요구한다고 그 책에서 주장했다. 그런 다음에, 그리고 그 지점에서, 사랑의 공동체 안에서 함께 ─ 내가 앞의 장들에서 언급했던 ─ 해석학적, 성경적, 윤리적 문제들과 씨름할 수 있을 것이다.

그 책에서 나는 다음의 구절들에 대해 상세히 설명했다. "하나님이 세상을 이처럼 사랑하사"(요한복음 3:16~17); "하나님 한 분 외에는 선한 이가 없다"(마가복음 10:17~18); "자기를 의롭다고 믿고 다른 사람을 멸시하는 자들에게 비유로 말씀하심"(누가복음 18:9~14); "모든 믿는 자들이 믿음을 통해 은혜로 의롭다 하심을 얻음"(로마서3:21~26); 유대인이나 헬라인이나 다 그리스도 안에서 하나이다"(갈라디아서 3:26~28); "서로 애정을 가지고 서로를 사랑하라"(로마서 12:9~28); "남의 하인을 비판하는 너는 누구냐?"(로마서 14:1~4); "너 자신을 마땅히 생각할 그 이상으로 여기지 말라"(로마서 12:3~8); "그가 맹인으로 난 것은 하나님이 하시는 일을 나타내고자 하심이라"(요한복음 9:1~5). 이들 중 몇몇 구절은 이미 여기에서 논의를 했었다. 그 원고는 아직 출판될 정도가 아니었고, 그냥 버려졌다. 그러나 그 원고 덕분에 내가 이 책을 쓰기 위한 작업을 준비하는 데 도움을 받을 수 있었다. 그 원고를 통해 나는 성경의 점들을 연결하는 또 다른 방법이 가능하다는 것을 확실히 알게 되었다.

나의 에이전트들은 이른바 적극 독자층(trade audience)을 위해 이 책에서 내 개인적인 얘기를 더 많이 쓰기를 요구했다. 나는 세번 째로 초안 작업을 하면서, 어린시절에 괴롭힘을 당했던 경험이 나로 하여금 이 문제를 마음 깊숙한 차원에서 다룰 수 있도록 아주 중요한 역할을 했다는 것을 깨달았다. 내가 괴롭힘을 당한 이유는 내가 감정적으로 예민했고, 스쿨 버스에 있던 불량스런 아이들이 그것을 알아차렸기 때문이었다. 내가 괴롭힘을 당한 이유는 내가 아주 좋지 않은 피부를 가졌고, 그것 때문에 아이들의 쉬운 공격목표가 되었기 때문이다. 그 불량배들 손아귀에서 나는 무력하기 짝이 없다는 생각을 하며 많은 날들을 비통한 눈물로 지냈다. 나는 내가 얼마나 괴롭힘-그것이 어떤 형태이든-을 싫어하는지 깨달았다. 그런 후에 나는, 내가 어쩔 수 없는 이유 때문에 괴롭힘을 당한 것과 다른 사람들이 그들 자신도 어쩔 수 없는 이유 때문에 고통을 당하는 것을 결부시켜서 생각하게 되었다.

해석학적이고 신학적인 문제들이 얼마나 복잡한 것이든지 간에 실존적이고 인간적으로 생각할 때, 나는 남을 괴롭히는 사람들이 모인 공동체가 아니라, 괴롭힘을 당하는 사람들이 모인 공동체 안에서 이 문제들과 씨름해야 한다는 것이 명확해졌다. 기독교인들로부터 괴롭힘을 당한 사람들 가운데 하루를 있는 것이 성경을 교묘하게 사용하여 약하고 무방비 상태에 있는 자들에게 상처를 주는 이들과 함께 천일을 있는 것보다 낫다는 생각이 들었다. 분명히 나는 전통주의자들의 입장을 존중할 수 있다. 그러나 나는 매정하고 사랑이 없는 기독교는 존중할 수가 없다. 그것에 대해서는 분명히 "노(No)"라고 말해야 한다.

나는 실제로 "하나님의 통치와 예수따름의 윤리(Kingdom Ethics)"와 "결혼권 획득하기(Getting Marriage Right)"에 쓴 몇 페이지를 제외하고는, 내가 저술과 강의를 한 경력 동안에 다루었던 주된 주제들은 모두 같은 결론을 향하고 있다는 것을 인식하게 되었다. "의로운 이방인들(Righteous Gentiles)"은 나치의 괴롭힘과 학살 가운데 놓인 유대인들과 연대하며 일어선 사람들에 대한 이야기이다. "하나님의 통치와 예수따름의 윤리(Kingdom Ethics)"는 예수님께서 사시고 죽으신 목적인 정의, 포용적인 공동체, 치유, 구원, 사랑의 왕국에 대해 가르친다. "결혼권 획득하기(Getting Marriage Right)"에서는 대부분의 사람들이 얼마나 그저 잠깐 동안의 성적 파트너가 아닌 언약 관계인 인생 파트너-이게 기독교에서의 결혼의 본 모습이다-를 원하고 필요로 하는 지에 관해 이야기하였다. "미국 정치에 있어서의 믿음의 미래(Future of Faith in American Politics)"처럼 '복음주의자들과 정치'에 관해 쓴 글에서는, 파괴적인 '문화 전쟁'을 의제로 삼지 않고 건설적인 '정의'를 의제로 삼았다.[104] 또한 나의 책, "인간의 삶의 신성함(Sacredness of Human Life)"에서는 하나님의 측량할 수 없는 사랑과 예외 없이 모든 사람들의 가치를 중시하는 것에 관해 이야기하였다.

내가 성경의 점들을 잇는 방식은 이 책에서 서서히 윤곽을 드러낸 것과 같이 변화되었다. 성경적 패러다임과 실제의 사람들과의 '삶을 바꾸어 주는 만남'이 합쳐져서 새로운 성경적 패러다임을 만들거나, 적어도 새로운 성경적 패러다임을 갖는 것이 타당하다는 믿음을 갖게 해주었다. 나는 그러한 패러다임을 위한 참다운 기독교 공동체를 어디에서 찾을 수 있는지 알고 있었다. 이러한 전체 과정에는 신비롭고 아름답기까지 한 그 무엇이 있었다.

나는 이렇게 나와 함께 패러다임 도약을 이루지 못한 사람들을 공격하고 싶다는 유혹에 제대로 저항하지 못했던 것을 후회한다. 나는 이것이 주요한 도약이고, 많은 이들은 최소한 내가 살아있는 동안에는 그러한 지점에 도달하지 못할 것이라는 것을 인정한다. 모든 패러다임 도약에는 그러한 나누어짐의 상황이 발생한다. 나는 그리스도의 종들이 그리스도로부터 부르심을 받은 자신의 사명이라고 믿는 바에 대해서 그들을 판단하지 않으려고 한다. 마찬가지로, 나도 그들의 판단을 면하게 되기를 소망한다. 오직 하나님 만이 심판자이시다.

또한 내가 이 책에서 그런 것 같이 누군가가 신학적인 현미경으로 자신을 관찰하는 것에 틀림없이 많은 피로감을 느꼈을 이들-특히 성소수자(LGBTQ) 자신들-의 당연한 비판도 면할 수 있기를 소망한다. 기독교 공동체 안에서 이런 성찰을 통해 도움을 받을 수 있는 그룹에 속해 있는 사람들을 섬기기 위해 필요한 일일 것 같다고 나는 생각했다. 그러나, 이제 다시 하지 않을 것이다. 아마 50년 이내에 사람들은 도대체 왜 이런 종류의 책이 필요했을까 하고 의아해할 것이다.

수 세기에 걸쳐서 성경을 파괴적인 방식으로 해석해 온 것에 의해 영향을 받지 않은 일반인들이 기독교인들보다 더 쉽게 그들 주위에 있는 성소수자(LGBTQ)들을 온전히 받아들이고 있다는 사실은 시사하는 바가 있다.

하나님께서 드보라(Deborah), 마이크(Mike), 토냐(Tonya), 닉(Nick), 마크(Mark), 매튜(Matthew), 샤론(Sharon), 윌(Will), 미첼(Mitchell), 타일러(Tyler), 로빈(Robin), 알리슨(Allison), 첼시(Chelsea), 해리(Harry), 폴라(Paula), 제니퍼(Jennifer), 에이미(Amy), 아담(Adam) 등을 통해서, 또한 케이티(Katey)와 캐런(Karen), 이브(Eve)와 캐시(Cathy), 테론(Theron)과 데이비드(David), 트로이(Troy)와 브래드(Brad), 랜달(Randall)과 필립(Phillip), 코디(Cody)와 벤(Ben), 제이슨(Jason)과 조쉬(Josh), 그리고 그 외의 많은 이들을 통해서 나에게 가르쳐 주셨던 것 덕분에, 내가 새로운 방향으로 나아가게 되었다. 지금부터 이 문제와 관련하여 나의 관심은, 주로 기독교로부터 받은 수많은 거부로 인해 고통받은 이들과 함께 하는 공동체를 추구해 나가는 것이다. 나는 여러분을 지지한다. 앞으로 해결해야 할 일이 무엇이든지 나는 여러분 옆에서 함께 해 나가기를 원한다.

나는 내가 이전에 성소수자(LGBTQ) 문제에 대해 가르치고 책에서 썼던 내용들 때문에 상처받았던 이들에게 사과하면서 이 글을 마치고 싶다. 내가 이 전의 글을 수정할 기회가 있을 때마다 그렇게 할 것이다. 여러분의 용서를 구한다. 내가 여기까지 오기에 너무 오랜 시간이 걸렸음을 사죄드린다. 만일 여러분이 나를 받아준다면, 앞으로 계속될 이 여정에 당신의 벗이 되어 함께 하기를 기대한다. 그 동안에, 나는 여러분이 하는 일에 동참하여 기독교 교회를 변화시키기 위해, 교회가 여러분과, 여러분이 사랑하는 이들과, 그리고 모든 이들이 예수님을 따르는 데 안전한 곳이 되도록 하기 위해 노력할 것이다.

데이비드 거쉬(David Gushee)박사: 교회의 성적 소수자들에
대한 경멸을 가르치는 일을 끝내기

bit.ly/1GwkE2k

제20장:

경멸을 가르치는 일을 끝내기

이 글은 "생각의 변화(Changing Our Mind)"의 첫 판이 출판된 이후인
2014년 11월 8일에 워싱턴 디씨(Washington D.C.)에서 있었던
"개혁 프로젝트(The Reformation Project)" 컨퍼런스에서 내가 한 연설문이다.
여기에서 사용한 분석은 제17장에 있는 한 문단에서 간단히 언급한 내용을
발전시킨 것이다. 이것은 상당부분 이전에 내가 했던 연구에서 가져온 것이며,
내가 성소수자(LGBTQ)들과 또한 그들을 온전히 포용하기를 강하게 거부하는
이들과의 유쾌하지 않은 대화를 통해서 배웠던 교훈들을 반영하고 있다.

오늘 저녁, 나는 거의 2000년 동안 예수 그리스도의 교회로부터 비참한 파괴의
대상이 되었고, 종교적으로 유발된 경멸의 대상이 되었던 한 작은 소수 집단에 대해
이야기하고자 한다.

이 그룹에 대한 교회의 가르침은 성경 전체 중에서 찾아낸 몇몇 구절을 기독교의
지도자들이 해석했던 대로, 또한 수 세기에 걸쳐서 기독교 전통이 강화시켜온 바에
기초한 것이다. 이러한 파괴적인 패턴을 가지고 그러한 구절들을 해석한 역사는 초기
기독교 시대까지 거슬러 올라갈 수 있으며, 종국적으로는 동방 정교, 로마 카톨릭,
개신교에 이르기까지 넓게 공유되었다. 혹자는 이것을 두고 서로 갈등 속에 있었던
이들 그룹들이 하나가 되었던 드문 사례라고 설명할 것이다. 그들이 서로 동의했던
경우는 거의 없었지만, 이 문제만큼은 서로 동의했다. 이 전통에 반대하는 이들을
찾는 것은 어려웠는데, 왜냐하면 이 전통이 기독교의 최고 중심을 차지하는 지식의
원천인 성경, 전통, 그리고 여러 세대를 거쳐 이어 온 핵심적인 교회 지도자들이라는
기초 위에 세워졌기 때문이다. 부정적인 가르침의 대상이 되었던 이 그룹이 충분히
교회의 거부와 멸시를 받을 만하고, 또한 이러한 멸시가 "성경적"인 것이고 교회의
최고 권위자들이 인정하는 것이라는 것을 바로 알 수 있었다. 참으로, 이 그룹에 대해
거부와 멸시를 표현하는 것이 기독교인의 정체성, 심지어 기독교인의 신앙심에 있어서
핵심적인 부분이 되었다.

이 그룹에 대한 교회의 부정적인 가르침은 포괄적이었다. 교회는 이 그룹 전체와
그 안에 속한 모든 개인들을 업신여기라고 가르쳤다. 교회는 이 그룹이 도덕적으로
열등하다고 가르쳤다. 교회는 때로 이 그룹은 악하며 사탄과 특별하게 연합되어
있다고 가르쳤다. 교회는 이 그룹에 속한 모든 멤버들은 영원히 하나님과 분리될
것이라고 가르쳤다. 교회는 이 그룹이 드리는 예배는 무가치한 것이라고 가르쳤다.

교회는 이 그룹을 지지하는 사람들에게 이들과 어울리지 말라고 경고했다. 교회는 성도착증과 성폭력-특히 아이들을 대상으로 한다고 알려진-과 같은 특정한 죄악들을 이 그룹의 탓으로 돌렸다. 심지어 이 그룹을 일컫는 용어는 욕으로 사용되었고, 그 외에도 더 심하게 모욕적인 욕들이 생겨났다.

때때로 교회가 이 그룹에 속한 개인들을 교회 공동체 안으로 받아들이려고 했었다. 그러나 그것은 애매모호한 환영이었다. 이 그룹에 있다가 개종한 이들을 환영하더라도 종종 그들을 2등급의 지위로 취급하였다. 때로는, 특히 그들이 교회의 리더로 설 때나 안수를 받는 과정에서 질문을 하게 될 때, 그들이 한 때 그 그룹에 속했다는 이력이 언급되는 경우도 있다. 이것은 심지어 개종을 하더라도 이 그룹과 관련된 얼룩은 씻어내지 못한다는 것을 보여준다. 때로는 이러한 절반의 환영조차 철회되고, 이 그룹에 소속된 멤버들은 교회만이 아니라 그들이 살고 있는 공동체에서도 쫓겨났다.

교회 지도자들이 노골적으로 이 그룹에 대해 폭력을 행사하라고 교인들에게 가르치는 일은 거의 없었지만, 이 불운한 그룹은 일상적으로 폭력에 피해를 당했다. 이러한 폭력이 발생하는 경우가 너무 빈번해서 그런 폭력을 일컫는 특별한 용어가 생기게 되었고, 지금까지도 사용되고 있다. 한편, 일상에서의 괴롭힘은 흔했다. 욕설도 늘 있었다. 사회적인 격리도 주기적으로 강화되었다. 설교에서는 이 그룹을 경멸하라는 메세지를 주기적으로 전달했다. 이들의 도덕적 오염이 전염될까 봐, 또한 자신들의 가족들과 친구들로부터 지지를 잃게 될까 봐, 어느 기독교인도 자신이 이 그룹을 편하게 생각하는 사람처럼 보이고 싶어하지 않았다. 이 그룹이 국가의 표적이 되었을 때, 그들과 연대하여 일어서는 기독교인을 찾아보기가 어려웠다.

표적이 된 이 그룹의 멤버들의 관점에서 보자면, 기독교는 어디에나 넓게 퍼져있고, 또 위험한 것이었다. 교회의 성경, 십자가, 전통, 목회자들, 학자들은 긍정적이 아닌 부정적인 것, 해를 끼치는 것들을 연상시켰다. 때로는, 표적이 된 이 그룹의 멤버들도 기독교의 훌륭한 가르침들을 알고 있었다. 그들도 "네 이웃을 네 자신과 같이 사랑하라," "남들에게 대접받고 싶은 대로 남들에게 하라," 그리고 "네가 지극히 작은 자에게 한 것이 곧 내게 한 것이다"와 같은 엄청난 구절들을 들어보았다. 그러나 기독교 왕국에서 "이들 중 가장 작은 자"라고 할 수 있는 이 그룹의 멤버들은 이러한 훌륭한 말을 듣고 선포하던 기독교인들로부터 어떠한 황금률, 어떠한 사랑, 어떠한 자비 같은 것도 거의 경험하지 못했다.

내가 어떤 사람들에 대해 말하고 있는 지 알아챘는가?

결국에는, 수백 년간 이 그룹을 멸시했던 그 전통이 서구 문명의 골수에 깊이 자리를 잡고, 근대 사회로 전환한 이후에도 살아남아 국가가 후원하는 폭력의 형태로 전이되었다. 그러한 폭력이 끝났을 때, 전 세계에 있는 이 그룹의 멤버들의 1/3이 죽임을 당했다. 나 역시 대부분의 기독교인들이 이러한 표적이 된 이 그룹을 돕기 위해 아무것도 하지 않았던 역사적 자료들을 슬픈 마음으로 수집한 학자들 중 하나이다.

아마도 내가 말한 표적이 되었던 이 그룹이 유대인들을 지칭한다는 것을 여러분이 지금쯤 파악했을 것이다. 그들은 보통 기독교 반유대주의(Christian anti-Judaism)라

불리우는, '그리스도와 같지 않은(unchristlike)' 전통을 가진 어떤 흐름의 피해자들인데, 이 흐름은 더 큰 범주의 경제적, 문화적, 정치적인 반유대주의(anti-Semitism)에 반영되고, 또한 결합되었다. 나의 첫번째 책인 "홀로코스트의 의로운 이방인들 (Righteous Gentiles of the Holocaust)"을 포함한 여러 책에서, 나는 이러한 "그리스도와 같지 않은(unchristlike) 기독교 전통의 흐름"의 문제를 다루었다.

(나는 이 연설에서 "그리스도와 같지 않은(unchristlike)"이란 단어를 14번 사용할 것이다. 이 단어를 듣게 되면, "예수 그리스도의 성품, 사역, 가르침을 왜곡한 것"이라는 의미로 생각하길 바란다. 아니면 그냥 "예수님이 그러하셨고 지금도 그러하신 것과 반대로 해롭고 사랑이 없는"이라는 의미로 생각해도 된다. 나는 매우 신중하게 이 단어를 선택했다.)

예를 들어 1935년을 생각해 본다면, 그 당시에 기독교에서 반유대주의가 얼마나 넓게 퍼졌는지를 살펴본 사람이라면 그런 분위기가 바뀔 수 있을 것이라고, 아니면 더 나아질 것이라고 상상하지 못했을 것이다. 확실히, 천년 동안 이런 전통을 찾아서 기록하고 저항했던 유대인들은 희망의 근거를 찾기 어려웠을 것이다.

그러나 놀랍게도, 2차 세계 대전 중에 반유대적(anti-Semitic)인 국가 폭력에 의해 자행된 살인적 공격이 있은 지 20년이 채 되지 않아, 이 일로 인해 경악한 기독교 세계의 대부분의 교파들은 유대교와 유대인들에 대한 그들의 가르침을 의도적으로 바꾸기 시작했다.

그것은 과거의 가르침을 미세하게, 또 한편으로는 분명하게 거부하면서 동시에 새로운 가르침을 개발하는 것을 포함하는 엄청난 변혁이었다. 그런 변혁은 오늘 밤 우리 모임에도 매우 적합한 것이다.

이천 년 동안 이어 온 반유대교(anti-Judaism)와 반유대주의(anti-Semitism)를 거부했던 기간동안, "모든 사람들"이 어떤 특정한 방식으로 해석해왔던 성경 본문들이 새로운 방식으로 해석되거나, 좀더 진지하게 그 시대의 상황을 고려해서 해석되거나, 또는 더 중요한 구절들과 주제들에 비해 부차적인 것으로 취급되었다. 나는 신약 성경에서 중요한 세 개의 본문을 특정하고자 한다. 그러나, 기독교의 반유대교 (anti-Judaism) 흐름에 기여한 다른 본문들도 많이 있었다.

마태복음 27:25절에서 군중이 예수를 십자가에 못박으라고 소리치며 "그 피를 우리와 우리 자손에게 돌릴지어다"라고 말한 부분을 생각해보자. 한 때 이 본문은 그 당시에 있었던 유대인들과 그 이후에 세상에 존재한 모든 유대인 한 사람 한 사람이 예수의 죽음에 책임이 있다는 의미로 해석되었다. 모든 유대인들이 "그리스도를 죽인 자들"로 여겨졌고 이것이 일반적으로 유대인들에 대해 사용된 경멸의 용어였다. 놀이 터에서 기독교인 아이들이 유대교인 아이들을 이렇게 불렀을 것이다. 1965년부터 기독교인 지도자들이 함께 협력하고, 이후에 유대교 지도자들과 대화를 해 나가면서, 기독교인들 중에서 하나의 종족으로서 유대인들이 예수의 죽음에 책임이 있다고 가르치거나 믿는 사람이 거의 없게 되었다. 아마 여러분 중 누구도 유대인들을 그리스도를 죽인 자들이라며 조롱하는 말을 들어보지 못했을 것이다. 그리고, 그것은 정말 좋은 변화이다.

요한복음 8:44에 예수께서 '유대인들'에게 이렇게 말씀하셨다고 기록되어 있다. "너희는 너희 아비 마귀에게서 났으니, 너희 아비의 욕심대로 너희도 행하고자 하느니라. 그는 처음부터 살인한 자요, 진리가 그 속에 없으므로 진리에 서지 못하고, 거짓을 말할 때마다 제 것으로 말하나니, 이는 그가 거짓말쟁이요 거짓의 아비가 되었음이라." 기독교 왕국이었던 수 세기동안 이 본문은, 하나의 종족인 유대인들이 사탄의 자식들이고, 살인과 거짓말 등과 같이 그들 아버지의 악마적인 행동들을 따라하는 사람들이라는 의미로 여겨졌다. 유럽에서 독실한 기독교 신앙을 가진 아이들은, 자신들이 들은 대로 함께 놀던 유대인 친구들이 머리카락 속에 뿔을 숨기고 있지 않은 지 그들의 머리를 살펴보곤 했다 (실제 이야기이다). 1965년경부터 기독교인 지도자들이 함께 협력하고, 이후에 유대교 지도자들과 대화를 해 나가면서, 기독교인 중에서 유대교인들을 사탄의 자식들이라고 가르치거나 믿는 사람은 거의 없게 되었다. 이제는 아주 조심스럽게 이 본문을 가르치고 있고, 하나의 종족인 "유대인들"에게 이 본문을 적용하라고 가르치지 않는다. 그리고, 그것은 정말 좋은 변화이다.

사도행전 7장은 교회의 첫번째 순교자인 스데반에 대한 이야기를 전해준다. 여러분은 그의 머리를 향하여 돌들이 날아오기 직전에 자신을 심문하던 유대인들에게 스데반이 이런 말을 한 것을 주목한 적이 있는가? "목이 곧고 마음과 귀에 할례를 받지 못한 사람들아, 너희도 너희 조상과 같이 항상 성령을 거스르는도다. 너희 조상들이 선지자들 중의 누구를 박해하지 아니하였느냐? 의로운 자가 올 것이라 예고한 자들을 그들이 죽였고, 이제 너희는 그 의로운 자를 잡아 준 자요 살인한 자가 되나니, 너희는 천사가 전한 율법을 받고도 지키지 아니하였도다." 기독교 왕국이었던 수 세기동안 이 본문은 유대인들의 역사 전체가 하나님을 반역한 이야기라는 의미로 받아들여졌다. 이것을 일컬어 "죄악의 발자취"라고 불렀다. 1965년부터 기독교인 지도자들이 함께 협력하고, 이후에 유대교 지도자들과 대화를 해 나가면서 기독교인 중에서 – 한 세기 전까지만 해도 거의 모든 사람이 믿었던 – "죄악의 발자취"에 대해 가르치거나 믿는 사람은 거의 없게 되었다. 지도자들은 이제, 유대인들에 대한 하나님의 선택, 그들과 하나님과의 언약, 유대인의 종교적 전통의 위대함, 그리고 오늘날의 세계 속에서 계속되는 그 전통의 중요성 등을 강조한다. 그리고, 그것은 정말 좋은 변화이다.

재고되어야 하는 것은 단지 성경 구절들 만이 아니었다.

역사학자들은 교회 교부들 및 다른 위대한 교회 지도자들의 글들을 깊이 연구하기 시작했다. 결과적으로, 여러 지도자들의 반유대적(anti-Jewish) 글들에 대해 슬프지만 적합한 이름인 "경멸의 가르침(teaching of contempt)"이라는 표식을 붙일 수 있는데, 터툴리안(Tertullian), 크리소스톰(Chrysostom), 히폴리투스(Hippolytus), 저스틴 마터(Justin Martyr), 유세비우스(Eusebius), 어거스틴(Augustine), 그리고 다른 많은 다양한 지도자들의 글들이다.

학자들은 이러한 문제가 중세 시대로 이어지고, 종교 개혁이 가져온 커다란 변화에도 불구하고 개신교의 시대까지 이어진 것을 알게 되었다.

예를 들어, 마틴 루터(Martin Luther)는 유대인들에 대해서 어떤 기독교 지도자보다도 극심하게 악의적인 말들을 했는데 이를 테면, 그들의 회당들은 불태워버려야 하고, 그들의 종교적 책들은 분쇄해야 한다고 말하며, 심지어는 "그들을 죽이지 않는 것은 잘못이다"는 말까지 하였다. 한편, 동방 정교와 로마 카톨릭의 지도자들 역시 그들 나름의 '경멸의 가르침(a teaching of contempt)'을 실행했다. 홀로코스트(Holocaust)가 일어났을 때, 유대인들을 구할지 말지를 고심하던 기독교인들은 자신들의 신앙 체계 안에서 그들을 구해야 한다는 것을 뒷받침할 만한 근거를 찾기 어려웠다. 많은 이들이 유대인들의 고통에 반응했던 방식은, 오히려 기독교 전통과 지도자들의 성경 해석 방식에서 나온 반유대교(anti-Jewish)적 수사들을 사용하는 것이었다.

전쟁이 끝난 후 많은 교회 기관들은 결국 성경 시대 이후부터 이어 온 그들의 전통적인 가르침을 버리거나 솔직하게 회개하였다. 예를 들어, 독일의 루터교회들과 미국에 있는 루터교회들은 루터가 1543년에 써서 치명적인 악영향을 준 이른 바 "유대인들과 그들의 거짓말에 대해(On the Jews and Their Lies)"란 글을 거부하기로 했다. 이제는 그 책이 출판되는 곳이라면 어디든지 경고 메시지가 동반되고 그 당시 상황을 고려해서 그 글을 읽도록 권고한다. 카톨릭 교회 역시 이전 시대의 가르침들과 분명하게 거리를 두고 있다.

너무 오래 걸리기는 했지만, 이러한 놀라운 변화들로 인해 세계적으로 유대인들의 생명을 보호할 수 있게 된 것은 의심할 여지가 없다. 확실히 기독교인들이 유대주의(Judaism)를 이해하는 것도 바뀌어 왔다. 반유대주의(anti-Semitism)가 없어졌다고는 할 수 없고, 아직은 그렇게 평가하기에는 먼 현실이다. 실제로 많은 곳에서 불안할 정도로 증가하고 있고, 그것에 대해 모든 기독교인들은 반대해야 한다. 그러나, 한 때 그러한 반유대주의를 키웠던 그리스도와 같지 않은(unchristlike) 기독교 가르침의 전통이 이제는 거의 모든 곳에서, 그리고 서구 세계에서는 확실하게, 거부되었다. 오늘날, 내가 속한 머서 대학(Mercer University)의 맥가피 신학교(McAfee School of Theology)에서는 유대교 랍비들이 유대교와 유대전통에 관하여 학생들을 가르치고 있으며, 아무도 그런 프로그램에 대해 문제를 제기하지 않는다.

50년이 지난 지금, 아마 여러분 중에 아무도 이전의 2000년 동안 가르쳐 왔던 식으로 마태복음 27장, 요한복음 8장, 사도행전 7장을 가르치는 것을 들어보지 못했을 것이다. 아마도 여러분 중 대다수는 교회가 수 세기에 걸쳐 유대인들에 관하여 '경멸의 가르침(a teaching of contempt)'을 실행했다는 것도 몰랐을 것이다. 여러분이 모르는 이유는 여러분들 중 대부분이 행복이 넘칠 정도로 젊기 때문이고 그것에 대해 들어볼 필요조차 없었기 때문이다. 여러분이 그것에 대해 들어볼 필요가 없었던 것은 이러한 그리스도와 같지 않은(unchristlike) 기독교 가르침의 전통, 즉 정확하게 말하자면 '경멸의 가르침(a teaching of contempt)이라는 표지를 붙일 수 있는 이 전통이 50년 전에 거부되었기 때문이다. 나는 여러분이 오늘 밤 이후로 그것과 마주칠 필요가 없기를 소망한다.

지금까지 지난 2000년간 교회가 유대인들에 반대하여 '경멸의 가르침(a teaching of contempt)'을 전했던 것에 관하여 이야기하였다. 2000년이 지난 후에 어떻게 교회가 마침내 이러한 그리스도와 같지 않은(unchristlike) 기독교 가르침의 전통을 버리게 되었는 지에 대해서도 논의하였다.

도대체 왜 내가 오늘 밤 여기에서 "그 이야기를 하겠는가?"

나는 모든 역사적인 비유가 갖는 한계들에 대해 충분히 알고 있다. 오랫동안 유대교-기독교의 대화에 참여한 자로서, 나는 이러한 특정한 역사적 비유가 갖는 민감성을 특히 잘 알고 있다. 내가 이런 식으로 비교하는 것을 비판하고 싶은 사람들을 위해 말하자면, 나는 내가 잘못 말하고 있는 지, 남을 불쾌하게 하는지, 지켜야 할 선을 넘고 있는지에 관해서 미국 유대인 공동체 내에서 높은 위치에 있는 친구들에게 확인했다는 점을 알려드린다.

이제 계속해서, 이끌어 낼 수 있는 적합한 비유라고 내가 믿는 것을 펼쳐 보이고자 한다.

나는 교회가 해로운, 또한 근본적으로 그리스도와 같지 않은(unchristlike) 기독교 가르침의 전통을 성소수자들(오늘날 레즈비언, 게이, 양성애자, 성전환자 등을 일컫는)에게 가해왔다고 믿는다. 이러한 가르침을 '경멸의 가르침(a teaching of contempt)'으로 적절히 표현할 수 있을 것이다. 이러한 '경멸의 가르침'은 실제로는 상대적으로 적은 수의 성경 구절들에 기초하고 있으며, 그 구절들이 기독교 지도자들에 의해 해석되고 수세기에 걸쳐 기독교 전통으로 강화되어 왔다. 이 전통에 반대하는 이들을 찾는 것은 어려웠는데, 왜냐하면 이 전통이 기독교의 최고 중심을 차지하는 지식의 원천인 성경, 전통, 그리고 여러 세대를 거쳐 이어 온 주요한 교회 지도자들과 같은 기초 위에 세워졌기 때문이다. 게이, 레즈비언, 양성애자, 성전환자들이 충분히 교회의 거부와 멸시를 받을 만하다는 것, 그들의 성적 욕망이나 실행 뿐만 아니라 그들 인간 자체가 그런 거부와 멸시의 대상이 될 만하다는 것을 모든 사람들이 바로 알 수 있었다. 심지어 오늘날에도 일부 기독교인들에게는 게이들을 반대하는(anti-gay) 것이 기독교인의 정체성, 심지어 신앙심과 서로 엮여져 있다.

교회의 동성애 반대의 가르침은 광범위했다. 교회는 성소수자(LGBTQ)들 전체와 그 그룹 안의 모든 개인들까지 경멸하라고 가르쳤다. 교회는 성소수자(LGBTQ)들이 도덕적으로 열등하다고 가르쳤다. 때때로 교회는 성소수자(LGBTQ)들이 사악하다고 가르쳤다. 확실히, 교회는 성소수자(LGBTQ)들이 말그대로 천국에서 배척된다고 가르쳤고, 지금도 종종 그렇게 가르친다. 교회는 성소수자(LGBTQ)들을 지지하는 사람들에게 그들과 어울리지 말라고 경고했다. 교회가 성도착증-특별히 아동을 대상으로 하는-과 같은 특정한 죄악을 성소수자(LGBTQ)들의 탓으로 돌린 것이 여러 번이었다.

때때로 교회가 성소수자(LGBTQ) 개인들을 교회 공동체 안으로 받아들이려고 했지만, 그것은 애매모호한 환영이었다. 성소수자(LGBTQ)들은 종종 2등급의 지위로 취급되었고, 특히 그들이 교회의 리더로 세워질 때 질문을 하는 과정에서 그런 그들의 위치가 표면화되었다. 종종 이러한 절반의 환영조차 철회되었다. (이 강의를 읽은 어느 한 유대인 독자는 이 문제와 관련된 기독교 역사의 대부분의 시기에 있어서, 교회가 유대인을 온전하고 확실하게 받아들인 것이 게이나 레즈비언을 온전히 받아들이는 것보다 더 쉬운 일이었다고 내게 말했다. 회심이란 유대인이 기독교인이 되는 것을 의미하지만, 게이가 이성애자가 되는 것은 회심이라고 생각하지 않는다. 그 사람들이 그렇게 해보려고 노력하지 않았다는 듯이 말이다.)

교회 지도자들이 교인들에게 성소수자(LGBTQ)들에게 폭력을 행사하라고 노골적으로 가르치는 일은 거의 없었지만, 그들은 돌발적인 폭력의 피해자였고, 때때로 여전히 피해자가 되고 있다. 학교 운동장에서의 괴롭힘은 흔했다. 욕설도 늘 있었다. 사회적인 격리는 주기적으로 강화되었다. 설교에서는 성소수자(LGBTQ)들을 경멸하라는 메시지를 주기적으로 전달했다. 그들의 도덕적 오염이 전염될까 봐, 자신들의 가족들과 친구들로부터 지지를 잃게 될까 봐, 거의 모든 기독교인들은 자신들이 성소수자(LGBTQ)를 너무 편하게 생각하는 사람처럼 보이고 싶어하지 않았다. 성소수자(LGBTQ)들을 일컫는 단어들은 그대로 욕으로 사용되었다. 성소수자(LGBTQ)들이 국가에 의해 소외되거나 표적이 되었을 때, 성소수자(LGBTQ)들을 위해 일어서는 기독교인을 찾아보기가 어려웠다.

성소수자(LGBTQ)들의 관점에서 보자면, 기독교는 어디에나 넓게 퍼져있고, 또 위험한 것이었다. 교회의 성경, 십자가, 전통, 목회자들, 학자들은 부정적인 것, 해를 끼치는 것들을 연상시켰다. 교회에서 성장하고 예수님께 깊이 헌신한 수백만의 성소수자(LGBTQ)들은 기독교의 훌륭한 가르침들에 대해 알고 있었다. 그들도 "네 이웃을 네 자신과 같이 사랑하라," "남들에게 대접받고 싶은 대로 남들에게 하라," 그리고 "네가 지극히 작은 자에게 한 것이 곧 내게 한 것이다"와 같은 엄청난 구절들을 들어보았다. 그러나, 기독교 왕국에서 "이들 중 가장 작은 자"라고 할 수 있는 성소수자(LGBTQ)들은 자신들이 성소수자(LGBTQ)임을 밝혔을 때, 이러한 훌륭한 말을 듣고 선포하던 기독교인들로부터 어떠한 황금률, 어떠한 사랑, 어떠한 자비 같은 것도 거의 경험하지 못했다.

나는 이제까지 역사적인 비유를 해 보았다. 그러나 나는 즉시 비유라는 것이 한계가 있다는 것을 다시 인정할 수밖에 없다.

나는 성소수자(LGBTQ)들이 대량으로 학살될 위험에 있다고 주장하는 것이 아니다.

그러나 많은 곳에서 성소수자(LGBTQ)로 살아가는 데 신체적인 위험이 따른다는 것이 사실이다. 세계의 다른 지역에서 온 나의 학생들이 그들 나라 안에서 성소수자들에게 가해지는 일상적인 폭력에 대해 내게 말해주었다. 오늘 저녁에도 우리는 그러한 폭력에 대해 이미 들었다.

비록 나치 시대에 큰 규모로 발생한 것을 포함하여 핍박과 살해가 계속 존재해 왔지만, 대량 학살은 없었다.

여전히, 우리는 성경을 인용하면서 국가가 그들 모두를 처형해야 한다고 통렬하게 비난하는 말을 심지어 오늘날에도, 심지어 우리 나라 안에서도, 들어야 하는 한 무리의 사람들에 관해 말하고 있다. 한번은 어느 기독교 라디오 쇼에서 어느 설교자가 바로 그런 말을 한 직후에 내가 그 다음 초대 손님이 되어 방송한 적이 있다.

이러한(유대인과 성소수자(LGBTQ)와의) 비유는 흥미롭게도 다른 방식으로 무너져버린다.

광범위한 기독교 세계에서 유대인들을 경멸한다는 것을 알게 된 어떤 유대인 아이는 최소한 집에서는 가족의 지지를 받을 수 있다. 그러나 광범위한 기독교 세계에서 게이들을 경멸한다는 것을 알게 된 어떤 게이인 아이는 집에서 조차 어떤 지지도

받지 못하는 충격적인 현실을 종종 마주하게 된다. 이것에 대해서는 잠시 후 좀더 얘기할 것이다.

이러한 비유가 무너지는 방식을 하나 더 말하려고 하는데, 이번에는 좀더 건설적인 이야기이다.

유대인들에 대한 그리스도와 같지 않은(unchristlike) '경멸의 가르침(a teaching of contempt)'은 점점 불신을 받아왔다. 내가 아는 어떤 주류 기독교의 지도자도 더 이상 이런 것을 가르치지 않는다. 적어도 이 나라 안에서는 말이다. 성경이 바뀐 것이 아니다. 성경이 의미하는 바에 대한 이해가 크게 바뀐 것이다.

내 생각에는, 지금 우리가 얘기하는 동안에도 성소수자(LGBTQ)들에 대한 그리스도와 같지 않은(unchristlike) '경멸의 가르침(a teaching of contempt)'이 불신을 받고 무너지고 있는 과정 중에 있다. 매년 그러한 가르침의 요소들이 기반을 잃어가고 있다. 나는 이제, 50년 전에 반유대주의(anti-Semitism)가 그랬던 것처럼, 기독교에서 성소수자(LGBTQ)들에 대한 그리스도와 같지 않은(unchristlike) 전통이 거부되는 과정을 겪고 있다고 확신한다.

이것이 내가 비교하는 내용의 요점이다. 나는 그리스도와 같지 않은(unchristlike) 기독교 가르침의 전통 중 두 개의 서로 다른 흐름들을 비교하고 있다. 그 중 하나는 의구심을 받아왔고 버려졌다. 다른 하나는 의구심을 받아야 하고 버려져야 하는 데, 지금 그런 과정 중에 있다. 우리는 인간의 1/20을 차지하는 성소수자(LGBTQ)들에 대한 '경멸의 가르침(a teaching of contempt)'이 거부당하는 일이 진행되고 있음을 축하해야 한다. 그리고, 우리는 우리가 할 수 있는 한 빠르게 이 일을 끝내야 한다.

그동안 진보가 이루어져 왔다. 그러나 여전히 모든 것이 좋아진 것은 아니다. 우리 성적 소수자들에게 해가 되는 가르침과 행동들은 전혀 사라지지 않았다. 성소수자(LGBTQ)들은 여전히 믿음의 가족 안에서, 동등하게, 같은 동족으로 대우받지 못하고 있다. 그들은 종종 자신의 가족, 교회, 학교, 친구들로부터 거절당하고 있다. 그들의 은사는 계속적으로 차단당하고 있다. 내가 성소수자(LGBTQ)인 기독교인들과 연대하겠다고 선언한 후 2주 동안에만 말 그대로 수많은 청년들, 부모들, 그리고 다른 사람들로부터 끔찍한 거절과 악의적인 말들을 들었다. 형제, 자매들이여, 이러한 일이 계속되어서는 안된다.

점차적으로 나의 초점은 청년 성소수자(LGBTQ)들이 지속적으로 겪는 고통으로 향하고 있다. 그들의 역경은 중요한 문제이다.

다음 내용을 생각해 보라: 워싱턴 디씨(Washington D.C.)에 있는 미국의 진보를 위한 센터(The Center for American Progress)에서 홈리스(homeless) 성소수자(LGBTQ) 청년에 대해 중요한 정책 보고를 한 적이 있다.[105]

"홈리스(homeless) 청년"이란 "12~24세 사이의 나이에 보호자가 없는 젊은 사람들을 말하며, 친척과 같이 사는 상황에서, 또는 다른 안전한 대안적 주거형태에서 안전하게 삶을 사는 것이 불가능한 아이들"을 말한다. 이들 집 없는 청소년들 중에는, 가족들 모르게 자신의 의지로 집을 떠난 "도망친 청소년"들이 있고, 자신의 의지와는 반대로 보호자의 손에 의해 집을 떠나야만 했던 "쫓겨난 청소년"들이 있다.

미국의 진보센터(CAP)에서 인용한 추정 보고서에 따르면 12~24세 사이의 홈리스 (homeless) 청소년들이 대략 240만에서 370만명이 있다.

성소수자(LGBTQ) 청소년들은 홈리스(homeless) 청소년 인구 가운데서도 매우 많은 비율을 차지한다. "미국 전역에 걸친 여러 개의 주 단위와 지역 단위의 연구들에 따르면, 성소수자(LGBTQ)가 아닌 홈리스(homeless) 청소년의 수와 비교해서, 홈리스(homeless) 성소수자(LBGTQ) 청소년들의 수가 충격적으로 불균형적인 비율을 차지한다는 결과가 나왔다. 집 없는 청소년들 중에 대략적으로 9~45 퍼센트가 성소수자(LGBTQ) 청소년일 것으로 제시한다."

나이에 따른 연구의 조건값들은 조금씩 다르지만, 2000년부터 시작된 모든 연구들을 통해 살펴본 특정한 지역에 있어서의 홈리스(homeless) 성소수자(LGBTQ) 청소년의 비율들은 다음과 같다.

뉴욕시(New York City): 33%
시애틀(Seattle): 39%
로스앤젤레스(Los Angeles): 25%
일리노이(Illinois): 15%
시카고(Chicago): 22%

왜 성소수자(LGBTQ)인 아이들이 홈리스(homeless) 청소년들 중에서 그렇게 높은 비율을 차지하는 지를 파악하는 것은 어렵지 않다. 홈리스(homeless) 성소수자(LGBTQ) 청소년들이 집을 나오는 가장 일반적인 이유들은 가족의 거부와 가족과의 갈등 때문이다. 그리고 가족이 거부하는 커다란 요인은 종교적으로 유발된 것이다. 이것은 내가 앞에서 이야기한 바로 그런 그리스도와 같지 않은(unchristlike) 기독교 가르침에 기인한 것이다. 그러한 가르침이 삶을 파괴하고 가족을 깨뜨린다. 성경에 충실하다는 미명으로 말이다. 아주, 아주 참혹한 일이다.

샌프란시스코 주립대학(SFSU)에 있는 포용적 가족 프로젝트(The Family Acceptance Project)[106]의 디렉터인 케이틀린 라이언(Caitlin Ryan)은 비극적인 소용돌이에 대해 기술한다. 점점 더 많은 어린이들과 청소년들이 더 어린 나이에 성소수자(LGBTQ)로 커밍아웃하고 있다. 포용적 가족 프로젝트(FAP)는 아이들이 커밍아웃하는 평균 연령이 이제는 13세가 조금 넘는 나이라고 전한다. 자신의 연구와 가족들의 지원을 받은 작업을 통해 그녀는, 아이들이 훨씬 더 어린 나이인 7~12세 사이에 스스로를 게이라고 밝히는 경우가 증가하고 있다고 전한다.

그들의 나이가 더 어리기 때문에, 이 아이들은 자신의 문제를 대처하는 기술이 부족하고, 가정 이외에 자신들이 도움을 얻을 수 있는 방법들에 대해 잘 알지 못한다. 그래서, 나이 들어서 커밍아웃하는 아이들의 경우와 비교하면 그들의 자기 정체성과 자존감은 더욱 취약하다. 그렇기 때문에, 그들의 가족들이 이 아이들이 성소수자(LGBTQ)라는 것을 알게 되면서 이들을 거부한다면, 그 아이들이 스스로를 선하고 가치있는 존재라고 생각을 하게 되는 일에 더 참담하고 약해지는 충격을 받게 만든다. 이것은 그들이 자신을 사랑하고 자신을 돌보고, 위험하고 무모한 행동을 피하고, 희망을 갖고, 미래를 설계할 수 있는 능력에 영향을 미치게 된다.

젊은 사람들이 커밍아웃하거나 성소수자(LGBTQ)라는 것이 밝혀질 때, 때로 폭력까지 동반되는 가족들의 거부와 맞닥뜨리는 경우가 너무 흔하다는 것이 데이터로 명확하게 드러난다.

포용적 가족 프로젝트(FAP)는 성소수자(LGBTQ) 아이들을 가진 수십 개의 서로 다른 가정들이 그 아이들에게 보인 반응들을 확인하고 연구했다. 그리고, 그 연구를 통해 청소년 시기에 포용적인 가정에서의 경험/거부당한 가정에서의 경험과 그들이 청년이 된 후의 건강과 행복이 어떤 연관성을 보이는 지를 측정하였다.

가정에서의 거부의 정도가 높을수록, 건강, 정신 건강, 행동 문제에 부정적인 영향을 가져올 가능성이 높다. 가정에서의 포용의 정도가 높을수록, 성소수자(LGBTQ) 청소년들은 위험으로부터 더 잘 보호받고, 더 높은 자존감과, 전반적으로 더 높은 건강함과 행복감을 갖고 있다.

포용적 가족 프로젝트(FAP)에서 수집하고 연구한 가정에서 거부를 나타내는 행동들은, 때리기/치기/신체적 가해, 언어적 괴롭힘, 욕설, 가족 활동에서 제외시키기, 다른 성소수자(LGBTQ) 친구들/행사들/자료들에 접근 금지, 아이가 괴롭힘이나 차별을 받을 때 아이를 비난하기, 아이가 더 남자/여자처럼 되기를 강요하기, 하나님의 형벌로 협박하기, 아이의 성소수자(LGBTQ) 정체성을 바꾸기 위해 아이에게 기도하게 하고 종교 예배에 참가하도록 만들기, 아이들을 전환 치료(reparative therapy)하는 곳에 보내기, 아이가 가족을 수치스럽게 한다고 선언하기, 아이들의 성소수자(LGBTQ)로서의 정체성에 대해 말하지 않거나, 다른 가족들이나 다른 사람들에게 비밀로 하도록 강요하기 등이 포함된다.

포용적 가족 프로젝트(FAP)는 "거부의 강도가 높은" 가족과 다음의 현상들이 서로 직접적인 관련이 있다는 것을 알게 되었다.

- 적어도 한번이라도 자살을 시도할 가능성이 여덟 배 이상 높다.
- 심한 정도의 우울증을 호소할 가능성이 여섯 배 이상 높다.
- 불법 마약을 사용할 가능성이 세배 이상 높다.
- 면역 결핍 바이러스(HIV)와 성병(STD)에 걸릴 위험성이 세배 이상 높다.

포용적 가족 프로젝트(FAP)는 이들을 그저 조금 더 수용하고, 조금 덜 거부하는 것만으로도 이러한 가해 행동들을 상당히 줄일 수 있다는 것을 발견했다. 예를 들면, "온건하게 거부하는" 가정에 있는 성소수자(LGBTQ) 청소년들은 전혀 거부하지 않는 가정의 성소수자(LGBTQ) 친구들에 비해 자살 시도 가능성이 단지 두 배 정도만 높았다.

나는 이런 문자를 포용적 가족 프로젝트(FAP)의 프로그램 디렉터로부터 받았다. 그녀가 말하기를, "나는 청소년 쉼터라는 것이 없어서 눈더미 속에서 잠을 자는 아이들 이야기 같이, 가슴이 미어지는 이야기들을 매일 듣습니다. 지난 1월에는 종교 시설에서 쫓겨난 다섯 명의 아이들을 받았는데, 그 아이들은 말 그대로 갈 곳이 없었습니다. 한 여자 아이는 자기 학교 앞에 쌓인 눈 속에서 자야 했습니다. 그 아이는 16세였습니다."

미국의 진보를 위한 센터(Center for American Progress, CAP)의 보고서에 나타난 데이터에 따르면, 길거리에서 홈리스(homeless)로 생활하는 "도망친" 또는 "쫓겨난" 성소수자(LGBTQ) 청소년들은, 그 또래들인 다른 홈리스(homeless) 청소년들 보다 더 오랜 기간 갈 곳 없는 상태로 살아갈 가능성이 높다. 이러한 문제는 성전환을 한 청소년의 경우 특히 심각한 것으로 나타난다.

누구라도 홈리스 상태(homelessness)로 지내는 것이 좋을 리 없겠지만, 홈리스(homeless) 성소수자(LGBTQ) 청소년들에게는 더욱 확실히 그렇다. 미국의 진보를 위한 센터(CAP)의 보고서에는 온갖 종류의 문제들이 기록되어 있다.

- 성소수자(LGBTQ)와 관련된 문제들로 인한 갈등 때문에 가정에서 쫓겨난 후에 아동복지 시설이나 보호 시설로 갈 가능성이 훨씬 높다.
- 가족들의 거부로 집을 떠난 경우 결국 성소수자(LGBTQ) 청소년을 위한 사법 시설로 가게 될 가능성이 가장 높게 나타난다.
- 성소수자(LGBTQ) 청소년들이 위탁 보호나 다른 가정에 맡겨진 경우 그들에 대한 편견, 학대, 혹사 등으로 인해 다시 홈리스(homeless) 상태가 되는 경우가 너무 자주 있다.
- 사법 시설에 가게 된 성소수자(LGBTQ) 청소년들과 청년들은 그들이 성과 관련된 범죄 때문에 수용된 것이 아님에도 불구하고, 성범죄자로 낙인이 찍힐 위험성이 높다.
- 성소수자(LGBTQ) 청소년들이 홈리스(homeless) 상태로 지내면서 안전한 보호시설로 들어가는 것이 불균형적으로 어렵다.
- 생활비를 위한 '생존 목적의 성매매'를 하게 될 가능성이 불균형적으로 높으며, 강간, 질병, 폭력에 노출될 취약성이 증가한다.
- 거기를 배회하는 동안 강도, 강간, 혐오 범죄의 피해를 당하는 비율이 불균형적으로 높다.
- 마약과 알코올 중독을 포함하여 건강 악화로 이어지는 결과가 불균형적으로 높게 나타난다.
- 자살을 생각하고 시도하는 일이 불균형적으로 높다.

이런 일들은 중단되어야 한다. 그리고 이런 일들을 중단시킬 유일한 방법-적어도 주요한 방법-은, 이전에 유대인들에 대한 그리스도와 같지 않은(unchristlike) 기독교의 가르침이 그랬던 것처럼, 성소수자(LGBTQ)에 대한 그리스도와 같지 않은(unchristlike) 기독교의 가르침에 종말을 고하는 것이다. 우리는 정말 실제로 개혁이 필요하다.

인류와 기독교인의 1/20에 해당하는 성적 소수자들에 대한 그리스도와 같지 않은(unchristlike) '경멸의 가르침(a teaching of contempt)'을 끝내기 위해서는 적절한 교훈을 배워야 하는데, 나는 유대인들에 대한 기독교의 경멸의 가르침(a teaching of contempt)이 어떻게 종말을 맞게 되었는 지의 교훈에서 그것을 배울 수 있다고 제안한다.

우리는 인간이 지불해야 하는 대가를 부각시켜야 한다 – 이것은 이 문제들로 영향을 받는 실제의 사람들에 주목하는 것을 수반한다. 이러한 가르침 때문에 고통받는 실제의 사람들의 생각 뿐만 아니라, 그들의 마음과 교류하라. "성소수자 (LGBTQ) 문제"에 관한 대화라고 하면서 실제의 성소수자(LGBTQ)들의 목소리는 듣지 않는 일이 더 이상 있어서는 안된다.

우리는 사람들, 특히 종교 지도자들이 오래된 경멸의 말이나 욕의 수렁으로 들어갈 때 그들을 지적해야 한다 – 이것은 현재 시점에서 최소한의 예의에 맞는 표준이 무엇인지를 찾아내고 우리가 조금 더 진보를 향해 나가는 동안에도 그 경계선만큼은 지켜지도록 감시하는 것을 포함한다. 우리는 사람들이 아무런 지적을 받지 않은 채 뒤로 후퇴하도록 놓아두어서는 안된다.

우리는 1960년대 이후에 기독교 내의 반유대주의(anti-Judaism)를 개혁했던 이들이 했던 것처럼, 파괴적으로 인용되는 성경 본문을 살펴보는 일을 해야 한다 – 이것은 본문의 배경과 의미, 그것이 쓰여질 당시의 상황에서의 광범위한 맥락에 대해 새롭게 연구하고, 그리스도의 영을 통해 건설적으로 본문을 재해석하는 것과 관련된다. 최근에 많은 중요한 작업들이 이러한 연구를 하고 있다.

그렇지만, 내가 기독교의 반유대주의(anti-Judaism)와 관련된 투쟁에서 배우는 하나의 주요한 교훈은, 반동성애를 가르쳐 온 전통에서 가장 흔하게 인용하는 여섯 또는 일곱 개의 구절에 너무 집착하지 않는 것이 최선이라는 것이다. 왜냐하면 기독교 반유대주의(anti-Judaism)에 변화가 생겼을 때, 그것은 단순히 그러한 구절을 어떤 식으로 다르게 읽느냐 하는 문제가 아니라, 어떻게 예수님의 길을 따를 것인가 하는, 더 중심적인 주제들과 본문들로 대화를 전환하는 문제였기 때문이다.

따라서, 우리는 대화의 초점을 예수님이 우리에게 가르쳐 주신 방법대로 산다는 것의 의미로 바꾸어야 한다.

나는 홀로코스트(Holocaust) 기간 중에 유대인들을 구출한 기독교인들에 대해 연구하면서 이것을 주목하게 되었다. 그리스도와 같지 않은(unchristlike) 반유대적 (anti-Jewish) 기독교의 가르침에 정면으로 맞서서 유대인들을 구출했던 이들 소수의 의로운 기독교인들은, 황금률, 하나님과 이웃 사랑의 명령, 선한 사마리아인 이야기, 내 형제를 지키는 자에 관한 말 등과 같이 자신들에게 동기부여가 되는 구절들을 인용하였다. 그들은 모든 사람의 신성한 가치, 기독교인의 의무로서 가져야 하는 연민, 자비, 정의 등과 같은 더 큰 성경의 주제들을 부각시켰다. 그러면서, 요한복음 8장, 사도행전 7장, 마태복음 27장은 그냥 빠지거나, 더 뛰어난 성경 구절과 도덕적 확신들에 비추어서 다른 식으로 읽게 되었다. 이제 나는, 우리가 레위기 18장, 고린도전서 6장, 로마서 1장과 같은 구절을 가지고 논쟁하느라 온 시간을 보내게 되면, 우리들의 일상적 삶에 더 중심이 되고, 또 중심이 되어야 하는 구절들과 주제들로 기독교인들이 돌아갈 기회를 놓치게 된다고 믿는다.

그렇다면, 우리가 이러한 도전을 받게 될 때에,

우리는 예수님의 모범과 그가 사역을 행하셨던 방식에 천착해야만 한다. 우리는 많은 시간을 복음서에 할애해야 한다. 우리가 그렇게 할 때에, 우리는 종교적인 자기의에 대해 예수님이 경고하신 말씀과, 죄인이라고 여겨지는 사람들을 멸시하는 것에 대해 경고하시는 예수님의 말씀에 주목하게 된다. 또한, 버려지고 외면당한 자들을 끌어안으시고, 사람들이 하나님의 은혜에 다가가지 못하게 막는 종교 지도자들을 공격하시고, 하나님의 자비를 그저 겸손하게 구하는 자들을 믿음의 모범으로 높이시고, 하나님의 놀라운 은혜에 관해 가르침을 주시고, 무엇보다 "죄인 중의 괴수"와 같은 우리 각자로부터 시작하여 우리 모두의 죄를 위해 예수님께서 십자가에서 죽으셨다는 사실에 주목하게 된다. 우리는 구세주이시고 주님이신 예수 그리스도에게 단단히 집중해야 한다.

우리는 하나님의 영에 귀를 기울여야 하고 하나님의 영에 대해 준비가 되어 있어야 한다. 그러면 우리의 딱딱한 가슴이 녹고, 우리의 단단한 생각들이 변화되며, 우리의 영이 회개하고, 우리 교회들이 더 포용적 교회로 되어가며, 우리의 용기는 깊어지고, 원하지 않았던 이방인을 위한 우리의 사랑도 점점 격렬해질 것이다. 그런 모습이 예수님을 위해 기쁘게 십자가를 지는 모습일 것이다. 그런 모습이 억압받는 자들과 연대하는 모습일 것이다. 그런 모습이 이상하리만큼 풍성한 기쁨을 경험하는 일이 될 것이다.

이것은 힘든 일이다. 왜냐하면:

- 이 문제 자체의 복잡성이 있고, 또한 교회 안에서의 권위 문제도 있고, 우리가 잘못했다는 것을 인정해야 하는 어려움도 있다. 따라서, 단순히 몇 개의 성경 본문과 그것들을 어떻게 해석하면 좋을 지의 문제가 아니다. 이것은 성경, 전통, 현재의 교회 지도자들, 누가 옳은지를 결정하는 주체가 누구인지 등과 같이 "권위"에 관한 문제이다. 또한 이것은 기독교인들이 일반적으로, 개인적이든 집단적이든, 자신들이 잘못했을 수 있다는 것을 인정하지 않으려는 것과 관련되어 있다. 그러한 생각은 아주 심란하게 만들고, 직면하기 어렵다. 교단을 책임지는 이들은 이전의 과오를 인정하는 것에 특히 어려움을 겪는다. 그러나, 이전의 과오를 인정하는 것을 회개라고 부르며, 이 개념은 우리가 익숙해져야 하는 것이다. 교회는 이전에도 회개한 적이 있다. 교회가 중요한 문제들에 있어서 이전에 과오를 범했고, 그래서 회개했으며, 회복되어 더 신실한 제자도의 길에 들어섰다는 것을 사람들에게 상기시켜 주는 것이 정말로 중요하다. 우리는 노예제도, 인종 문제, 반유대주의(anti-Semitism)에 대해 그렇게 했었다. 우리는 이제 그렇게 할 수 있다.

- 이미 고착된 하나의 패러다임을 깨뜨려 여는 것은 성령님의 능력을 받아 하나님과 그리고 사람들과의 '삶을 바꾸어 주는 만남'을 통해 가능하다. 그러나, 모든 사람이 그러한 만남을 경험하거나 그런 만남에 열려 있는 것은 아니다. 우리가 성소수자(LGBTQ)들로, 또한 그들의 지지자들로 커밍아웃할 필요가 있는 이유는, 그런 '삶을 바꾸어 주는 만남'을 경험하지 못한 더 많은 사람들에게 우리가 그러한 만남을 제공할 수 있기 때문이다. 그렇게 커밍아웃하는 모든 사람들로 인해 미국의 복음주의가 이 문제를 다른 사람의 문제로 치부하기가 어려워지게 된다. 한편으로, 만일 기독교인들이 성소수자(LGBTQ)나 그들의 강력한 지지자들을 만나보지 못한다면, 그들이 스스로의 생각을 바꾸는 것은 어려운 일이다.

• 사람들은 성소수자(LGBTQ)에 관한 담론을 광범위한 문화적 쇠퇴의 담론과 엮어서 이야기하고, 많은 기독교인들은 마음을 다해 이러한 담론에 전념한다. 다시 말하지만, 여기에서 성소수자(LGBTQ)들은 상징으로 다루어진다. 따라서 성소수자(LGBTQ)인 기독교인들에 대한 소외와 차별을 끝내려면, 사람들로 하여금 그들이 문화적 쇠퇴의 앞잡이들이 아니라, 믿음의 공동체에 온전히 속하기를 원하는, 소외되고 있는, 그리스도 안에서의 형제이고 자매임을 볼 수 있도록 도와주어야 한다.

궁극적으로, 교회는 은혜로 구원받은 다른 죄인들과 같은 기준으로 게이, 레즈비언, 양성애자, 그리고 성전환자 기독교인들을 받아들이고 환대하여야 한다. 기독교 공동체에 그들이(당신이) 참여하는 것은 다른 신자들에 적용되는 것과 동일한 원칙들에 따라서 정해져야 한다.

지금 이 곳에 있는 많은 이들에게 그러한 주장은 명백한 진실일 것이다. 그러나, 여러분이 잘 알다시피 그것은 보편적으로 인정되는 진실이 아니다. 결국에는, 부분적이고 조건부로 반쯤 포용하는 단계에 이를 때까지 점점 나아지는 것으로는 충분하지 않다. 여러분이(우리가) 교회를 향해 예수 그리스도 안에서 하나님의 은혜로 구원받은 모든 다른 죄인들과 동일한 기준으로 그들을 온전히, 명백하게, 동등하게 받아들일 것을 질문하고 요구하는 것은 옳은 일이다.

여기에는, 성소수자(LGBTQ)들에게도 적용되는 성윤리에 관해 뜨겁게 토론하는 것이 포함된다.

만일 성소수자(LGBTQ)가 기독교 공동체에 참여하는 것이 모든 다른 신자들 – 모든 종족, 언어, 인종, 국가의 신자들-과 동일한 원칙들을 따라 정해진다면, 성윤리에 대한 논쟁도 한번에 모두 정리될 것이다.

그리스도를 따르는 자들에게 적용되는 성윤리의 기준은 무엇인가? 평생동안 언약적인 결혼 이외에는 독신을 지키는 것, 평생동안 언약적인 결혼 안에서 한 사람을 위해서만 정절을 지키는 것이다. 내가 나의 책에서 주장하듯이, 그러한 표준은 모든 기독교인들에게 적용된다. 그것은 힘든 일이고, 반문화적이고, 그리고 어른들과 아이들의 웰빙을 위해 필수적인 것이다.

이제 나는 이러한 '언약적-결혼관계 안에서'라는 표준이 전체 인구 및 기독교인 인구의 1/20을 차지하는 그 특정한-대다수의 사람들과 성적 지향성과 젠더 정체성의 면에서 차이가 있는 – 소수 집단에도 똑같이 적용되어야 한다고 생각한다. 그들 역시 다른 모든 기독교인들과 동일한 기준을 갖도록 해야 한다. 평생동안 언약적인 결혼 이외에는 독신을 지키는 것, 평생동안 언약적인 결혼 안에서 한 사람을 위해서만 정절을 지키는 것 말이다.

이 모임에 반대하는 자들은 여러분이 하는 일이 도덕적 혼란을 가져올 뿐이고, 기독교의 도덕성을 약화시키는 일이라고 생각한다. 나는 여러분이 하는 일이 교회 안에 있는 성소수자(LGBTQ)들을 다른 신자들에게도 동일하게 적용되는 엄격한 기독교의 도덕성 안으로 포함시키는 것이라 생각한다. 확실히 이것이 나의 의제이다.

그리고 내가 이 단순한 진리를 파악하고 동참하기까지 20년이 걸렸다는 것을 진심으로 사과한다.

나는 내가 여러분들에게 박수를 보낸다는 말을 하면서 마무리하려고 한다. 매튜 바인스(Matthew Vines)와 친구들이여, 당신들은 나에게 감명과 영감을 주었다. 여러분들은 전체 교회의 더 나은 미래를 요구하는, 교회 안에서 청소년이 주도하는 운동이다. 여러분은 역사적으로 인간 존엄을 위해 일어났던 가장 중요한 운동들 중 많은 경우가 그러했듯이, 억눌린 자들의 해방을 위한 운동이다. 여러분은 하나님의 나라를 임하게 하시는 하나님의 능력에 기초하여, 에너지 넘치는, 그리고 독특하게 복음주의적 희망을 구현하는 운동이다. 여러분은 여러분의 때를 맞이한 운동이다.

이제부터 나는 여러분들을 향한 어떠한 형태의 차별도 반대할 것이다. 나는, 기독교 안에서 셀 수 없을 만큼의 거절을 당하는 아픔을 겪어 온 여러분과 연대하여 일어서도록 노력할 것이다. 나는 내가 아는 모든 방법을 동원하여 여러분의 동지가 될 것이다.

나는 무엇이 교회사에서 비극적인 상황들 중 하나인 이 형편까지 우리를 오게 만들었는지 살펴볼 것이다. 나를 포함하여 오랫동안, 좋은 의도를 가지고 단지 그리스도를 따르려 했던 기독교인들이 성경을 잘못 이해하고, 억눌린 자들에게 해를 가하고, 예수 그리스도의 성품과 그의 가르침과 모범을 더럽힌 것으로 드러난 상황 말이다. 이전에도 그런 일이 있었고, 그래서 우리는 이전에도 회개했었고, 또한 이전에도 변화를 경험했었다. 우리는 다시 그렇게 할 수 있다. 나는 많은 사람들이 생각하는 것보다 더 빨리 그런 일이 생길 것이라 믿는다. 이 논쟁은 끝날 것이고, 많은 이들은 무엇 때문에 그런 소란이 있었는지 의아하게 여기게 될 것이다.

언젠가 우리 모두는 하나님의 아들이 베푼 만찬에서 함께 식사하게 될 것이다. 우리는 우리 안에 있는 모든 것으로 예수를 사랑하고 섬겼냐는 질문을 받게 될 것이다. 그런 다음에 우리는 정말로 큰 잔치를 함께 할 것이다. 이 모임은 그런 교회의 미래를 미리 맛보는 자리이다. 그리고 교회는 그 나라의 잔치를 미리 맛보는 곳이다. 요한계시록 21:3~4를 기억하는가?

> "보라 하나님의 장막이 사람들과 함께 있으매,
> 하나님이 그들과 함께 계시리니,
> 그들은 하나님의 백성이 되고,
> 하나님은 친히 그들과 함께 계셔서,
> 모든 눈물을 그 눈에서 닦아주시니,
> 다시는 사망이 없고,
> 애통하는 것이나 곡하는 것이나 아픈 것이 다시 있지 아니하리니,
> 처음 것들이 다 지나갔음이러라."

그리고 우리는 마침내 모두 하나가 될 것이다. 하나님께서 우리 형제, 자매 여러분들을 축복하시길 빈다.

비평가들에 대한 대답

제 3판이자 최종판 (2017년 6월)

비평가들에 대응하는 것은 학자들에게 주어진 일반적인 의무이다. 나는 이 책이 출판되고 2년동안 이 책에 대한 많은 비평들에 대하여 실질적인 대응을 하지 않았던 것을 인정한다. 이것은 나로서는 실패라고 할 수 있고, 그것에 대해 사과한다.

내가 핑계를 댈 수도 있다. 2014년 가을이었던 그 시기에 도저히 시간을 쪼갤 수 없었고, 개인적으로도 상당한 상실감을 경험했었다. 부정적인 여파가 커지면서 나는 감정적으로 많이 힘들었고, 여차하면 잘못된 말실수를 할 것 같았다. 이 책으로 인해 내가 개인적으로, 또한 직업적으로 비싼 대가를 치르게 되었다는 것을 인식하게 되었고, 이 책에 대해 제기된 문제들과 이 책에 대한 평판이 사소한 주석적인 비판을 훨씬 넘어선다는 것을 감지하게 되었고, 그것이 나 자신의 종교적인 정체성의 문제로까지 이어지게 되면서, 나는 입을 닫게 되었다. 나는 무슨 일이 벌어지고 있는 것인지를 파악할 시간이 필요했다.

이 모든 것이 실제의 상황이었지만, 정직한 학자라면 자신을 정직하게 비평하는 이들에게 대응해야 한다. 그래서, 이제 그것을 말하려고 한다.

이 대응의 작업은 간단하게 주석적 질문부터 시작하여 열 개의 부분으로 나누어서 제공될 것인데, 성경 해석의 문제, 역사와 역사적 유사 사례의 역할, 신학적이고 윤리적인 방법에 대한 질문, 문화에 대한 문제, 목회적 책임, 교회에서의 권위의 본질, 복음주의적 기독교의 의미, 그리고 끝으로 내가 갖고 있는 개인의 도덕적 의무감 등에 관해 언급할 것이다.

I. 주석적 질문들

성경에서 남성 간의 성행위에 대해 언급하는(또는 언급하는 것처럼 보이는) 경우는 단지 적은 횟수에 그친다 (창세기 19장, 레위기 18/20장, 로마서 1장, 고린도전서 6:9, 디모데전서 1:10). 이러한 언급이 나올 때마다 그 내용이 부정적이라는 것을 나는 인정한다.[107]

그러나, 나는 창세기 19장의 소돔과 고모라 이야기가 "동성애적 행위"에 대해 하나님이 심판을 내리시는 이야기라는 것은 인정할 수 없다. 이 이야기는 집단 강간을 시도하는 것을 포함하여 천사였던 외부인들에 대한 역겨운 푸대접을 그린 것이다. 소돔의 죄를 "동성애"라고 규정한 것은 성경에서의 "사실"보다는 기독교 전통의 관점이다.

성경은 여성 간의 성적 행위에 대해서는 아마도 한 번만 언급하는 것 같다 (로마서 1장). 만약 바울이 로마서 1장에서 그것을 말하는 것이라면, 그는 부정적으로 그것을 언급한다.[108] 그러나, 로마서1장과 그 배경이 되는 상황이 갖는 복잡성을 보게 되면, 적어도 여자의 경우에는 바울이 말한 "순리대로 쓸 것을 바꾸어 역리로 쓴다"(로마서 1:26)라는 의미에 대해 단정적인 판단을 내리기가 어렵다. 남성이 지배하고 여성은 복종하던 그 당시의 문화를 이해하고, 삽입하는 역할과 삽입을 당하는 기능으로 성역할을 이해했던 맥락속에서, 이 구절은 확실히 이성 간의 성관계에서 적극적인 역할을 하는 여성을 말하는 것이거나, 혹은 심지어 삽입이 없는 성관계를 하는 여성들을 일컫는 의미일 수 있다.

나는 고린도전서 6:9에 나오는 malakoi와 arsenokoitai라는 단어들이 남성들 간의 성관계에서 수동적인 상대와 능동적인 상대를 의미한다고 확정적으로 해석하는 것을 인정할 수 없다.[109] 바울이 죄악의 목록을 나열하던 그 때의 상황에서 이 단어들이 가졌던 의미를 파악하는 것이 어렵다는 것은, 영어 성경들이 많은 세대를 지나오면서 이 단어들을 다르게 번역해 왔던 것을 보면 짐작할 수 있다.

Malakoi는 익숙하고 널리 사용된 단어이며, 부드러움, 여성적임/나약함, 여자같음 등을 의미한다. 성평등주의의 영향을 받은 현대적인 상황에서는 그 단어 자체가 모욕적이고, 그것 때문에 현대의 번역 성경들에서는 킹 제임스 성경에서와 같이 "여성적임/나약함"이란 표현을 사용하지 않는다.

Arsenokoites는 신약에서 단지 2회 나오는 단어이다. 나는 바울이 이 단어를 70인역에서 레위기 20:13를 번역한 부분으로부터 가져왔을 가능성이 있고, 심지어는 그랬을 것이라고 인정한다. 만일 그렇다면, 그것은 단순히 남자가 다른 남자와 성관계를 갖는 의미로 더 확실히 말할 수 있다.[110] 그러나 진솔한 주석가들은 성경 안에서 드물게 나오는 이 (합성된) 단어의 의미에 대해 조심스럽게 근하게 접근하게 되며, 고린도전서 6:9절과 디모데전서 1:10절에서 이 (합성된) 단어가 죄악의 목록에 들어간 것을 해석하기가 더욱 어려워진다.

예수님이 도덕적으로 인정되는 이혼에 관해 질문을 받으셨을 때 (마태복음 19장/마가복음 10장), 예수님은 창세기 1장과 2장의 부분들을 인용하시며, "하나님이 그들을 남자와 여자로 만드셨다"라고 말씀하신 것을 보게 된다.[111] 나는 이미 이 책에서, 하나님의 창조 설계에 근거해서 동성 관계를 도덕적으로 허용하는 것에 반대한다는 주장이, 동성 관계를 포용하는 것에 반대하는 주장으로서는 가장 강력하고 가장 흥미로운 것이라고 인정했었다.

그러나, 나는 창세기 1~2장이나 예수님께서 그 부분을 인용하셨다는 사실이 현재의 동성 관계에 대한 윤리적 논쟁을 쉽게 해결해준다고 인정하지는 않는다. 왜냐하면, 내가 이미 첫번째 판에서 지적했듯이, 그러한 주장이 내가 반대하는 해석학적이고 방법론적인 전제들을 사용하고 있기 때문이다.[112]

더욱이, 나는 성소수자(LGBTQ) 문제가 실제로 동성 관계에 "관한" 문제라거나, 특히 동성 결혼에 "관한" 문제라고 인정해 본 적이 없고, 또한 인정하지 않는다. 그것은 성소수자(LGBTQ)라고 스스로의 정체성을 가진 사람들의 도덕적 상태와 그들을 어떻게 대할 것인가에 관한 문제이다. 나는 사람들이 이 "문제" 또는 내가 이 문제를 다루는 것을 종종 "동성 결혼"이라는 주제로 축소시키는 것을 보면서 지속적으로 놀라게 된다. 나는 "생각의 변화(Changing Our Mind)"의 시작 부분부터, '동성애자들의 결혼을 허용해야 하는가'라는 질문은 더 근본적인 존엄성과 포용이라는 문제에 비해서 이차적이고 주변적인 것이라는 것을 분명히 하려고 했다. 내 책에서의 주장을 "동성 결혼"으로 축소하는 것은 나 자신의 작업이 아닌 나를 비판하는 자들의 병적인 집착을 드러내는 것이다.

요약하면, 나는 만일 오늘날의 교회가 "성소수자(LGBTQ) 문제"와 관련하여 가지고 있는 도덕적 판단의 원천이 동성 간의 성관계의 도덕성을 협소하게 다루는 몇 개의 구절에만 근거한 것이라면, 교회에서 이성애자/시스젠더(타고난 성별과 자신의 성정체성이 일치하는 사람, 역자주)와 그들의 언약적인 성적 관계를 받아들이는 수준과 동일하게 성소수자(LGBTQ)를 온전히 포용하는 일은 생기지 않을 것 같다.[113]

그러므로 로버트 개그논(Robert Gagnon)이 그렇게 했듯이, 만일 누군가가 가장 많이 인용되는 몇 개의 구절들을 해석하는 방법들 중에서도 가장 부정적으로 해석하는 방법을 선택했다면, 아마도 단순히 "성소수자(LGBTQ) 문제" 하나는 해결할 수 있을 것이다. 만일 누군가가, 교회가 이 문제를 도덕적으로 분별하기 위해 그 여섯 개 남짓의 구절들 만이 타당한 데이터의 전부라고 생각하는 해석학적 관점을 갖고 있다면 말이다.[114]

따라서, 로마서 1장이나 고린도전서 6:9절이나 디모데전서 1:10이나 심지어 마태복음 19:1~2절을 읽을 때, 보수주의의 우두머리격인 로버트 개그논(Robert Gagnon)이나 자유주의자인 데일 마틴(Dale Martin)의 접근법을 따르는 것이, 오늘날 전체 교회가 성소수자(LGBTQ) 개인들과, 그들의 삶, 그들의 관계들, 그들의 믿음 등과 관련된 모든 문제들에 대해 생각하고 행동해야 할 방향성을 결정해 주지 않는다고 나는 주장한다.[115]

그러므로, 나는, "여섯 개의 큰 본문들"에 나오는 단어들의 사전적 의미에 집착하게 되면 해석학적, 신학적, 윤리적, 교회적 고찰 등의 상당히 중요한 고려 사항들로부터 우리들의 시선을 엉뚱한 방향으로 향하게 만든다고 확신하기 때문에, 이 본문들과 관련하여 좁게 주석적 문제를 다루는 것에서 벗어나고자 한다.

II. 해석학적 질문들

모든 성경 본문은 그 본문의 역사적, 신학적, 문학적, 사회적 상황과 그것을 적용하는 상황에 맞추어서 읽어야 하며, 이런 상황들 중에는 그저 짐작을 해야 하거나 기껏해야 잠정적인 재구성을 하는 정도 밖에 할 수 없는 경우가 있다. 만일 현재의 독자가 본문의 상황을 모른 채, 또한 본문 당시의 역사적, 신학적, 문학적, 사회적 체제와 그것이 적용된 당시의 구조를 인식하지 못한 채, 또한 독자 자신이 본문과 아주 다른 상황에서 살고 있고, 정보를 흡수하고, 자신의 상황을 본문 속으로 가지고 들어간다는 것을 인식하지 못한 채 단순히 그 본문에 접근한다면, 그것은 본문을 마음대로 왜곡하는 것이다.

나 같은 "수정주의자" 학자들이 그 "여섯 개의 큰 본문들"에 대해 제기하려고 하는 질문들은 정확히 그런 식으로 상황과 관련된 문제제기인 경우가 많다. 내가 변변치 않은 히브리어와 헬라어 실력을 가진 기독교 윤리학자라는 것을 인정하면서도, 여전히 누군가는 다음과 같은 질문들을 제기해야 할 권리와 의무가 있는 것이다.

예를 들면, 소돔과 고모라의 이야기가 기록되고, 편집될 당시의 상황들은 무엇이었는가?[116] 그 저자/편집자가 의도한 신학적인, 또한 적용하려는 목적은 무엇이었는가?

마찬가지로, 만일 우리가 레위기서의 규정이 남성 간의 성관계를 금지하는 것이라고 인정한다면, 왜 그런 규정을 한 것일까? 이 금지 조항이 주어졌을 때의 상황(들)은 무엇이었는가? 그 기저에 있는 논리적 근거들은 무엇이었는가? 우리는 본문들 자체에서 빠진 직접적 증거가 무엇이고 아예 존재하지 않는 증거가 무엇인지 확실히 알고 있는가? 성, 출산, 권력, 유대교적 정체성 등에 대한 이해들이 어떻게 이 본문에 스며들어 있는가? 혹시 전쟁 시에 적군에 의한 강간이 만연했던 것과 관련이 있다고 생각할 수 있는가? 혹시 유대적 이해에서 출산이 하나님이 성을 허락하신 목적이라고 이해했던 강력한 요소와 관련이 있는 것인가? 혹시 남성에 비해 여성을 낮은 존재로 여기면서, 남자가 여자처럼 스스로를 삽입을 당하는 위치에 놓이게 되는 것은 잘못이라는 생각과 관련된 것인가?

로마서 1장과 관련하여, 학자들이 18~32절에서 바울이 이루려고 의도한 목적에 대하여 공통된 결론에 이르렀다고 말할 수 있는 사람이 있는가?[117] 그가 편지를 쓰는 대상이, 로마 가정의 가부장들에 의해 종종 성적으로 이용되고 학대의 대상이 되었던 하층민들, 노예들, 풀려난 노예들로 주된 이루어진 공동체였다고 보는 것이 타당한가? 혹시 로마 황실의 방탕한 모습과 관련된 것은 아닌가? 그 편지를 받는 자들의 사회적 상황을 심각하게 고려하는 것이 우리가 이 편지를 해석하는 데 영향을 주지 않을까?

신약 성경에서 젠더와 성에 관련된 질문들과 마주치게 되는 어떤, 그리고 모든 소재에 있어서, 삽입을 하는 권리와 지배를 하는 권력, 이 두 가지가 서로 연결되어 있다고 생각하는 것이 타당하지 않은가? 아니면, 대량의 노예 거래 속에서 노예들을 성적으로 이용하고 학대하는 일들이 노예들이 운송 되는 과정 중에, 그리고 집안 내에서 발생하지 않았을까? 만일, 어떤 관습이 발생하는 모든 (혹은 거의 모든) 상황 자체가 착취적이고, 지배적이고, 폭력적이라면, 정확히 그 상황에서 기독교 윤리가 취해야 하는 전체적인 형태라는 것은, 예수님을 따르는 자라면 착취적, 지배적, 폭력적 행동을 배제해야 한다고 말하는 것이 타당하다. 그렇다면, 본문의 상황이 우리가 비착취적, 비지배적, 비폭력적인 동성 관계에 대해 생각해 보기에 적합하지 않은가?

일반적으로 말해서, 고대 사회에 속한 저자들과 그 독자들의 정신적, 사회적, 관계적, 문화적 세계가 우리의 것과 다르다는 것을 가능한 한 최대한 많이 이해함으로써 우리가 잘못된 추정에 근거하여 지나치게 비약적인 해석을 하지 않게 하는 것이, 성경 해석에 있어서 중요한 개념이 아닌가?

내가 "생각의 변화(Changing Our Mind)"에서 성경에 대해 주장한 것의 대부분이 여기에서 말한 해석학적 단계에 설명되어 있다. 그것은, 조심스럽게 당시의 상황을 살펴보고, 정보가 불완전하거나 논쟁의 여지가 있을 때에는 적절하게 말을 아끼고, 몸, 성, 정체성, 권력 등과 같은 기본적인 주제들을 이해하는 데 있어서 성경 당시의 세계와 우리 시대가 충격적일 정도로 다르다는 것을 인식하도록 요청하는 것이다.

나를 비평하는 사람들의 일부는 성경 해석에 있어서 그러한 부분들이 중요하다는 인식을 드러내 보이지 않았다.[118] 이것은 전통주의적 개신교 그룹 안에서 흔한 문제이다. 다른 이들은 상황이 중요하다는 인식을 드러내긴 했지만, 거의 대부분 아니면 모두의 경우, 성경의 상황과 우리의 상황의 차이를 축소하거나 얼버무리는 식으로 그 본문의 상황을 이해한다.[119]

III. 해석학적 열쇠에 대한 질문

우리가 지금은 성경 중심적인, 또한 성경에 기반한 틀 속에서 논의하고 있지만, 조금 더 단계를 올리도록 하자. (아직은) 다른 요소들이나 근거를 성경 해석에 갖고 들어오는 문제를 다루는 것은 아니다. 그래도, 여전히 묻게 되는 질문은 이것이다: "어떤 원칙 또는 원칙들을 가지고 방대하고 다양한 성경의 재료들을 해석할 것인가?"

이것은 성경 자체가 그러한 질문들을 잘 반영하고 있지 않다는 말이 아니다. 성경의 여러 부분들, 가닥들, 장르들을 정말로 주의 깊게 읽는다면, 주변적인 것과 비교되는 핵심, 외곽에 있는 생각과 구별되는 중심적인 생각, 낮은 위치에 있는 내용과 분리되는 절정의 내용이 주기적으로 부각되는 것을 볼 수 있다.

나는 꽤 오래되고 훌륭한, 그렇지만 논란이 없지는 않은 전통 가운데 서 있고, 예수님 자신이 그 안에서 성경 해석의 해석학적 열쇠를 제공해 주신다. 이 전통에 관해서는 1963년 남부 침례교 협의회(Southern Baptist Convention)에서 발표한 '침례교의 믿음과 메시지((Baptist Faith and Message)'에 명확하게 기술되어 있다. 그런 후에, 이 선언서는 2000년에 근본주의자/보수주의자들이 교단을 장악하게 되면서 폐기되었다.

그 이후에, 나의 동료인 글렌 스타센(Glen Stassen)과 함께 일하게 되면서, 우리는 "하나님의 통치와 예수따름의 윤리(Kingdom Ethics)"라는 교과서를 함께 집필하게 되었다. 이제 제2판이 나왔는데, "하나님의 통치와 예수따름의 윤리(Kingdom Ethics)"는 예수님의 삶과 가르침과 사역을 따르는 것을 해석학적 중심에 놓도록 추구한다. 우리가 했던 주장은 예수님이 하셨던 것처럼 우리도 해야 한다는 것인데, 그것은 예수님이 성경을 읽으셨던 대로 우리도 그렇게 읽는 것을 포함한다. 여러 가지 검토를 한 후에 우리의 결론은, 예수님께서는 선지자적 방식의 성경(구약)해석을 제시하셨고, 하나님의 나라가 현실 속으로 침범해 들어오는 것을 보도록 인도하셨으며, 토라(모세 오경을 일컬음, 역자주)의 초점이 하나님과 이웃 사랑에 중심을 둔 은혜로운 신적 언약에 있다는 것을 보여주셨다. 또한, 예수님께서는 토라의 종교 의식이나 제례적 측면보다는 자비와 정의 같은 선지자적-도덕적 측면을 강조하셨고, 율법적인 경계들에 주목하시기 보다는 마음 및 행동을 가져오는 근본 원인에 주목하셨다.

이 책 "생각의 변화(Changing Our Mind)"에서 내가 더 분명하게 말할 수도 있었지만, 모든 나의 성경 해석은 해석학적 중심을 예수 그리스도에 둔 해석들이다. 그저 애매한 예수가 아니고, 그저 내 죄를 위해 십자가에서 돌아가신 예수가 아니고, 히브리 전통의/선지자적인/하나님 나라의/사랑의/자비의/정의의/연민을 가지신 예수님이 중심이 된 것이다. 예수님이 이런 분이셨다는 것에 대해 반론하기는 어려울 것이다. 그를 따르는 자들이라고 한다면, 성경을 읽고 자신들의 도덕적 책무를 분별함에 있어 이러한 예수님의 영향을 받아야 하지 않겠는가?

그러므로, 어떤 멀리 떨어진 역사적 배경 가운데 어떤 특정한 동성 간의 행위에 대해 부정적으로 언급하고 있는 것처럼 보이는 여섯 개의 본문들을 이해함에 있어서, 예수님께서 제공해 주신 더 큰 도덕적 틀을 벗어나서 해석하는 것은 내 자신의 해석학적 접근과 상반되는 것이다. 그리고 이 예수님은 필연적으로 성소수자(LGBTQ) 문제를, 단지 '누가 누구와 성관계를 할 수 있는가'의 문제로부터 '상처받기 쉬운 사람들이 어떻게 취급되어야 하는가'의 문제로 확장시키신다. 이것이 선지자들과 예수님에게 핵심적인 질문이었다.

달리 말하자면, 이러한 해석법이 작동할 때 일어나는 일들 중 하나는, 사람들이 여러분에게 단순히 성윤리에 대한 질문들 보다는 인간의 존엄성, 사랑, 자비, 정의 등에 대해 묻는 일이 생긴다는 것이다. 그리고 여러분이 성소수자(LGBTQ)들에 대해 생각할 때, 그들을 부정한 성관계를 맺고 있는/맺고 있지 않은 성적인 존재로만 생각하지 않고, 때때로 몹시, 아주 몹시 혹독한 취급을 받고 있는 인간으로 생각하게 된다.

나를 비판하는 사람들이 가장 가까이 예수님을 끌어들이는 방법은 마태복음 19장 또는 마가복음 10장에 나오는 창조에 대해 언급하는 것이다.[120] 그러나 나의 해석학적 방법에 따르면, 어떤 문제를 다루든, 어느 본문을 사용하여 어느 한 편의 입장을 취하든, 전체적인 대화는 바로 히브리 전통의/선지자적인/하나님 나라의/사랑의/자비의/정의의/연민을 가진 예수님이 제공해 주시는 해석학적 열쇠를 사용하여야 한다. 나를 비판하는 전통주의자들이 그러한 차원에서 "성소수자(LGBTQ) 문제"를 다루려고 하지 않고, 또한 다룰 수도 없다는 사실이 나의 접근법과 그들의 접근법의 중요한 차이점을 드러내 보여준다. 그들이 읽는 성경은 맥이 빠지고, 해석학적 중심이 결여되어 있고, 우리가 복음서에서 만나는 그 예수님이 아닌 다른 곳에서 그 중심을 찾으려고 하는 듯하다. 내가 읽는 성경은 예수님과 함께 절정에 달하고, 모든 것을 그러한 렌즈를 통하여 읽는다.

IV. 성경과 역사를 병치하는 것에 대한 질문

아마도 사람들이 성경을 올바르게 읽지 않았을 때 생긴 역사적 사례들이 본문과 병행해서 눈에 들어오게 될 때에야, 내가 제안한 것과 같이 해석학적 열쇠를 통제해야 할 필요를 심각하게 생각하게 될 것이다. 다르게 말하면, 선지자-예수-왕국을 해석학적 열쇠로 사용하는 훈련이 결핍된 맥빠진 성경읽기가 교회를 주기적으로 난관에 빠지게 만들었다고 말할 수 있다.

그러한 예들을 많이 볼 수 있다. 그 중에 몇몇 예들은 "생각의 변화(Changing Our Mind)"에 담겨 있다. 최고의 사례들 중 하나는 노예제도의 문제이다. "생각의 변화(Changing Our Mind)"의 제2판에는 새로운 장을 할애해서 기독교의 반유대주의(anti-Semitism)에 대한 역사적 비유를 좀 더 자세하게 담고 있다. 다른 풍부한 예들도 생각해 볼 수 있을 것이다.

그러나 나를 비판하는 전통주의자들은 언제나 그러한 역사적 병행 사례들을 무시한다.[121] 제시되는 어떠한 병행 사례도 거부하고 제쳐둔다.

어떤 역사적 병행 사례가 적절한 사례인지를 결정하는 판단은 여론(또는 역사)의 장 외에는 다른 방법이 없다. 그러므로, 그러한 병행 사례들의 타당성과 적절성은 결코 단정적으로 결정되는 것이 아니다.

그럼에도, 만일 우리가 노예제를 예로 든다면, 우리는 어떠한 사실들을 발견하게 된다.

1. 성경에서는 구약과 신약 모두에서 여러 장르에 걸쳐 노예제도에 대해 주기적으로 말하고 있는데, 예수님 자신이 언급한 경우도 여러 번 있다. 성경에서 노예제도에 대한 언급은 동성 행위에 대한 언급보다 훨씬 더 많이 확인할 수 있다.

2. 성경에서 노예제도에 대해 말할 때, 그러한 관습 자체는 결코 비판하지 않으며, 그것을 그저 당연한 것으로 여기거나 아니면 명시적으로 법으로 제정하고 조정하도록 했다.

3. 종들은 학대를 받는 경우라 할지라도 주인들에게 복종하라고 명시적으로 가르치고 있다.

4. 수백 년 동안, 기독교 전통에서는 노예제도를 지지하거나 적어도 수용했었다.

5. 미국에서 노예제도는 250년 이상 존재했고, 지속적으로 "성경적인" 관행이라는 명목으로 지지를 받았다.

6. 노예제도 폐지론자들이 예수님이나 더 큰 성경적 원칙들, 또는 노예들의 고통과 존엄성을 부각시키며 그들의 주장을 펼칠 때에, 그런 주장들은 정신을 산란하게 만드는 것, 적절하지 않은 것, 비성경적인 것이라고 조롱받기 일쑤였다.

7. 미국에서의 노예제도는 남북전쟁에서의 북부 군의 승리를 통해서야 겨우 종지부를 찍을 수 있었다.

8. 노예해방이 기정사실이 된 후, 겨우 그때서야 사람들은 그들이 배웠던 노예제도의 성경적 방어논리를 중단하게 되었고, 많은 경우에 그 대신 그들이 배웠던 인종차별의 성경적 방어논리로 옮겨갔다.

성경적이고 역사적인 증거들을 근거로 말하자면, "노예제도에 대한 성경적 증언들"을 읽는 그 자체로는 노예제도 폐지를 지지하는 충분한 자료가 되지 못했다고 말하는 것이 타당하다.

노예제도와 관련된 성경 구절들의 좁은 사전적 의미를 살피는 것으로부터 빠져나와 예수 그리스도의 깊은 의미와 그를 따르고 그의 가르침대로 행하는 것의 의미를 더 크게 숙고하는 데로 나아가야만, 노예제도를 옹호하는 주장들을 뚫고 나갈 수 있었던 것이다.

이러한 움직임에는 노예들의 고통과 존엄성을 묘사하는 이야기들이 도움이 되었는데, 이러한 이야기들은 사람들의 감정을 이끌어 내어 노예 제도의 문제를 다시 생각하도록 이끌었다. 이러한 이야기들이 의도적으로 대량 생산되어 미국 사람들에게 소개되었다.

그렇다고 할지라도, 성경을 믿고 하나님을 두려워하며 주로 남부 지역에 살던 수백만의 기독교인들은 움직이지 않고 노예제도를 지지했다.

나는 성소수자(LGBTQ) 문제를 다루는 데 있어서 주목할 만한 유사점들이 있다고 주장한다.

1. 성경은 종종 동성 간의 행위에 대해 말한다.

2. 성경에서 동성 간의 행위에 대해 말할 때, 그 행위들과 그것을 행하는 자들을 가혹하게 비난한다.

3. 수백 년 동안 기독교 전통에서는 성경에 근거해서 동성 간의 행위를 하는 자들을 경멸하라고 가르쳤고, 그들을 반대하는 법적인 장치들을 지지했고, 여전히 이런 가르침은 어떠한 형태로든 지속되고 있다.

4. 예수님을 언급하거나 더 큰 성경적 원칙들을 들어서, 혹은 우리가 성소수자(LGBTQ)들이라고 부르는 그 사람들의 고통과 존엄성을 들어서, 그들을 존귀하게 대하고 온전히 받아들여야 한다고 대변하는 주장들은, 정신을 산란하게 만드는 것, 적절하지 않은 것, 비성경적인 것이라며 조롱을 받았고, 아직도 종종 그렇게 조롱받는 경우들이 있다.

5. 미국 안에서 그들을 대신해서 취해지는 법적 조치들 덕분에 성소수자(LGBTQ)들을 경멸하고, 차별하고, 거부하는 일들이 끝나가는 과정이 이제 겨우(주로?) 시작되었다. 이런 법적 조치들에 대해 근본주의자 및 복음주의자 기독교인들은 지속적으로 저항해 왔는데, 비록 그들의 신학적 거부의 입장이 변하지 않는 가운데에도 그들의 어투는 점점 부드러워지는 효과가 있었다.

6. 아마 그러한 법적 보호장치들이 빈틈없이 자리를 잡은 후, 겨우 그때서야 기독교
　인들은 자신들이 배워왔던 대로 성소수자(LGBTQ)들을 거부하고 차별하기 위한
　성경적 방어논리를 내세우던 일을 중단하게 될 것이다.

　　나는 나를 비판하는 자들이 어떻게 이러한 병행 사례가 잘못된 비교라고 판명되는
지를 나에게 보여주기 바란다. 5번 항목까지 이것은 논쟁의 여지없이 명확하다.

V. 기독교의 신학적, 윤리적 방법론에 대한 질문

　　현대의 기독교 신학과 윤리에서, 성경 만이 아니라 다른 많은 자료들이 기독교적
신념을 형성하는데 타당성을 갖고 있다는 것은 자명한 사실이다.

　　이렇게 생각을 해보자. 모든 시대와 모든 상황 속에서 기독교인 개인들과 공동체
들은 기독교적 신념들과 기독교에서의 도덕적 의무의 본질을 분별하기 위해 새로운
노력들을 기울여야 한다. 지역 교회와 보편적 교회 차원에서, 또한 공동체와 개인 모두
에게, 교회는 살아있는 실체이고, 계속적으로 새로운 도전을 주며 역동적으로 바뀌어
가는 이 세상에 대응해야 한다. 교회가 신실한 생각과 삶의 본질에 대해 분별하려고
할 때, 도움이 되는 관련 자료들을 최대한 가져올 수 있고 또 가져와야만 한다.

　　기독교에서 거의 보편적으로 인정되는 인식은 성경이 중심이 되고 기독교 전통이 그
뒤를 따른다는 것이다. 그러나, 그 이후에는 좀 더 복잡해진다. 우리들 중 어떤 이들은
웨슬리(Wesley)의 4대원리(Wesleyan quadrilateral, 웨슬리(Wesley)는 신학적 해석에
성경-전통-개인적 체험-이성이 모두 작동한다고 함, 역자주)에 따라 이성과 경험 역시
타당성을 갖는다고 믿고 있다. 여기에서의 이성은 여러가지 의미를 가질 수 있지만,
우리는 최소한 사회과학과 자연과학에서의 발견을 포함해서 증거와 연구에 기반한
이성적인 생각을 포함시킬 수 있을 것이다. 경험 또한 여러가지 의미를 가질 수 있지만,
우리는 최소한 종교적이고 개인적인 경험들을 포함시킬 수 있다. 그리고, 내가 성경과
관련하여 언급했지만 여기에서도 다시 말하고 싶은 것은, 우리가 성경을 예수 그리스
도라는 렌즈를 통해 읽어야 하는 것처럼, 권위와 식견을 가진 다른 자료들 역시 동일한
렌즈를 통해 읽어야 한다는 것이다.

　　전통주의적 기독교인들은 종종 성경(그들이 읽는 식의)을 제외하고는 다른 권위
있는 자료들이 갖는 무게나 심지어는 유익함까지도 인정하기를 꺼리는 경우가 종종
있다.[122] 크리스찬 스미스(Christian Smith)가 매우 옳게 말한대로, 그들의 "성경주의
(biblicism)"는 지지할 수 없을 뿐 아니라 불가능한 것이다.[123] 그들은 성경에 관한 어떤
이론을 옹호하기 위해 전력을 다하는데, 그러려면 모든 주요한 지식적 주장들을 성경
본문(그들이 읽는 식의)에 근거해서 옹호할 수 있어야 한다.[124] 그들은 성경과 무관한
요소들을-예를 들면 인간의 경험이나 미국 심리학회의 주장들과 같은-이 갖는 타당성을
인정하려고 하지 않을 뿐 아니라, 자신들의 이론에 근거하자면, 인정할 수도 없다.
근본주의자들과 복음주의자들의 성경주의(biblicism)에 있어서 한 가지 흥미로운
증거를 대자면, 그들은 성경에 관한 연구들을 과학의 여왕인 것처럼 절대적인 지배의
위치에 올려놓고서, 특정한 영역-기독교 윤리와 같은-에서 양성된 학자들은 별로 필요
하지 않다고 여기는 경향이 있다. 성경이 모든 것을 해결하므로, 우리가 필요로 하는
것은 더 많은 또한 더 훌륭한 성서 학자들 뿐이라고 생각한다.

이러한 경향 때문에 나의 책에 대한 비평 중 가장 충격적인 비평과 맞닥뜨리게 된다. 그것은 내가 이 "문제"를 생각함에 있어서, 나의 개인적 관계들과 고통받는 성소수자(LGBTQ)들의 증언들에 내가 영향을 받았다고 인정하기 때문에, 학자로서 내가 갖는 신뢰도가 떨어진다는 주장이다.[125] 내가 나의 여동생과 다른 이들-비록 비평가들이 다른 사람들의 영향을 간과하긴 하지만-의 경험에 영향을 받았기 때문에, 쉽게 말해서 내가 "편향적"이고 객관성을 잃었다고 생각한다. 따라서, 나의 주장들을 비성경적이라고 무시하는 일이 발생한다.

그러나 만일 우리가 인간에게 영향을 미치는 어려운 도덕적 문제에 대하여 윤리적인 판단을 할 때 인간의 경험을 심각하게 고려하는 것이 그저 타당한 정도의 것이 아니라 필수적인 것이라면 어떻게 될까? 만일 인간의 경험이란 것이, 물론 (다른 모든 자료들과 마찬가지로) 비판적으로 따져보아야 하겠지만, 타당성이 있는 자료라고 한다면 어떻게 될까?

누구라도 성경 자체로부터 예수님이 다른 사람들과의 만남을 통해 영향을 받으셨던 일들을 쉽게 찾아볼 수 있을 것이다. 우리 그리스도인들이 하나님의 아들이라고 믿는 분조차도 인간의 고통에 반복적으로 마음이 움직이셨다. 또한 예수님 자신이 이방인 여인의 존엄성과 간청함에 의해 영향을 받을 수 있는 모습을 보여주셨고, 이방인들에 대해 달라진 사역의 태도를 취하게 되셨다 (마가복음 7:25~30/마태복음 15:21~28).

나는 "생각의 변화(Changing Our Mind)"의 뒷부분에서, 초대 교회에서도 인간을 통해 하나님을 경험하는 것이 중추적인 역할을 했다는 것을 보여주려 했다. 사도행전 10장에서 베드로가 고넬료와 더불어 깊이가 있고 성령이 가득한 경험을 한 후에, 양심의 가책 때문에 이방인과의 식사 교제를 주저하던 생각을 버리게 된 이유가 정확히 이것 때문이었다. 베드로는 성경에서 이방인과 관련하여 주어진 규정들을 확실히 알고 있었지만, 하나님은 그에게 실제의 사람들을 통해 다른 것을 보여주셨다.

나는 "성소수자(LGBTQ) 문제"를 오랫동안 생각하면서 두 가지 확실한 결론을 갖게 되었다. 첫째는, 어느 누구도 실제의 성소수자(LGBTQ)와 인간 관계를 통해 진정으로 영향을 받지 않고는, 이 문제에 대한 자신의 생각을 바꾸게 되지 않는다는 것이다. 두번째는, 이런 종류의 경험은 하나님께서 우리의 주목을 끌어내시는 방법, 또한 우리의 이해의 방향을 새롭게 정립하게 만드시는 하나의 방법이라는 것이다. 그렇기 때문에 나는 이 문제와 관련해서 내가 한 일이 내가 맺은 관계들과 경험들에 의해 왜곡된 결과라는 비판을 온전히 거부한다.[126] 그 대신에 나의 작업은 필연적으로 그러한 관계들을 통해 정보를 얻은 결과이다.

이것은 나와 나의 비평가들 사이에서 여전히 논쟁 거리로 남아있는 신학적-윤리적 방법론 가운데 단지 하나의 측면일 뿐이다. 또한 나는 현대 의학자들, 심리학자들, 정신과 의사들, 사회복지사들, 교육가들, 목회 상담가들, 그리고 성소수자(LGBTQ)와 관련된 일을 하는 사람들 중 대부분이 주장하는 내용들을 아주 진지하게 받아들인다. 따라서, 내가 보기에는 유사 과학자들인 사람들이, 오래되고 신뢰를 잃은 이론들을 밀어붙이며 동성끼리의 이끌림을 병리학으로, 또한 변할 수 있는 것으로 설명하려는 주장을 거부하고, 나는 오늘날 신뢰를 받는 대다수의 전문가들의 편에 서게 된다.

물론 나는 인간의 이해가 다양하고 복잡하다는 것을 알고 있고, 우리 자신의 세계관이 맞는 것이라고 증언해 줄 사람을 찾는 것은 어느 곳에서나 가능하다는 것을 알고 있다. 그러나, 나는 단순히 문외한의 관점보다는 "주류" 과학을 신뢰한다. 명백히, 이것은 그저 성소수자(LGBTQ)를 포용하는 문제를 넘어서 훨씬 더 광범위한 문제들과 연결되어 있다. 이것은 자격을 갖춘 엘리트들을 바라보는 전반적인 생각과도 관련이 있다. 우리가 꽤 확실하게 알게 된 것은 백인 복음주의자들 전체가 미국 내의 다른 일반인들에 비해 이들 엘리트에 대한 의구심이 훨씬 더 크다는 것이다.[127] 이것이 나와 내가 한 때 속했던 그 공동체 사이에 회복될 수 없는 간격을 점점 더 분명하게 보여주는 한 예이다.

어떤 경우이든지 간에, 나는 "성소수자(LGBTQ) 문제"를 단순히 성경 구절을 인용하는 것을 통해 "해결"할 수 있다는 생각을 인정할 수 없다. 또한 이 문제는 성경을 인용하고 기독교 전통을 인용한다고 해서 해결될 수 없다. 이런 생각이 도덕적으로 문제가 있다는 것이 자주 드러났고, 때로는 그 문제들이 재앙의 수준으로 나타났다. 어떠한 관점을 기독교인들이 1000년동안 가져왔다는 사실 자체가 어떤 문제를 해결해 주지 않는데, 왜냐하면 때로는 교회가 아주 오랫동안 잘못해 왔을 수 있기 때문이다.[128] 좀더 폭넓은 방법론이 필요하다. 적어도, 이것이 내가 믿는 바이고, 이것이 나와 나보다 우편향된 일부 비평가들을 구별시켜 주는 것이다.

더 나아가, 도덕적 판단을 함에 있어서 인간 경험을 고려 대상에서 봉쇄하는 것은 완전히 불가능한 일이라고 나는 주장한다. 문제는 우리가 그렇게 하고 있으면서, 그 사실을 인정하는가에 달려 있다.

복음주의 세계에서 상당한 타당성을 가지는 좋은 예는 이혼의 문제이다. 수백 년 동안 모든 사람들은 "성경에서 명백하게 의미하는 바"에 따라, 간음의 경우를 제외하고는(마태복음 19장/마가복음 10장) 기독교인의 이혼은 금지되었다고 알고 있었다. 그러나 1960년대를 시작으로 1970년대에 이르면서, 미국에서의 이혼율이 상승하였고, 복음주의자 기독교인들 역시 다른 이들과 마찬가지로 바로 그 흐름 가운데 놓여있었다.

특히 가슴을 아프게 하는 부류의 이혼 사례는, 사람들이-현저하게 종종 여성들이 - 배우자들로부터 학대를 당한 경우였다. 성경에는 학대가 이혼의 사유가 된다는 근거가 없다. 전혀 없다. 그런 개념조차 제공되지 않지만, 반대로 가혹한 대우를 받더라도 아내는 계속적으로 복종하라고 권면하는 본문들은 찾아볼 수 있다 (베드로전서 3:1~7을 생각해보라). 많은 경우 여자들이 이러한 "성경의 증언"에 따라 학대를 일삼는 남편에게로 돌려 보내지거나 자발적으로 남편에게 돌아갔다.

그러나 점차적으로 근본주의자들과 복음주의자들까지도 이 문제에 대한 자신들의 관점을 바꾸었다. 그들은, 왜 이제 학대가 이혼을 하는 정당한 사유가 되었는 지에 대한 설명을 할 때 자신들이 배워 온 그러한 담론을 사용하지 않았다. 그러나, 적어도 목회적으로는 학대가 이혼의 근거가 되는 것으로 취급하기 시작했다. 성경이 바뀐 것이 아니었다. 그러나 이들 목회자들은 매맞고 공포에 질린 여자들(그리고 아이들과 일부 남자들)의 가혹한 경험들로부터 배우게 되었다. 아니면, 어쩌면 그들은 그다지 많이 배운 게 아닐지도 모른다. 아마도 분노하고 상처받은 여자들이 그저 다른 반응을 요구했기 때문일수도 있다.

그래서 나는 나를 비판하는 사람들에게 묻는다.

학대가 이혼의 근거가 되는가? 성경만을 가지고 그 근거를 나에게 보여주기 바란다.

만일 여러분이 성경만을 가지고 학대가 이혼의 근거가 된다는 것을 보여주지 못한다고, 그렇게 학대를 당한 사람들을 다시 그들의 결혼생활로 돌려보내겠는가?

만일 학대를 당한 자들을 다시 그들의 결혼생활로 돌려보내지 않는다면, 여러분이 이러한 태도를 취하는 근거는 무엇인가?

학대를 받는 사람들의 입증 가능한 아주 생생한 고통이, 당신이 학대/이혼에 관하여 도덕적 판단을 하는데 영향을 미치는 요소가 되는가?

만일 그렇다면, 학대를 받고 거절당한 성소수자(LGBTQ)들의 입증 가능하고 아주 생생한 고통이, 당신이 그 문제에 관하여 도덕적 판단을 하는데 영향을 미치는 요소가 되도록 허용해야 하지 않겠는가?

VI. 문화에 대한 질문

"생각의 변화(Changing Our Mind)"를 비판하는 일반적인 내용 중 하나는, 이 책이 세속화된 미국 문화에 굴복하는 모습을 보여준다는 것이다.[129] 만일 내가 오직 "성경에 굳게 서서" "문화에 굴복하지 않는다면" 나는 결코 성소수자(LGBTQ) 문제에 대한 나의 관점을 바꾸지 않았을 것이다.[130] 그러나, 아마도 자유주의적인 문화 속에서 출세해보려는 욕망 때문에 내가 실제로 성경을 버리고 문화에 굴복하였다. 내가 온갖 종류의 전국적인 매체들로부터 긍정적인 주목을 받고, 두 개의 자유주의 성향의 학술 단체에서 높은 지위에 선출되었다는 사실 자체가 어떤 이들에게는 그런 의견을 확증해 주는 것이었다.[131]

이러한 비난에 대해 나는 다음과 같은 방법으로 대답한다:

내가 책에서 말했듯이, 내가 "성소수자(LGBTQ 문제"에 관한 나의 생각을 바꾸게 된 과정은 내가 속한 교회-디케이터 제일 침례교회(First Baptist Church in Decatur, Georgia)-에서 있었던 행사들을 통해 가장 직접적인 영향을 받았다. 그것은 미국 문화 속에서 진화된 발전이 아니었고, 헌법재판소에서 내린 동성 결혼에 대한 결정 이전의 일이었다. 우리는 교회 안에서 그 숫자가 점점 많아지는 성소수자(LGBTQ) 기독교인들을 환영할지 안 할지, 또한 어떻게 그들을 환영할 것인지를 교회로서 함께 분별해야만 했다. 내가 책을 쓰기로 마음먹은 것은 교회 자체적인 내부의 진행 과정 때문이지, 외부의 어떤 정치적인 과정의 일환이 아니었다. 기독교 세계의 다른 지역에 있는 많은 교회들도 이미 같은 과정을 겪었다. 사실이다.

내가 성소수자(LGBTQ)를 포용하는 쪽으로 바뀐 결론에 이르게 된 방법은, 문화로부터 아이디어를 얻은 것이 아니고, 위에서 대체적으로 말한 것 같이 예수님이 중심이 된 해석학과 다양한 요소를 가진 자료들을 통해 정당한 권위를 분별하는 과정을 통해서 얻게 된 것이다.

나는 보수적인 복음주의와 근본주의가 자신들 스스로 (하부) 문화를 형성하고 있는 것은 아닌지 반문한다. 성인이 된 후의 내 삶의 대부분을 그러한 하부문화 속에서 살았기 때문에 나는 그 문화를 잘 안다. 나를 비판하는 사람들처럼 "문화"라는 것을 획일적으로 이해한다면, 미국 밖의 문화들은 말할 필요도 없이, 우리가 살고 있는 다원화된 미국의 환경 속에서도 많은 문화들이 존재한다는 것을 보지 못하게 된다. 미국내의 복음주의자들 자신의 독특한 문화도 그 안에 포함된 문화들 중 하나일 뿐이다. 실제로 내가 한 일은, 하나의 (하부)문화의 관습을 어기고, 구체화된 사회 구조, 이른바 "자유주의 미국 문화"에 아부한다고 비난 받는 자리로 스스로 나아간 것이다.

성소수자(LGBTQ)를 포용하는 문제의 초점을 문화에 저항하거나 아니면 굴복하는 문제에 맞추게 되면서, 교회 자체의 판단 과정도 어렵게 만들고, 또한 성소수자(LGBTQ) 기독교인들(또한 다른 이들)의 비극적인 고통을 보는 눈도 흐려지게 되었다. 나를 가장 가혹하게 대하는 전통주의적 비평가들은, 지속적으로 그들이 실제 인간들의 존엄성과 고통을 다룰 수 없거나 다루려 하지 않는다는 것을 스스로 증명했는데, 왜냐하면 그들이 성소수자(LGBTQ) 문제를 문화 전쟁에서의 커스터의 마지막 방어선(A Custer's Last Stand, 1876년 커스터(Custer) 대장이 이끄는 부대가 원주민과의 전투에서 크게 패배한 사건, 역자주)으로 이해하고 있기 때문이다. 그들의 순교 컴플렉스는 점점 심해져서 자신들 앞에서 고통받고 있는 다른 사람(The suffering Other)에게 눈길을 주지 못할 정도가 되어 버렸다. 심지어는 그 다른 사람(That Other)이 자기 자신의 아이일 때조차 말이다.[132] 왜냐하면 그들의 눈이 자신들이 물리쳐야 하는 "자유주의 문화"라는 추상적 관념으로 올라가 있기 때문이다. 너무 슬픈 일이다.

나는 내 책에 대해 계속 이어지는 반응과 내가 때때로 교회/정부 및 종교적 자유 문제들에 대하여 썼던 글들에 대한 사람들의 반응을 통해, 나를 비판하는 이들의 신랄한 비평을 일부 이해하게 되었다고 말하겠다. 나의 결론에 저항하는 그들의 열정은, 미국 문화의 절반을 차지하는 자유주의자들이 자신들을 고집불통이고, 증오가 가득하고, 옹졸한 사람들로 여기면서 자신들을 (더욱) 소외시킬까 하는 두려움과 연결되어 있다.[133] 특히 버락 오바마(Barack Obama) 시대에, 힐러리 클린턴(Hillary Clinton)이 확실히 당선될 것이라는 의견이 강해지던 시기에, 근본주의자들과 복음주의자들은 성소수자(LGBTQ) 문제들에 대해 자신들이 가진 확신 때문에 법적으로 인종 차별주의자와 비슷하게 취급당할까봐 심한 근심에 빠지게 되었다. 그들은 자신들이 수십 년 동안 교육, 서비스, 종교 분야 같이 넓은 영역에 걸쳐 설립했던 기관들이 법적 소송을 당하게 될 것을 두려워했다. 그들은 자신들이 밥 존스 대학(Bob Jones University, 1970년대까지 흑인들의 입학을 거부했고, 1980년대 중반까지 백인이 타인종과 사귀는 것을 학칙으로 금지한 대학으로, 그 결과 정부의 제재를 받게 되었고, 나중에는 동성애자 혐오에 앞장섰다, 역자주)처럼 정부의 압력에 의해 차별을 없애게 되는 문화적 부랑아로 전락하는 것을 두려워했다. 한편, 이것이 81%의 백인 복음주의자들이 도널드 트럼프(Donald Trump)에게 투표한 이유 중 하나이다.

이렇게 두려움에 빠진 하부문화 속에서 성소수자(LGBTQ)를 포용하려는 나의 작업은, 문화적 적군과 내통하는 것으로 여겨졌다.[134] 내가 간헐적으로 올린 몇몇 블로그 글들은 별로 도움이 되지 않았는데, 그 글에서 나는 차분한 어조로 전망하기를,

성소수자(LGBTQ) 문제에 대한 그들의 입장 때문에 전통주의적 복음주의자들은 언젠가 밥 존스(Bob Jones)와 같은 순간을 맞게 될 것이며, 정부가 그들로 하여금 그들의 성윤리를 포기하든지 정부의 지원이나 인가를 포기하든지 선택하게 만들 것이라고 말했다.

분명히 말하지만, 나는 성소수자(LGBTQ)의 성적 관계에 대하여 전통주의적 신념을 갖고 있다는 것 자체가 편협하고 혐오적이라고 말하는 것이 아니다.

내가 말하는 것은, 일부 전통주의자들이 그러한 관점을 표현하는 방식들이 편협하고 혐오적인 경우가 특히 과거에 있었고, 오늘날에도 일부 그룹에 존재한다는 것이다.

또한 내 말은, 종교적으로 전통주의적인 그룹 안에서 (또는 종교적으로 전통주의의 영향을 깊이 받은 문화적 배경에서) 성장한 사람이 자신이 성소수자(LGBTQ)라는 것을 알게 되면, 이미 많은 자료에서 보는 바와 같은 상당한 고통을 겪게 될 것이 충분히 예상된다는 것이다. 이러한 고통은 가족, 교회, 공동체, 친구들의 부정적 반응이 극심할수록 더 악화된다.

내 말은 이러한 고통을 아는 것은 성소수자(LGBTQ)들의 삶과 그들이 받는 대우에 있어서 무엇이 옳고 그른 지를 숙고하려는 모든 이들에게 타당한 정보라는 것이다. 기독교인들과 교회들도 확실하게 그 모든 이들 중에 포함될 것이다. 또한, 법률을 제정하는 의원들도 필연적으로 포함될 것이다. 나의 대화 상대인 전통주의자들에게 최소한 제기하는 문제는 이것이다: 피해를 줄여야 한다.

VII. 목회적 염려와 그 경계선에 대한 질문

드물기는 하지만, 나를 비평하는 사람들 중에서 내가 성소수자(LGBTQ)들에 대해 목회적 감수성이 있다고 지지하는 표현을 해 주는 사람들에게 감사한다.[135] 서평을 읽다 보면, 실제의 성소수자(LGBTQ)들에 대한 목회적이고 인간적인 염려를 조금이라도 표현하는 사람들과 전혀 그렇지 않은 사람들이 뚜렷한 경계선을 중심으로 나뉘는 것을 보게 된다.[136] 후자의 사람들은 내가 가진 목회적 염려에 대해서는 전혀 신경 쓰지 않는다. 다른 이들은 그것에 대해 긍정적인 평가를 하긴 하지만, 내가 너무 선을 넘었다고 말한다.[137]

최근에 공식적인 카톨릭 모임에서 강의한 적이 있는데, 목회적 염려와 교리적 개혁 사이를 나누는 경계선이 실재적으로 존재함을 - 적어도 일부 공동체에서-더 명확히 알게 되었다. 적어도 일부 지역에서의 공식적 카톨릭의 입장은 성소수자(LGBTQ)인 카톨릭 신자들을 위한 목회적 필요를 채워주는 것에 더 다가가는 시도를 하는 것이다. 카톨릭 수용시설들, 학교들, 대학들, 교회들을 더 안전하고 더 배려하는 곳으로 만들기 위해 모든 종류의 일들을 행할 수 있다. 일부 카톨릭 지도자들은 관심이 있는 평신도들과 함께 이러한 일들을 해 나가고 있다.

그러나, 그 강의를 하기 전에, 나는 교리를 개혁하는 문제는 언급하지 말아야 한다고 분명한 언질을 받았다. 목회적 필요를 채워주기 위해 애쓰는 것과 카톨릭에서 성과 결혼에 대한 윤리 신학을 바꾸는 것은 별개의 문제이다. 그 강의에서, 나는 앞의 문제에 대해서는 이야기할 수 있었지만, 뒤의 문제는 말할 수 없었다.

돌이켜보면, "생각의 변화(Changing Our Mind)"에서 성소수자(LGBTQ)들을 좀 더 인간적으로 대해야 한다고 요청한 첫 번째 부분을 지나서 주해적, 교리적 개정을 요청하는 부분을 다루었을 때, 나는 비평가들이 분통을 터뜨릴 수도 있다는 것을 더 잘 알아차렸어야 했다.[138] 비록 근본주의자들과 복음주의자들인 개신교인들의 신학적 범주들이 카톨릭 만큼 체계화되어 있지는 않지만, 그럼에도 그저 목회적 염려를 하는 것과 실제로 교리를 변경하는 것 사이의 차이점이 무엇인지를 말하는 것은 어렵지 않다.

성소수자(LGBTQ)인 아이들의 삶의 형편들을 향상시키는 것은 확실히 가능한데, 예를 들면 그들 부모들, 형제들, 친구들이 그들을 심하게 경멸하는 태도로 대하지 않도록 도움을 줄 수 있다. 이것은 큰 성과가 있다. 그렇지만 여전히 내가 이제껏 만났던 대다수의 성소수자(LGBTQ)들을 생각할 때, 만일 이 정도가 변화할 수 있는 최대치라면, 그것은 마치 차가운 오트밀을 먹는 것과 같을 것이다. 굶는 것보다는 낫지만 끔찍할 정도로 부족하다.

교리적인 변화가 없다면, 우리는 여전히 성소수자(LGBTQ) 아이들에게 이성애자 아이들의 성은 그렇지 않은데 그들의 성은 옳지 않고, 죄악되고, 망가졌고, 또는 병들었다고 말하게 되는 것이다.[139] 우리는 여전히 그들에게, 그들이 성인이 되더라도 하나님을 기쁘게 하고 교회의 축복을 받는 성적 관계나 로맨틱한 관계를 결코 갖게 되지 못할 것이라고 말하는 것이 된다.[140] 우리는 여전히 그들에게, 그들이 교회를 섬기고 이끄는 것과 관련해서 2등급의 기독교인으로 취급 받게 될 가능성이 높다고 말하는 것이 된다. 우리는 그들을 "환영"할지는 모르지만, 그들의 다른 친구들과 같은 수준의 환영은 아니다. 우리들 중 이런 "환영"을 받아들일 사람은 많지 않을 것이다.

결국, 교리적 변화가 없는 목회적 염려에 대해 대부분의 성소수자(LGBTQ)들은 만족하지 못할 것이다. 이는 우리 같은 이성애자들도 어떤 이유 때문이든지 2등급의 기독교인으로 취급된다면 만족하지 못하는 것과 마찬가지이다.

VIII. 권위와 위임에 대한 질문

종교에 있어서 권위의 문제는 영구적으로 존재한다. 결국, 우리는 모두 보이지 않는 하나님을 섬기고 때로는 그 하나님을 대변한다고 주장한다. 우리는 모두 신학적이고 윤리적인 진실을 분별해야 하는 도전에 직면하고 있다.

종교의 위계적 형태를 가진 교회에서는 좀더 평등한 전통을 가진 교회보다 권위의 문제를 해결하기가 쉽다. 교황이 무엇이 진리인지를 말하면 그냥 받아들이면 된다. 그렇지 않은가? 적어도 프란시스(Francis) 교황 자신이 카톨릭의 윤리 신학의 정신을 개정하는 데 깊이 관여하면서 말한 것을 보면 그게 아닐 수도 있겠다.

그러나 여전히, 카톨릭 교회 안에는 권위를 드러내는 분명한 경계선들이 있다. 복음주의 안에는 그러한 권위의 경계선들이 없다. 우리는 모두 예수 그리스도를 따르는 자들이고, 그 분의/성경의 권위에 의해 우선적으로 지배를 받는다고 주장한다. 특히, "복음주의"는 상당히 다양한 교단들 가운데 인간이 만든 연합적 성격의 운동이기 때문에, 교리나 윤리에 관한 논쟁이 있을 때 판결을 내릴 만한 권한의 구조가 전혀 존재하지 않는다.

"생각의 변화(Changing Our Mind)"에 대한 암묵적이고 가끔은 노골적인 비판들 중 하나는 이런 것이다: "누가 데이비드 거쉬(David Gushee)에게 기독교 성윤리를 수정할 수 있는 권한을 주었는가?"[141] 물론, 아무도 나에게 그런 권한을 주지 않았다는 것이 그 대답이다. 복음주의 내에서 누구도 그런 권한을 나에게 줄 수 있는 사람은 없다. 사실, 나 역시도 나 자신에게 그런 권한을 주지 않았고, 나는 단지 학자들이나 목사들이 종종 하는 대로 했을 뿐이다. 즉, 어떤 문제를 살펴보고, 교회 생활에서 그것을 어떻게 다루어야 하는 지 의견을 제시하는 것 말이다.

가장 흥미로운 것은 기업가적인 복음주의자들이 내 주장에 반박하는 설전에 끼어드는 것을 보게 되는 경우인데, 그렇게 함으로써 구심점이 없는 복음주의 내에서 자신들의 권위를 더 높이려 한다.[142] 나이가 젊든 나이가 들었든 간에, "지도자들"은 내가 선을 넘었는 지 아닌지를 판단하면서, 자신들이 관여해야 할 필요를 느꼈다. 마치 자신들이 복음주의의 산헤드린(Sanhedrin, 예루살렘에서 종교적, 도덕적, 정치적 문제들을 재판하는 유대인들의 최고 결정기관, 역자주)과 같은 기능을 하는 것처럼 말이다. 한편, 그들의 영향력 아래 있는 복음주의 단체들은, 브라이언 맥라렌(Brian McLaren)이 이 책이 나오기도 전에 이 책을 위해 써 준 머리말에서 예견했던 대로, 자기들 마음대로 나를 배제시키거나 초대를 취소하였다. 그것은 위계적 구조를 가진 교회에서 정식으로 출교를 당한 것과 같은 것은 아니지만, 결국 동일한 목적이 성공적으로 달성된 것이다. 나의 이러한 복음주의 내의 출교의 과정은 이제 곧 나올 회고록, "여전히 기독교인: 미국 복음주의로부터 예수를 따르기" (Still Christian: Following Jesus out of American Evangelicalism, Westminster John Knox Press, 2017년 가을)에 기술하였다. 그 일은 당시에 몹시 고통스러웠고, 그 고통 때문에 이 책과 관련된 인터뷰들과 글에서 가끔 반발하는 어투가 튀어나왔다.

여전히 질문은 남아있다. 이를 테면 크리쳐니티 투데이(Christianity Today), 마이클 브라운 박사(Dr. Michael Brown), 인터바시티 출판사(Intervarsity Press), 조지 거트리(George Guthrie), 로버트 개그논(Robert Gagnon), 알 몰러(Al Mohler), 의욕적인 젊은 복음주의를 이끌고 있는 데니 벌크(Denny Burk), 오웬 스트라칸(Owen Strachan) 등과 같은 사람들이 내가 계속적으로 복음주의 기독교 내에서 존경받는 스승의 위치에 적합한 사람인지를 평가하도록, 누가 그들에게 권위를 부여하였는가?[143] 복음주의 내에서의 권위의 문제는 정말 절대로 사라지지 않는다. 그렇지 않은가?

IX.근본주의와 복음주의에 대한 질문들

1978년도에 카톨릭에서 남부 침례교인(Southern Baptist)으로 개종한 사람으로서, 나는 "복음주의자"라고 불리는 어떤 종교 공동체나 그런 공동체들을 묶어서 부르는 이 용어 자체에 대해 아무것도 아는 게 없었다. 비록 지금은 대부분의 여론 조사가 남부 침례교인(Southern Baptist)들을 "복음주의자들"로 분류하지만, 내가 편하게 다녔던 그 작은 남부 침례교회에서, 그 단어는 생소한 것이었다.

내가 처음으로 그러한 개념을 진지하게 다루게 된 것은 내가 1990년에 진보적인 복음주의자인 론 사이더(Ron Sider)와 함께 일하기 시작했을 때였다. 그는 캐나다 메노나이트(Canadian Mennonite) 소속이었고 스스로를 복음주의자라고 규정했는데,

1975년에 큰 관심을 끌었던 "가난한 시대를 살아가는 부유한 그리스도인(Rich Christians in an Age of Hunger)"으로 인해 유명해진 사람이었다. 론(Ron)은 내가 처음으로 복음주의자들의 정식 회원이 되도록 이끌어준 사람이었다.

그러나 1990년 당시에 나는 복음주의자들에 대해 아는 것보다 알지 못하는 것이 훨씬 많았다.

나는, 론(Ron)이 메노나이트(Mennonite)로서의 성장 배경으로 인해 가졌던 진보적인 사회적 의식 때문에 복음주의 안에서 국외자로 취급받았다는 것을 이해하지 못했다. 나는, 의기양양해 보이지만 때로는 비정한 개혁주의 전통이 "복음주의의 정회원 그룹"의 권력의 중심을 차지하고 있다는 것을 알지 못했다.

나는, 북미에서 "복음주의자"라는 명칭이 생겨난 배경이 칼 헨리(Carl F.H. Henry)같은 근본주의적 지도자들이 의도적으로 선택하여 생겨났다는 것을 알지 못했는데, 너그럽게 보자면 그런 명칭을 선택한 것은 근본주의와의 단절의 의미이고, 좀 덜 너그럽게 보자면 단지 이름만 바뀐 것이었다.

그러므로 나는, 근본주의자와 현대주의자로 의견이 나뉘어지는 많은 주제들에 관해 어떤 논쟁이 있을 때, 복음주의는 지속적으로 근본주의자들의 편에 서왔다는 것을 알지 못했다. 그렇게 편이 갈라진 논쟁들은 19세기와 20세기 초반까지 거슬러 올라갈 수 있는데, 예를 들면 성경을 해석할 때 어감과 상황을 고려하면서 해석하는 문제, 도덕적 판단을 할 때 여러가지 근거들(성경 만이 아니라, 역자주)을 사용할 수 있는지의 문제, 인문학이나 인간의 경험을 진지하게 받아들이는 문제, 중심 권력(백인, 이성애자, 남성)의 이면에서 고통 당하는 자들에 초점을 맞추는 감수성의 문제 등을 들 수 있다.

내가 쓴 책들에 대한 격렬한 반응들과 선도적으로 나를 비판하는 사람들이 내세운 논리들을 보면서, 또한 다른 여러 증거들을 통하여 내가 내린 결론은, 복음주의란 기본적으로 "성경적" 근본주의가 스스로의 참 본질과 정체성을 숨기지 못하면서 만들어 낸 가명이라는 것이었다.

나는 근본주의자였던 적이 없었고 그렇게 될 수도 없었기 때문에, 나의 책에 대한 그러한 반응은 내가 "복음주의자"이어서는 안된다는 것을 깨닫게 해 주었다. 이런 이유 때문에, 나는 나 자신을 규정했던 그 이름을 버렸다. 그것은 나를 설명해 주는 이름이 아니었다. 그래서, 내가 진정한 복음주의자가 아니라는 주장을 표면에 내세웠던 비평가들에게, 나는 이제 당신들의 지적이 맞았다고 인정한다.[144] 그 말은, 당신들의 상상 속에 존재하는 그 공동체에 누가 들어올 수 있는지를 정하려고 당신이 만든 규약에 나는 맞지 않는다는 것을 인정한다는 뜻이다.

X. 하나님 앞에서 개인적 책임에 대한 질문

내가 "생각의 변화(Changing Our Mind)"를 쓰기 전과 또한 쓰는 동안에, 나는 신비한 영적인 힘이 나로 하여금 조심스럽게 약간 침묵하던 상태로부터 나를 끌어내어 공개적으로 행동하도록 만드는 것을 느꼈다.

나에게 상당히 많이 소중해진 사람들로부터 시작하여, 많은 성소수자(LGBTQ)인 기독교인들에게서 그들의 가정, 학교, 교회에서 경험했던 고난, 냉대, 모욕 등의 이야기들을 점점 더 많이 듣게 된 경험이, 나의 행보에 핵심적인 역할을 했다고 나는 확신한다.

내 경력이 시작된 초반기에 홀로코스트(Holocaust) 중에 유대인들을 구했던 기독교인들에 관하여 쓰게 된 이후에, 사람들이 억압을 받을 때 나타나는 세 가지 종류의 행동 패러다임을 항상 가장 먼저 생각하게 된 것도 도움이 되었다. 거기에는 가해자들이 있고, 방관자들이 있고, 구출자들이 있다 (성소수자(LGBTQ)와 관련해서 후자는 지지자(ally)들이라고 부른다). 나는 내가 교수로 있으면서 이전에는 예의 바른 가해자였고, 그 다음에는 별 도움이 되지 않는 방관자였으며, 그리고는 구출자의 위치로 더 가까이 갈 필요가 있다는 것을 깨달았다.

이제 나는, 내가 2014년 봄에 3년 주기로 가르쳤던 디트리히 본회퍼(Dietrich Bonhoeffer) 과목이 상당히 적절했다는 것을 깨닫게 된다. (나를 비판하는 사람들에게: 내가 지금 나를 디트리히 본회퍼(Dietrich Bonhoeffer)와 비교하는 것은 아니다. 그 대신에, 내가 그의 삶과 그의 글들을 해석하면서 내가 얼마나 그의 영향을 받았는지를 말하는 것이다.)[145] 이 기간 동안에 본회퍼의 저술에서 지속적으로 나타나는 어떤 주제들이 나에게 깊은 울림을 주었다. 그는 "윤리는 결단하는 것"이라고 아주 강조했다. 기독교인의 책임은 항상 그리스도 그 분에 대한 것이지, 우리와 그리스도를 직접 대면하는 것 사이에 놓인 어떤 법이나, 관례나, 다른 어떤 것에 대한 것이 아니라고 주장하기도 했다. 그는 우리가 윤리를 논할 때, 우리가 갖고 있는 "선악을 아는 지식" – 본회퍼(Bonhoeffer)가 늘 창세기 3장에 나오는 뱀의 유혹과 연결지었던–안에 포함되는 내용들만 가지고 이야기한다고 비판했다. 그는 그가 처한 상황 속에서 폭력, 비방, 소외를 당한 자들을 옹호해야 할 의무를 회피한 자들을 비판했다. 그는 히틀러 정권을 무너뜨리기 위해 아직도 우리에게는 충격적인 계획에 참여했다. 궁극적으로, 그는 제자도는 개별적인 문제이며 각각의 기독교인이 마지막에 재판장이신 그리스도 앞에 홀로 서게 될 것이라고 생각했다.

이렇게 연속적으로 많은 영향들에 이끌려서, 또한 그 당시 (나의 장인과 나의 멘토와 나의 어머니를 6개월 간격으로 잃은) 슬픔으로 인해 감정이 격해져서, 나는 과감한 결정를 하게 되었다. 우선 나는 자유롭게 성소수자(LGBTQ) 문제를 탐색하기로 결정했고, 그러한 탐색의 결과에 이끌리어 나는 마침내 나의 성소수자(LGBTQ) 형제, 자매들과 온전히 연대하는 데까지 이르게 되었다.

내가 내리게 된 결론은, 성경의 통치를 받는다고 주장하는 우리가 성경을 가지고 무엇을 하는 지, 그리스도의 사람들이라고 주장하는 우리가 그리스도의 이름과 권위로 무엇을 하는 지는 우리의 책임이라는 것이다. 특히 예수 그리스도를 위해 권위를 갖고 말하도록 위임을 받은 기독교 지도자들은, 우리가 제시하는 기독교의 종류가 어떤 것인가에 대한 책임을 피할 수 없다. 만일 우리가 주기적으로 해를 끼치는 기독교를 사람들에게 제안/생산/전파한다면, 우리는 하나님의 이름으로 악행을 저지르는 것이고, 반드시 다시 생각해 보아야 한다.

따라서, 인정받는 기독교 학자이자 지도자인 사람으로서 내가 내린 결론은, 성경적 권위에 근거하여 계속해서 성소수자(LGBTQ)들에게 해를 끼치는 것 밖에는 다른 선택이 없다고 생각하는 대신에, 그리스도 안에서 나의 형제, 자매들인 이들에게 생명과 번영을 가져다줄 수 있는 종류의 기독교를 제시하는 것이 내가 택할 수 있는 유일한 선택이라는 것이었다.

본회퍼(Bonhoeffer)처럼 나 역시, 궁극적으로 어느 누구도 제자로서의 자기 자신과 하나님 사이에서 어느 중간 지점에 자신을 둘 수 없다고 믿기에, 또한 하나님 한 분에게만 내가 결정한 선택에 대해 대답을 드려야 한다고 믿기에, 나는 나의 비평가들에게 이 모든 것이 끝나게 될 마지막에 대해 이야기함으로써 마무리하려고 한다. 그것은, 하나님의 보좌 앞에, 하나님의 자비하심을 신뢰하며, 나의 비평가들과 나에게 모두 값없이 주시는 풍성한 은혜를 감사하는 자리가 될 것이다.

권말의 주(Endnote)

1. 용어 선택은 중요하며 이 문제와 관련한 용어는 변하기도 하지만 논쟁 거리가 되기도 한다. 나는 전체적으로 성소수자(LGBTQ)라는 용어를 쓰고자 하며, 이는 레즈비언(lesbian), 게이(gay), 양성애자(bisexual), 성전환자(transgender), 퀴어(queer or questioning people)들과, 그들과 교회의 관계를 중심 주제로 다루고자 한다. 가끔 LGBTQIA 같은 더 긴 이름을 쓰기도 하지만, 내 생각에는 너무 어려워보이는 느낌이다.

2. pewrsr.ch/3NGY63e

3. bit.ly/1127NSE

4. amzn.to/1127Myf

5. bit.ly/3yKHOly

6. bit.ly/1127NSL

7. amzn.to/1127MOC

8. bit.ly/1127MOD

9. bit.ly/1127NSU

10. amzn.to/Zj2pcv

11. amzn.to/Zj2n4e

12. bit.ly/Zj2pcy

13. 제넬 윌리암스 패리스(Jenell Williams Paris), "성 정체성의 종말: 왜 성이 우리 자신을 규정하는 데 그토록 중요한가" (The End of Sexual Identity: Why Sex is Too Important to Define Who We Are, IVP, 2011); 앤드류 마틴(Andrew Martin), "사랑은 지향성이다: 게이 공동체와의 대화를 고양시키기" (Love is an Orientation: Elevating the Conversation with the Gay Community, IVP, 2009); 매튜 바인스(Matthew Vines), "하나님과 게이 기독교인: 동성 간의 관계를 지지하는 성경적 근거" (God and the Gay Christian: The Biblical Case in Support of Same-Sex Relationships, Convergent Books, 2014); 웨슬리 힐(Wesley Hill), "씻음 받음과 기다림: 기독교적 신실함과 동성애에 대한 고찰" (Washed and Waiting: Reflections on Christian Faithfulness and Homosexuality, Zondervan, 2010); 저스틴 리(Justin Lee), "찢겨짐: 복음을 게이 대 기독교인의 논쟁에서 구하기" (Torn: Rescuing the Gospel from the Gays-vs.-Christians Debate, Jericho Books, 2012); 제프 추(Jeff Chu), "진짜 예수님은 나를 사랑하실까? 게이 기독교인이 미국에서 하나님을 찾아가는 순례의 길" (Does Jesus Really Love Me? A Gay Christian's Pilgrimage in Search of God in America, Harper Collins, 2013); 제임스 브라운슨(James V. Brownson), "성경, 젠더, 성 정체성: 동성 간의 관계에 대한 교회의 논쟁을 재구성하기" (Bible, Gender, Sexuality: Reframing the Church's Debate on Same-Sex Relationships, William B. Eerdmans Publishing Company, 2013), 켄 윌슨(Ken Wilson), "나의 회중에게 쓰는 편지: 한 복음주의 목사가 게이, 레즈비언, 성전환자들을 예수 공동체 안으로 끌어안은 과정" (A Letter to my Congregation: An evangelical pastor's path to embracing people who are gay, lesbian, and transgender into the company of Jesus, Read the Spirit Books, 2014); 마크 아크데마이어(Mark Achtemeier), "성경에서 인정하는 동성 결혼: 한 복음주의자의 마음의 변화" (The Bible's Yes to Same-Sex Marriage: An Evangelical's Change of Herat, Westminster John Knox Press, 2014); 웬디 밴더월그리터(Wendy VanderWal-Gritter), "충분히 넓음: 교회 안에서의 게이 기독교인 들에게 보내는 대답" (Generous Spaciousness: Responding to Gay Christians in the Church, Brazos, 2014)

14. 미첼 골드(Mitchell Gold)와 민디 드러커(Mindy Drucker), "위기: 미국에서 게이로 성장하면서 겪은 개인적, 사회적, 종교적 고통과 충격적인 경험을 기록한 40개의 이야기들" (Crisis: 40 Stories Revealing the Personal, Social, and Religious Pain and Trauma of Growing up Gay in America, Greenleaf Book Group Press, 2008); 버나데트 바톤(Bernadette Barton), "기도로 게이적 성향을 몰아내기: 바이블 벨트에 사는 게이들의 기이한 삶들" (Pray the Gay Away: The Extraordinary Lives of Bible Belt Gays, New York University Press, 2012)

15. cnn.it/1wJY7pE

16. bit.ly/3Aw22Ru

17. bit.ly/1wJY6BX

18. bit.ly/Zj2n4k

19. bit.ly/Zj2n4m

20. 웬디 밴더월그리터(Wendy VanderWal-Gritter), "충분히 넓음: 교회 안에서의 게이 기독교인들에게 보내는 대답" (Generous Spaciousness: Responding to Gay Christians in the Church, Brazos, 2014); 제레미 막스(Jeremy Marks), "하나님의 진리를 거짓과 바꾸기: 한 남자의 동성애 정체성과 동성애적 동반자에 대한 진리를 찾으러 떠나는 영적 여정" (Exchanging The Truth of God for a lie: One man's spiritual journey to find the truth about homosexuality and same-sex partnerships, 2nd Edition, Bell & Bain, 2009)

21. 데이비드 마이어스(David G. Myers), "심리학" (Psychology, 10th Edition, Worth Publishers, 2013) pp.427~434

22. 데이비드 마이어스(David G. Myers), "심리학" (Psychology, 10th Edition, Worth Publishers, 2013) p.428

23. bit.ly/3nJM5PY

24. abcn.ws/1127MON

25. bit.ly/3nIs6RH

26. cnn.it/1127MOQ

27. nyti.ms/1127O9s

28. bit.ly/3P4xgDa

29. bit.ly/1DcHsPH

30. bit.ly/3yIEXIT

31. bit.ly/3RikMcT

32. 제넬 윌리암스 패리스(Jenell Williams Paris), "성 정체성의 종말: 왜 성이 우리 자신을 규정하는 데 그토록 중요한가 (The End of Sexual Identity: Why Sex is Too Important to Define Who We Are, IVP, 2011)

33. bit.ly/3RikMcT

34. 웨슬리 힐(Wesley Hill), "씻음 받음과 기다림: 기독교적 신실함과 동성애에 대한 고찰" (Washed and Waiting: Reflections on Christian Faithfulness and Homosexuality, Zondervan, 2010)

35. bit.ly/3IlQFNH

36. bit.ly/1127MOD

37. A편에 속한 게이 기독교인이면서, "찢겨짐: 복음을 게이 대 기독교인의 논쟁에서 구하기" (Torn: Rescuing the Gospel from the Gays-vs.-Christians Debate, Jericho Books, 2012)의 저자인 저스틴 리(Justin Lee)를 보라.

38. bit.ly/3RgoEeA

39. bit.ly/1127OpR

40. bit.ly/2r337d4

41. nbcnews.to/3NPguXJ

42. 켄 윌슨(Ken Wilson), "나의 회중에게 쓰는 편지: 한 복음주의 목사가 게이, 레즈비언, 성전환자들을 예수님의 친구로 받아들이는 과정" (A Letter to my Congregation: An evangelical pastor's path to embracing people who are gay, lesbian and transgender into the company of Jesus, Read the Spirit Books, 2014) pp.104~110; 웬디 밴더월그리터(Wendy Vander Wal-Gritter), "충분히 넓음: 교회 안에서의 게이 기독교인 들에게 보내는 대답" (Generous Spaciousness: Responding to Gay Christians in the Church (Grand Rapids: Brazos, 2014), ch. 11; 앤드류 마틴(Andrew Martin, "사랑은 지향성이다: 게이 공동체와의 대화를 고양하기" (Love is an Orientation: Elevating the Conversation with the Gay Community (Downers Grove, IL: IVP, 2009). 대화의 프레임이 "기도교인들과 '게이 공동체'와의 대화"에서 "게이와 이성애자들인 신자들이 나누는 내부 기독교인들의 대화"로 빠르게 옮겨가는 것을 주목하라.

43. 테드 그림스러드(Ted Grimsrud)와 마크 티센 네이션(Mark Thiessen Nation) "함께 생각하기: 동성애에 대한 대화" (Reasoning Together: A Conversation on Homosexuality, Scottdale, PA: Herald Press, 2008)을 살펴보라. 이 책은 저자의 메노나이트(Mennonite)로서 평화를 좋아하는 특징을 반영한다. 우리는 모두 그들에게서 배울 수 있다.

44. bit.ly/1vYmwbX

45. 게르하르트 폰 라트(Gerhard von Rad, "창세기: (구약 총서)" (Genesis: (Old Testament Library), Westminster Press, 1972), p.218

46. 필리스 트리블(Phyllis Trible), "공포의 본문들: 문학적-여성주의적으로 읽는 성경 이야기" (Texts of Terror: Literary-Feminist Readings of Biblical Narratives, Fortress Press, 1984), ch.3.

47. 월터 브루지만(Walter Brueggemann), "창세기: 해석 – 가르침과 설교를 위한 성경 주석" (Genesis: Interpretation: A Bible Commentary for Teaching and Preaching, John Knox Press, 1982), pp.162~177

48. 마크 조단(Mark D. Jordan), "기독교 신학에 있어서 Sodomy(남색)의 발명" (The Invention of Sodomy in Christian Theology, University of Chicago Press, 1997).

49. 윌리엄 로더(William Loader), "신약성경과 성적 지향성" (The New Testament on Sexuality, William B. Eerdmans Publishing Company, 2012) p.29

50. 골든 웬햄(Gordon J. Wenham), "구약성서의 뉴 인터내셔널 주석 시리즈 중 레위기" (Leviticus: New International Commentary on the Old Testament, William B. Eerdmans Publishing Company, 1979), pp.250~252.

51. 제임스 브라운슨(James V. Brownson), "성경, 젠더, 성: 교회의 동성 간의 관계에 관한 논의를 재구성하기" (Bible, Gender, Sexuality: Reframing the Church's Debate on Same-Sex Relationships, William B. Eerdmans Publishing Company, 2013), p.270

52. 필리스 버드(Phyllis A. Bird), "동성애와 관련한 기독교 윤리를 숙고하기 위한 성경: 구약을 통한 연구" – "동성애, 과학, "분명한 이해"로 성경읽기, 데이비드 발치(David Balch) 편집" ("The Bible in Christian Ethical Deliberation Concerning Homosexuality: Old Testament Contributions," in Homosexuality, Science, and the "Plain Sense" of Scripture, ed. David L. Balch, William B. Eerdmans Publishing Company, 2000), p.152.

53. 제이콥 밀그롬(Jacob Milgrom), "컨티넨탈 주석: 레위기" (Leviticus: A Continental Commentary, Fortress Press, 2004), pp.196~197

54. 리차드 엘리엇 프리드먼(Richard Elliott Friedman)과 쇼나 돌란스키(Shawna Dolansky), "오늘날의 성경" (The Bible Now, Oxford University Press, 2011), p.35, 브라운슨(Brownson), "성경, 젠더, 성(Bible, Gender, Sexuality)"

55. 메리 더글라스(Mary Douglas), "순결과 위험: 오염과 타부에 대한 개념의 분석" (Purity and Danger: An Analysis of Concepts of Pollution and Taboo, Routledge Classics, 2002), p.67. 더 최근에 제임스 브라운슨(James Brownson)은 "성경, 젠더, 성적 지향성: 교회의 동성 간의 관계에 관한 논의를 재구성하기 (Bible, Gender, Sexuality: Reframing the Church's Debate on Same-Sex Relationships, William B. Eerdmans Publishing Company, 2013)을 개정하면서 이 주장에 동의하고 있다. p.269.

56. 로버트 개그논(Robert Gagnon), "성경과 동성애적 행위: 본문과 해석" (The Bible and Homo-sexual Practice: Texts and Hermeneutics, Abingdon Press, 2001), p.141.

57. 마틴 노스(Martin Noth), "레위기: 구약 도서관" (Leviticus: Old Testament Library, Westminster Press, 1965), p.16.

58. 웬햄(Wenham), "레위기" (Leviticus) pp.32~33

59. 윌리엄 로더(William Loader), "신약 성경에서의 성적 지향성" (The New Testament on Sexuality, William B. Eerdmans Publishing Company, 2012), p.327.

60. 데일 마틴(Dale Martin), "성과 독신인 구세주: 성경 해석에 있어서의 젠더와 성적 지향성" (Sex and the Single Savior: Gender and Sexuality in Biblical Interpretation, Westminster John Knox, 2006), pp.37~50.

61. 로버트 개그논(Robert Gagnon), "동성애과 성경: 두 개의 다른 관점들" (Homosexuality and the Bible: Two Views, Fortress Press, 2009), pp.82~83

62. 윌리엄 로더(William Loader), "신약 성경에서의 성적 지향성"(New Testament on Sexuality), pp.328~329.

63. 신약 성서학자, 리차드 헤이즈(Richard Hays)는 '기본적으로'(보수적으로 표현하면 '확실히') 이 입장을 취한다. 리차드 헤이즈(Richard B. Hays)의 "성서 해석 주석 시리즈 중 고린도전서" (First Corinthians: Interpretation Bible Commentary, John Knox Press, 1997), p.97를 보라.

64. 안소니 C. 시슬톤(Anthony C. Thiselton)이 기본적으로 이 입장을 취하는데, 그는 또한 불가피하게 학계의 상황을 온전하게 알려준다. 시슬톤(Thiselton), "고린도전서: 뉴 인터내셔널 헬라어 성경 주석" (The First Epistle to the Corinthians: New International Greek Testament Commentary, William B. Eerdmans Publishing Company, 2000), pp.438~453.

65. 마티 누시넨(Marti Nissinen), "성경의 세계에서 동성 간의 에로티시즘: 역사적 관점", (Homoeroticism in the Biblical World: A Historical Perspective, Fortress Press, 1998), p.117.

66. 마이클 베이시(Michael Vasey), "이방인들과 벗들: 동성애에 대한 새로운 탐구와 성경(Strangers and Friends: A New Exploration of Homosexuality and the Bible, Hodder & Stoughton, 1995), p.132.

67. 데일 마틴(Dale B. Martin), "성과 독신인 구세주: 성경 해석에 있어서의 젠더와 성적 지향성" (Sex and the Single Savior: Gender and Sexuality in Biblical Interpretation, Westminster John Knox, 2006), pp.39.

68. 윌리엄 로더(William Loader), "신약 성경에서의 성적 지향성"(New Testament on Sexuality), pp.330~331.

69. 제임스 브라운슨(James V. Brownson), "성경, 젠더, 성적 지향성: 교회의 동성 간의 관계에 관한 논의를 재구성하기" (Bible, Gender, Sexuality: Reframing the Church's Debate on Same-Sex Relationships, William B. Eerdmans Publishing Company, 2013), p.274.

70. 이것이 오늘날 전통주의적 학자들의 선두적 역할을 하는 로버트 개그논(Robert A.J. Gagnon)의 대표적인 주장이다. 그의 책, "성경과 동성애적 행실: 본문과 해석" (The Bible and Homosexual Practice: Texts and Hermeneutics, Abingdon Press, 2001)을 보라. 마찬가지로 윌리엄 웹(William J. Webb), "노예들, 여성들, 동성애자들: 문화 분석의 해석학적 탐구" (Slaves, Women & Homosexuals: Exploring the Hermeneutics of Cultural Analysis, Intervarsity Press, 2001), ch.5. 를 보라.

71. 도널드 월드(Donald J. Wold), "정도를 벗어남: 성경과 고대 근동에서의 동성애" (Out of Order: Homosexuality in the Bible and the Ancient Near East, Baker, 1998)., (Grand Rapids: Baker, 1998).

72. 카톨릭 신학자이자 윤리학자인 크리스토퍼 체놀트 로버츠(Christopher Chennault Roberts)의, "창조와 언약: 결혼의 도덕 신학에서의 성적 차이의 중요성" (Creation and Covenant: The Significance of Sexual Difference in the Moral Theology of Marriage, T&T Clark, 2007)을 보라. 그는 성적 차이라는 논제가 매우 중요하다는 결론을 내리며, 이로 인해 그는 성소수자(LGBTQ) 문제에서 수정주의(revisionism)를 거부하게 되었다고 말한다.

73. 글렌 스타센(Glen H. Stassen)과 데이비드 거쉬(David P. Gushee), "하나님의 통치와 예수 따름의 윤리"(Kingdom Ethics, Intervarsity Press, 2003 제2판, Eerdmans, 2016), 데이비드 거쉬(David P. Gushee), "결혼 바로잡기" (Getting Marriage Right, Baker, 2004)를 보라.

74. 윌리엄 로더(William Loader), "신약 성경에서의 성" (The New Testament on Sexuality, William B. Eerdmans Publishing Company, 2012), p.315.

75. 로더(Loader), "신약 성경에서의 성"(New Testament on Sexuality) pp.316~317.

76. 무소니우스 루푸스(Musonius Rufus), "성적 문제에 대하여(On Sexual Matters),": 매튜 바인스(Matthew Vines)의 "하나님과 게이 기독교인"(God and the Gay Christian, Convergent, 2014), p.38에서 인용함.

77. 제임스 브라운슨(James V. Brownson), "성경, 젠더, 성 정체성: 동성 간의 관계에 대한 교회의 논쟁을 재구성하기" (Bible, Gender, Sexuality: Reframing the Church's Debate on Same-Sex Relationships, William B. Eerdmans Publishing Company, 2013), p261.

78. 사라 루덴(Sarah Ruden), "사람들 가운데 있는 바울: 사도 바울을 그의 시대 속에서 새롭게 해석하고 다시 생각하기" (Paul Among the People: The Apostle Reinterpreted and Reimagined in His Own Time, Image Books, 2010), ch.3.

79. 윌리엄 로더(Loader), "신약 성경에서의 성적 지향성" (New Testament on Sexuality), p.300.

80. 제임스 브라운슨(James Brownson), "성경, 젠더, 성 정체성"(Bible, Gender, Sexuality), pp.156~157.

81. 갈릴레오와 관련하여 처음으로 영감을 준 매튜 바인스 (Matthew Vines)에게 감사한다. 그의 책 "하나님과 게이 기독교인" (God and the Gay Christian, Convergent Books, 2014), pp.21~25를 보라.

82. 디트리히 본회퍼(Dietrich Bonhoeffer), "윤리: 디트리히 본회퍼의 저작들, 볼륨 6" (Ethics: Dietrich Bonhoeffer Works, Volume 6., Fortress Press, 2005), pp.388~408을 보라. 또한 클리포드 그린(Clifford J. Green), "영어판에 부치는 편집자의 소개의 글"(Editor's Introduction to the English Edition), pp.17~22를 보라.

83. 이 문장을 쓴 이후에 나는 제임스 브라운슨(James V. Brownson)의 "성경, 젠더, 성 정체성: 동성 관계에 대한 교회의 논쟁을 재구성하기" (Bible, Gender, Sexuality: Reframing the Church's Debate on Same-Sex Relationships, William B. Eerdmans Publishing Company, 2013), p.269에서 비슷한 주장을 하는 것을 보았다.

84. 리사 소울 카힐(Lisa Sowle Cahill), "여러 성들 사이에서: 성에 대한 기독교 윤리를 위한 기초들" (Between the Sexes: Foundations for a Christian Ethics of Sexuality, Fortress Press & Paulist Press, 1985), p.148

85. 제임스 브라운슨(James V. Brownson), "성경, 젠더, 성 정체성: 동성 간의 관계에 대한 교회의 논쟁을 재구성하기" (Bible, Gender, Sexuality: Reframing the Church's Debate on Same-Sex Relationships, William B. Eerdmans Publishing Company, 2013), p.259.

86. 나는 여기서 의도적으로 어떤 식으로든 언약적-부부의 성 윤리의 표준이 약화되는 것을 거부하려고 한다. 내 생각에는 오늘날 기독교 성 윤리의 많은 부분들이 적어도 미묘하게 그 표준을 약화시키려는 것처럼 보인다. 대표적인 예가 마가렛 팔리(Margaret Farley), "오직 사랑만이: 기독교적 성 윤리의 틀" (Just Love: A Framework for Christian Sexual Ethics, Continuum, 2006)이다.

87. 데이비드 거쉬(David P. Gushee)와 글렌 스타센(Glen H. Stassen), "하나님의 통치와 예수따름의 윤리: 오늘날의 상황에서 예수를 따름" (Kingdom Ethics: Following Jesus in Contemporary Context, 2nd edition), 제2판 (Eerdmans, 2016), p.173

88. 얼빙 그린버그(Irving Greenberg), "하늘과 땅을 위하여: 유대교와 기독교의 새로운 조우" (For the Sake of Heaven and Earth: The New Encounter between Judaism and Christianity, Jewish Publication Society, 2004), p.65

89. 잭 로저스(Jack Rogers)는 그의 책 "예수, 성경, 그리고 동성애: 신화를 폭파시키고 교회를 치유하기" (Jesus, the Bible, and Homosexuality: Explode the Myths, Heal the Church, Westminster John Knox, 2006)에서 "억압을 정당화하기 위해 성경을 잘못 사용했던" 기독교의 슬픈 역사를 언급한다.

90. 현재 이 주제를 가장 깊이 다루는 책으로는 켄 윌슨(Ken Wilson)의 "나의 교회에게 주는 편지: 게이, 레즈비언, 성전환자 등을 예수의 친구로 품기 위한 한 복음주의자 목사의 여정" (A Letter to my Congregation: An evangelical pastor's path to embracing people who are gay, lesbian, and transgender into the company of Jesus, Read the Spirit Books, 2014)이 있다.

91. 나는 데이비드 거쉬(David P. Gushee)의 다른 책 "인간의 삶의 신성함: 왜 고대의 성경적 비전이 세계의 미래에 열쇠가 되는가" (The Sacredness of Life: Why an Ancient Biblical Vision is Key to the World's Future, William B. Eerdmans Publishing Company, 2013), ch.6.에서 이 이야기를 다루었다.

92. 로즈마리 류터(Rosemary Ruether), "믿음과 형제 살인: 반유대주의의 신학적 뿌리" (Faith and Fratricide: The Theological Roots of Anti-Semitism, Winston Press, 1974).

93. 오늘날의 "성경에서의 보완적 역할을 주장하는 자들"은 역사적으로 기독교 가부장제에서 있었던 노골적인 요소들의 대부분을 버리면서 약간 후퇴하는 입장으로 물러섰는데, 교회 생활에서 남자가 여자를 이끌어야 한다고 말을 하지만 정확히 여자에게 어떤 제한을 두어야 하는지에 대해서는 서로 생각이 같지 않다. 존 파이퍼(John Piper)와 웨인 그루뎀(Wayne Grudem)의 "성경적 남성성과 여성성 회복하기: 복음주의적 페미니즘에 대한 응답" (Recovering Biblical Manhood and Womanhood: A Response to Evangelical Feminism, Crossway Books, 2012).

94. H. 리차드 니버(H. Richard Niebuhr), "책임있는 자신" (The Responsible Self, Harper & Row, 1963), p.60.

95. "복음주의적 사회 윤리: 미국과 미국의 기독교인들을 바꾸기"(Evangelical Social Ethics: Converting America and Its Christians) 중 1944~2014년 부분(신학적 윤리의 도서관, Library of Theological Ethics). 아이삭 샤프(Isaac B. Sharp)와 공저, Westminster John Knox Press, 2015.

96. 데이비드 거쉬(David P. Gushee), "결혼권 획득하기: 결혼을 보호하고 강화하기 위한 현실적인 조언" (Getting Marriage Right: Realistic Counsel for Saving and Strengthening Marriages, Baker, 2004), ch.1.

97. 가장 최근의 글은 마크 아크테마이어(Mark Achtemeier), "성경의 동성 결혼에 대한 예스: 한 복음주의자의 마음의 변화" (The Bible's Yes to Same-Sex Marriage: An Evangelical's Change of Heart, Westminster John Knox Press, 2014).

98. 아크테마이어(Achtemeier), "성경의 예스"(The Bible's Yes), ch.1.

99. 미첼 골드(Mitchell Gold)와 민디 드러커 (Mindy Drucker), "위기: 미국에서 게이로 성장하면서 겪은 개인적, 사회적, 종교적 고통과 정신적 충격을 보여주는 40개의 이야기들" (Crisis: 40 Stories Revealing the Personal, Social, and Religious Pain and Trauma of Growing Up Gay in America, Greenleaf Book Group Press, 2008), pp.111~118, 315~318.

100. 데이비드 거쉬(David Gushee), "홀로코스트의 의로운 이방인들: 기독교적 해석" (The Righteous Gentiles of the Holocaust: A Christian Interpretation, Augsburg Fortress Press, 1994).

101. bit.ly/3P5ddEw

102. bit.ly/1127OGg

103. 코디 샌더스(Cody J. Sanders), "퀴어가 주는 올바른 생활에 대한 교훈: 모든 기독교인들이 성소수자(LGBTQ)들의 삶으로부터 배울 수 있는 것," (Queer Lessons for the Straight & Narrow: What All Christians Can Learn from LGBTQ Lives, Faithlab, 2013).

104. 데이비드 거쉬(David P. Gushee), "미국 정치에 있어서의 믿음의 미래: 복음주의의 중심에서의 공적인 증언" (The Future of Faith in American Politics: The Public Witness of the Evangelical Center, Baylor University Press, 2008)

105. ampr.gs/3ORgeZA

106. bit.ly/1127OpR

107. 조지 거트리(George H. Guthrie), "'생각의 변화' 서평(Review of Changing Our Mind)," '복음의 연대' 중 서평, 성경과 신학 분야"(Reviews, Bible & Theology, The Gospel Coalition), 2015년 1월 9일, http://bit.ly/2r4JQHq.

108. 거트리(Guthrie), "서평"(Review). 제럴드 맥더모트(Gerald McDermott), "데이비드 거쉬의 동성 결혼의 수용"(David Gushee's embrace of gay marriage), Patheos의 노스햄튼 세미나 블로그 (The Northampton Seminar Blog, Patheos), 2014년 10월 31자, http://bit.ly/2r6EhsW.

109. 로버트 개그논(Robert A. J. Gagnon), 씨피 오피니언(CP Opinion), 크리스천 포스트 (The Christian Post), 2014년 10월 29일자. http://bit.ly/2q7N13K; 프레스턴 스프링클(Preston Sprinkle), "동성애에 대한 데이비스 거쉬의 최근의 변화"(David Gushee's Recent Shift on Homosexuality). Patheos의 Theology in the Raw Blog, 2014년 10월 28일자. http://bit.ly/2r6IPQ7.

110. 스프링클(Sprinkle), "최근 변화"(Recent Shift).

111. 거트리(Guthrie), "서평"(Review).

112. 같은 책

113. 거트리(Guthrie), "서평"(Review); 맥더모트(McDermott), "동성 결혼의 수용"(Embrace of gay marriage).

114. 개그논(Gagnon), "거쉬의 게이-입장변화"(Gushee's Gay-Switch).

115. 같은 책

116. 같은 책

117. 거트리(Guthrie), "서평"(Review).

118. 매튜 프랑크(Matthew J. Franck), "데이비드 거쉬의 대담한 새로운 성경적 성윤리"(David Gushee's Brave New Biblical Sexual Ethics), 정경과 문화: 기독교와 공적 영역(Canon & Culture: Christianity and the Public Square), 2014년 11월 10일자, http://bit.ly/2pCLMpJ.

119. 거트리(Guthrie), "서평"(Review).

120. 거트리(Guthrie), "서평"(Review).

121. 거트리(Guthrie), "서평"(Review); 칼 트루먼(Carl R. Trueman), "역사: 도망자 배심원?"(History: A Runaway Jury?), 우선적인 사항들(First Things) (저널). 2014. 10. 30일자. http://bit.ly/2q82qRn.

122. 데니 벌크(Denny Burk), "거쉬는 누구도 자신에게 문제제기하지 못하게 한다"(Gushee will allow no one to challenge him). DennyBurk.com. 2014.11.4일자. http://bit.ly/2q6ufdh; 제임스 화이트(James White), "오늘의 분리선(Today on the Dividing Line): NJ/NJ Report, 데이비드 거쉬(David Gushee), 오스틴 피셔(Austin Fischer)", "분리선"(The Dividing Line)(저널), Alpha & Omega Ministries, 2014.11.11일자. http://bit.ly/2pCOU4Q.

123. 크리스찬 스미스(Christian Smith), "불가능하게 만들어진 성경"(The Bible Made Impossible, Brazos, 2012). 나는 스미스(Smith)가 성경주의의 문제에 대해 말한 결론들을 깊이 따라가고 있다. 더 최근에는 마찬가지로 뛰어난 피터 엔스(Peter Enns)를 알게 되었고, 그의 의견에도 강하게 동의하고 있다. 이들 후기 복음주의자들은 나의 동료들이다. 이 사실은 내게 분명하고, 아마도 독자들이 내가 어디로부터 온 사람인지를 이해하는 데 도움을 주리라 생각한다. 엔스(Enns), "성경이 내게 그렇게 말한다" (The Bible Tells Me So, HarperOne, 2014)를 보라.

124. 프랑크(Franck), "용감한 새로운 성경적 성윤리"(Brave New Biblical Sexual Ethics); 개그논(Gagnon), "거쉬의 게이에 대한 입장 변화"(Gushee's Gay-Switch); 화이트(White), "분리선"(The Dividing Line).

125. 벌크(Burk), "아무도 문제제기 하지 않아야한다"(No one to challenge); 개그논(Gagnon), "거쉬의 게이-입장 변화"(Gushee's Gay-Switch); 거트리(Guthrie), "서평"(Review); 맥더모트(McDermott), "게이간의 결혼을 수용하기"(Embrace of gay marriage); 화이트(White), "분리선"(The Dividing Line).

126. 위의 책

127. 화이트(White), "분리선"(The Dividing Line).

128. 거트리(Guthrie), "서평"(Review).

129. 프랑크(Franck), "용감한 새로운 성경적 성윤리"(Brave New Biblical Sexual Ethics); 제프 기싱(Jeff Gissing), "거쉬가 성소수자(LGBT) 의제를 지지한다"(Gushee Endorses LGBT Agenda), Juicy Ecumenism, 2014, 10,28일자, http://bit.ly/2r6Ggh7; 거트리(Guthrie), "서평" (Review).

130. 위의 책.

131. 화이트(White), "분리선"(The Dividing Line).

132. 화이트(White), "분리선"(The Dividing Line).

133. 위의 책.

134. 벌크(Burk), "거쉬의 마음의 변화"(Gushee's change of heart).

135. 개그논(Gagnon), "거쉬의 게이-입장 변화"(Gushee's Gay-Switch); 거트리(Guthrie), "서평"(Review). 프레스톤 스프링클(Preston Sprinkle), "데이비드 거쉬와 동성애에 대한 더 많은 생각들"(More Thoughts on David Gushee and Homosexuality), Petheos의 Theology in the Raw Blog, 2014년 10월 29일, http://bit.ly/2r2UDD7.

136. 개그논(Gagnon), "거쉬의 게이-입장 변화"(Gushee's Gay-Switch); 거트리(Guthrie), "서평"(Review); 기싱(Gissing), "성소수자(LGBT) 의제 지지"(Endorses LGBT Agenda).

137. 위의 책.

138. 개그논(Gagnon), "거쉬의 게이-입장 변화"(Gushee's Gay-Switch); 데니 벌크(Denny Burk), "데이비드 거쉬의 마음의 변화가 진정으로 의미하는 것"(What David Gushee's change of heart really means), DennyBurk.com, 2014년 10월 24일, http://bit.ly/2q83epF.

139. 프랑크(Franck), "용감한 새로운 성경적 성윤리"(Brave New Biblical Sexual Ethics); 기싱 (Gissing), "성소수자(LGBTQ) 의제 지지" (Endorses LGBTQ Agenda).

140. 위의 책.

141. 벌크(Burk), "거쉬의 마음의 변화"(Gushee's change of heart); 개그논(Gagnon), "거쉬의 게이-입장 변화"(Gushee's Gay-Switch); 거트리(Guthrie), "서평"(Review); 화이트(White), "분리 선."(The Dividing Line)

142. 개그논(Gagnon), "거쉬의 게이-입장 변화"(Gushee's Gay-Switch); 화이트(White), "분리선" (The Dividing Line).

143. 벌크(Burk), "거쉬의 마음의 변화"(Gushee's change of heart); 프레드 클락(Fred Clark), "이것은 큰 문제다: 데이비드 거쉬의 '생각의 변화'"(This is a big deal: David Gushee's 'Changing Our Mind), Petheos의 Slacktivist Blog, 2014년 10월 27일. http://bit.ly/2q9mHok.; 조나단 메릿(Jonathan Merritt), "선도적인 복음주의 윤리학자인 데이비드 거쉬는 이제 성소수자 (LGBT) 옹호론자이다. 그것이 중요한 이유"(Leading Evangelical Ethicist David Gushee Is Now Pro-LGBT. Here's Why It Matters), 조나단 메릿의 믿음과 문화에 대한 의견(Opinion: Jonathan Merritt on Faith & Culture), Religion News Service, 2014년 10월 24일, http://bit.ly/ 2ppeOOs/.

144. 벌크(Burk), "거쉬의 마음의 변화"(Gushee's change of heart).

145. 프랑크(Franck), "용감한 새로운 성경적 성윤리"(Brave New Biblical Sexual Ethics). 본회퍼 (Bonhoeffer)에 관한 한, 나는 그가 후기에 쓴 '윤리'(Ethics)에 의해 가장 영향을 많이 받았다: 디트리히 본회퍼(Dietrich Bonhoeffer)의 저작들 제6편 (Fortress Press, 2005). 본회퍼(Bonhoeffer)에 관한 최고의 전기는 이 책이다: 페르디난드 쉴링겐시에펜(Ferdinand Schlingensiepen), 디트리히 본회퍼(Dietrich Bonhoeffer) 1906-1945 (T and T Clark, 2012). 이 책은 본회퍼(Bonhoeffer) 에 대해 쉽게 알 수 있는 증거 본문이므로, 나는 여기에서 논하지 않겠다. 그러나, 쉴링겐시에펜 (Schlingensiepen)의 책, pp.33, 50, 89, 90과 본회퍼(Bonhoeffer)의 '윤리'(Ethics) p.94를 보라.

인용된 책들

Achtemeier, Mark. *The Bible's Yes to Same-Sex Marriage: An Evangelical's Change of Heart*. Louisville: Westminster John Knox Press, 2014.

Barton, Bernadette. *Pray the Gay Away: The Extraordinary Lives of Bible Belt Gays*. New York/London: New York University Press, 2012.

Bird, Phyllis A. "The Bible in Christian Ethical Deliberation Concerning Homosexuality: Old Testament Contributions," in *Homosexuality, Science, and the "Plain Sense" of Scripture*, ed. David L. Balch. Grand Rapids, MI: William B. Eerdmans Publishing Company, 2000.

Bonhoeffer, Dietrich. *Ethics: Dietrich Bonhoeffer Works, Volume 6*. Minneapolis: Fortress Press Press, 2005.

Brownson, James V. *Bible, Gender, Sexuality: Reframing the Church's Debate on Same-Sex Relationships*. Grand Rapids: William B. Eerdmans Publishing Company, 2013.

Brueggemann, Walter. *Genesis: Interpretation: Bible Commentary for Teaching and Preaching*. Atlanta: John Knox Press, 1982.

Cahill, Lisa Sowle. *Between the Sexes: Foundations for a Christian Ethics of Sexuality*. Philadelphia: Fortress Press Press/New York: Paulist Press, 1985.

Chu, Jeff. *Does Jesus Really Love Me? A Gay Christian's Pilgrimage in Search of God in America*. New York: HarperCollins, 2013.

Douglas, Mary. *Purity and Danger: An Analysis of Concepts of Pollution and Taboo*. London: Routledge Classics, 2002.

Farley, Margaret. *Just Love: A Framework for Christian Sexual Ethics*. New York/London: Continuum, 2006.

Friedman, Richard Elliott and Shawna Dolansky. *The Bible Now*. Oxford: Oxford University Press, 2011.

Gagnon, Robert A.J. *The Bible and Homosexual Practice: Texts and Hermeneutics*. Nashville: Abingdon Press, 2001.

Gold, Mitchell with Mindy Drucker. *Crisis: 40 Stories Revealing the Personal, Social, and Religious Pain and Trauma of Growing Up Gay in America*. Austin, TX: Greenleaf Book Group Press, 2008.

Greenberg, Irving. *For the Sake of Heaven and Earth: The New Encounter Between Judaism and Christianity*. Philadelphia: Jewish Publication Society, 2004.

Grimsrud, Ted and Mark Thiessen Nation, *Reasoning Together: A Conversation on Homosexuality*. Scottdale, PA: Herald Press, 2008.

Gushee, David P. *The Future of Faith in American Politics: The Public Witness of the Evangelical Center*. Waco, TX: Baylor, 2008.

Gushee, David P. *Getting Marriage Right: Realistic Counsel for Saving and Strengthening Marriages*. Grand Rapids: Baker, 2004.

Gushee, David P. *The Righteous Gentiles of the Holocaust: A Christian Interpretation*. Minneapolis: Augsburg Fortress Press, 1994

Gushee, David P. *The Sacredness of Life: Why an Ancient Biblical Vision is Key to the World's Future*. Grand Rapids, MI: William B. Eerdmans Publishing Company, 2013.

Gushee, David P., and Isaac B. Sharp, editors. *Evangelical Social Ethics: Converting America and Its Christians, 1944-2014* (Library of Theological Ethics). Louisville: Westminster John Knox Press, forthcoming 2015.

Hays, Richard B. *First Corinthians: Interpretation Bible Commentary*. Louisville: John Knox Press, 1997.

Hill, Wesley. *Washed and Waiting: Reflections on Christian Faithfulness and Homosexuality*. Grand Rapids: Zondervan, 2010.

Jordan, Mark D. *The Invention of Sodomy in Christian Theology*. Chicago: University of Chicago Press, 1997.

Lee, Justin. *Torn: Rescuing the Gospel from the Gays-vs.-Christians Debate*. New York: Jericho Books, 2012.

Loader, William. *The New Testament on Sexuality*. Grand Rapids: William B. Eerdmans Publishing Company, 2012.

Marin, Andrew. *Love is an Orientation: Elevating the Conversation with the Gay Community*. Downers Grove, IL: Intervarsity Press, 2009.

Marks, Jeremy. *Exchanging the Truth of God for a Lie: One Man's Spiritual Journey to Find the Truth about Homosexuality and Same-Sex Partnerships*, 2nd edition. Glasgow: Bell & Bain, 2009.

Martin, Dale B. *Sex and the Single Savior: Gender and Sexuality in Biblical Interpretation*. Louisville: Westminster John Knox, 2006.

Milgrom, Jacob. *Leviticus: A Continental Commentary*. Minneapolis: Fortress Press Press, 2004.

Myers, David G. *Psychology*, 10th edition. New York: Worth Publishers, 2013.

Noth, Martin. *Leviticus: Old Testament Library*. Philadelphia: Westminster Press, 1965.

Paris, Jenell Williams. *The End of Sexual Identity: Why Sex Is Too Important to Define Who We Are*. Downers Grove, IL: Intervarsity Press, 2011.

Piper, John and Wayne Grudem, *Recovering Biblical Manhood and Womanhood: A Response to Evangelical Feminism*. Wheaton, IL: Crossway Books, 2012).

Roberts, Christopher Chennault. *Creation and Covenant: The Significance of Sexual Difference in the Moral Theology of Marriage*. New York/London, T & T Clark, 2007.

Rogers, Jack. *Jesus, the Bible, and Homosexuality: Explode the Myths, Heal the Church*. Louisville: Westminster John Knox, 2006.

Ruether, Rosemary. *Faith and Fratricide: The Theological Roots of Anti-Semitism*. Minneapolis: Winston Press, 1974.

Sanders, Cody J. *Queer Lessons for the Straight & Narrow: What All Christians Can Learn from LGBTQ Lives*. Macon, GA: Faithlab, 2013.

Ruden, Sarah. *Paul Among the People: The Apostle Reinterpreted and Reimagined in His Own Time*. New York: Image Books, 2010.

Stassen, Glen H. and David P. Gushee, *Kingdom Ethics: Following Jesus in Contemporary Context*. Downers Grove, IL: Intervarsity Press, 2003.

Stowe, Harriet Beecher. *Uncle Tom's Cabin*. New York: Barnes & Noble Classics, [1852] 2003.

Thiselton, Anthony C. *The First Epistle to the Corinthians: New International Greek Testament Commentary*. Grand Rapids, MI/Cambridge: William B. Eerdmans Publishing Company, 2000.

Trible, Phyllis. *Texts of Terror: Literary-Feminist Readings of Biblical Narratives*. Philadelphia: Fortress Press Press, 1984.

VanderWal-Gritter, Wendy. *Generous Spaciousness: Responding to Gay Christians in the Church*. Grand Rapids: Brazos, 2014.

Vasey, Michael. *Strangers and Friends: A New Exploration of Homosexuality and the Bible*. London: Hodder & Stoughton, 1995.

Vines, Matthew. *God and the Gay Christian: The Biblical Case in Support of Same-Sex Relationships*. New York: Convergent Books, 2014.

von Rad, Gerhard. Genesis: *Old Testament Library*, revised edition. Philadelphia: Westminster Press, 1972.

Webb, William J. *Slaves, Women & Homosexuals: Exploring the Hermeneutics of Cultural Analysis*. Downers Grove, IL: Intervarsity Press, 2001.

Wenham, Gordon J. *Leviticus: New International Commentary on the Old Testament*. Grand Rapids: William B. Eerdmans Publishing Company, 1979.

Wilson, Ken. *A Letter to my Congregation: An evangelical pastor's path to embracing people who are gay, lesbian and transgender into the company of Jesus*. Canton, MI: Read the Spirit Books, 2014.

Wold, Donald J. *Out of Order: Homosexuality in the Bible and the Ancient Near East*. Grand Rapids: Baker, 1998.

저자에 대하여

데이비드 거쉬(David P. Gushee) 박사(뉴욕 유니온 신학교에서 학위)는 머서 대학 (Mercer University)의 기독교 윤리학과의 저명한 교수이고, 암스테르담 브리제 대학 (Vrije Universiteit Amsterdam)의 기독교 사회 윤리학과의 학과장이며, 국제 침례교 신학 연구 센터(International Baptist Theological Study Centre)의 선임 연구원이다.

거쉬(Gushee)는 미국 종교학회(The American Academy of Religion)와 기독교 윤리학회(The Society of Christian Ethics)의 회장으로 선출되어, 미국에서 선도적인 기독교 윤리학자들 중 하나임을 알렸다. 그는 25권 이상의 책을 집필했고 175권 가량의 책에서 챕터의 저자, 공동저자, 또는 편집자로 참여했으며, 여러 학술 논문, 서평 등도 집필하였다. 그가 가장 인정을 받은 초기 저작들은 "홀로코스트(Holocaust)의 의로운 이방인들(Righteous Gentiles of the Holocaust)," "하나님의 통치와 예수 따름의 윤리(Kingdom Ethics)," "인간의 삶의 신성함(The Sacredness of Human Life)" 등이 있다. 2014년에 출판된 "생각의 변화(Changing Our Mind)"와 그 후에 나온 "복음주의 그 이후(After Evengelicalism)"의 출판과 함께, 그는 후기 복음주의 기독교인들을 위한 신학 과정을 기획해 오고 있으며, 그의 회고록인 "여전히 기독교인 (Still Christian)"에서 이 과정이 자신의 개인적 경험과 연결되어 있다고 밝혔다. 기독교 윤리를 보다 쉽게 쓴 "기독교 윤리 입문"의 출판과 함께, 이러한 작업들이 그의 독자 층을 상당히 넓게 해 주었다.

그의 오랜 경력을 통해, 그는 대학생들과 신학생들과 박사과정 학생들에게 헌신 적인 스승이었다. 그는 또한 기후문제, 고문, 성소수자(LGBTQIA) 포용을 위한 운동 가들의 활동을 이끌었으며, 교회들, 포럼들, 대학들에서 초청강사로서 강연하고 있다.

거쉬(Gushee) 박사는 일반 매체 활동으로, 의견란에 수백 개의 글을 기고했고, 주요 방송들과 팟캐스트에서 계속 인터뷰를 하고 있다.

거쉬(Gushee) 박사와 그의 아내인 지니(Jeanie)는 아틀란타(Atlanta)에 살고 있으며, 그와 접속하려면 뉴스레터인 davidpgushee.com을 구독하거나 소셜미디어에서 @dpgushee를 통해 할 수 있다.

황호동 번역

황호동 목사는 밴더빌트 신학교에서 목회학 석사를 받고, 2011년부터 미국 장로교회(PCUSA) 교단에서 사역을 해왔으며, 현재는 뉴욕주의 웨스턴 장로교회(Western Presbyterian Church)의 담임 목사로 섬기고 있다.

학습 안내서

로버트 콘월
(Robert Cornwall)목사

자신의 커밍아웃을 통해 모든 사람을 받아들여
주시는, 특별히 그리스도 안에서 형제,
자매된 성소수자(LGBT)들을 받아 주시는 하나님의
은혜에 대해 나의 눈을 뜨게 해 준 나의 형제,
짐(Jim)에게 바친다.

소개의 글

대략 15년 전에 나의 유일한 형제인 남동생이 게이로 커밍아웃을 했다. 그는 그 때 이미 30대 중반이었다. 그는 교회 활동에 열심이었고, 심지어는 잘 알려진 대형 복음주의 교회의 지역 위성교회 청소년부를 이끄는 리더 그룹에 속해 있었다. 그가 커밍아웃했을 당시에, 나는 게이이면서 좋은 믿음 생활을 하는 기독교인은 없다는 생각을 여전히 하고 있었다. 비록 나는 게이나 레즈비언들도 존중받아야 하고, 또 차별받지 않아야 한다고 생각했지만, 그들이 교회 안에 들어오는 것까지, 아니면 적어도 리더 역할을 하는 자리들을 차지하는 데까지 열려 있는 것은 아니었다. 그렇게 그들이 교회에 오는 것은 환영할 수 있고, 아마 교회에 멤버로 등록하는 것도 받아들일 수 있었다. 그러나, 그들이 교회의 리더쉽이 되거나 안수를 받거나 교회에서 결혼을 하는 것까지는 받아들이지 못했다(물론 그 때에는 법적 결혼이 아직 먼 얘기였던 시절이었다).

내 동생이 커밍아웃 했을 때, 그동안 학자들의 대화 소재로만 여겼던 일이 내 개인의 문제가 되었다. 만일 사랑하는 내 동생이 게이라면, 나는 이 사실과 나의 믿음 체계를 어떻게 조화시킬 수 있을까? 이 문제에 직면한 다른 많은 이들과 같이, 나는 내가 가진 전제들을 다시 생각하기 시작했다. 여기에는 내가 이해했던 "자연적"이란 개념도 포함되었다. 또한 나는 성경을 읽는 방식에 대해서도 다시 생각하기 시작했다. 내가 무엇을 놓치고 있는 것인가? 한 때 여자들을 교회 사역에서 제외시켰던 것이나 그 이전 세대에서 노예제도를 지지했던 것처럼, 이 본문들도 그런 부류로 여겨야 하는 것인가? 결국, 내 생각이 바뀌었다. 나는 교회에서 성소수자(LGBT)들을 온전히 포용하는 것을 반대했던 위치에서 그러한 온전한 포용을 지지하는 위치로 바뀌었다.

내가 생각의 변화를 경험한 것처럼, 내가 섬겼던 교회에서 그 질문을 제기해야만 했다. 그것은 쉽지 않았고, 이 "문제"와 전적으로 씨름해 보지 않은 새로운 교회로 옮긴 후에도 그것은 쉬운 문제가 아니었다. 회중들은 복잡한 공동체이다. 자신들이 포용적이고 우호적이라고 여기는 교회들 조차, 경계를 정하고 벽을 쌓을 수 있다. 그렇다면, 만일 하나님께서 여러분에게 원하시는 것이 그런 경계를 지우고 그런 벽들을 허무는 것이라면, 여러분은 어떻게 그 일을 해낼 수 있겠는가?

데이비드 거쉬(David Gushee)의 책, "생각의 변화(Changing Our Mind)"를 만나게 된 것은 현재의 교회에서 온전한 포용을 이루기 위한 과정에 있던 때였다. 나는 오랫 동안 기독교 윤리학자로서의 데이비드(David)와 그의 글들에 대해 알고 있었다. 나는 최근에 나의 블로그에서 그의 책, "인간의 삶의 신성함"(The Sacredness of Human Life, Eerdmans, 2013)을 올해의 책으로 선정하였다. "생각의 변화(Changing Our Mind)"에 나오는 내용의 일부가 방금 언급한 이 책에서도 나오기는 하지만, 그는 "생각의 변화(Changing Our Mind)"에서 한 걸음 더 나아갔다. 그는 "생각의 변화(Changing Our Mind)"에서 기독교 공동체에게 성소수자(LGBT)들을 온전히 포용하도록 요청했다. 그는 복음주의를 선도하는 신학자이자 윤리학자의 관점에서 그런 주장을 하였다. 이 책은 내가 사역하는 교회를 포함하여, 전체 교회에서 판도를 뒤바꾸어 놓은 책이 되었다.

내가 데이비드의 책을 읽는 동안에, 내가 사역하는 교회에서는 우리가 성소수자(LGBT)들에게 열린 교회, 그들을 지지하는 교회가 되어야 하는 지에 관해 논쟁적인 대화가 종종 벌어지고 있었다. 우리 교인들 중에는 게이, 레즈비언, 양성애자들인 교인들이 있었다. 교회 직원 중에 두 사람이 게이였다 (그 중 한 명은 다른 게이와 결혼한 사람이었다). 우리는 우리 자신을 우호적이고 포용적인 모습으로 묘사하기 원했지만, 우리는 누구에게 교회에서 결혼할 수 있는 자격을 부여할 지의 문제를 갖고 쩔쩔매는 교회인 것처럼 보였다. 그 책을 읽은 후, 나는 교회 리더들 중 일부와 만났고, 교회의 연례 강좌에 데이비드(David)를 초대하면 어떨지 제안하였다. 그들은 동의했고 우리는 초대장을 보냈다. 데이비드(David)는 수락해주었다. 계획이 세워졌다. 데이비드(David)의 방문을 준비하는 과정의 일환으로, 우리는 가능한 한 많은 교인들이 그의 책을 읽도록 권하기로 결정하였다. 공부 모임들 중 두 개의 그룹이 데이비드가 도착하기 몇 주 전에 이 책을 읽고 토론하였다. 여기에서 제시하는 공부 안내서가 그 결과인데, 내가 작성하고 일부 수정을 거친 것이다.

데이비드가 방문할 당시 몇몇 사람들이 이 문제로 어려움을 겪고 있었다. 그들은 사회 속에서 전해 내려온 규범들, 종교적 가르침들, 자신들이 이해하는 성경 등의 문제들과 씨름하고 있었다. 비록 우리가 어느 정도 진보적이고 자유로운 교회로서의 역사를 가진 주류 개신교에 속한 교회였지만, 우리 교인들은 다양한 신학적 스펙트럼을 가진 사람들이었다. 그 동안 개방, 포용, 지지 등에 관한 대화를 수 년 동안 해왔지만, 여전히 앞으로 더 나아가는 것을 불편해하는 사람들이 계속 있었다. 데이비드(David)가 도착하기 전에, 우리는 그러한 대화를 계속해 나가기 위한 몇 개의 행사들을 열었지만, 우리가 바랐던 결과를 얻지는 못했다. 사실, 그 행사들 중 하나는 우리를 오히려 뒷걸음치게 만들었다. 그리고는, 데이비드(David)가 왔다. 그가 가진 기독교 신앙과 성경의 권위에 대한 헌신, 한 인간으로서 그의 진실성, 그리고 우리가 가는 이 길에서 우리는 서로 다른 위치에 서 있다는 그의 인식 등이 중대한 차이를 만들어냈다. 갈팡질팡하던 사람들 중 여러 명은 그의 메시지에 감동을 받았다. 그들이 여전히 이런 질문들과 씨름할 수는 있겠지만, 데이비드(David)를 만난 경험은 그들이 온전한 포용과 지지의 방향으로 나아가는데 도움을 주었다. 그 경험은 강력했다. 내가 듣고 본 것들로 인해 나도 감동을 받았다. 나는 성소수자(LGBTQ+) 자녀를 가진 가족들과 함께 새로운 사역을 꿈꿀 수 있게 되었다.

나는 이 책과 한 인간으로서의 데이비드(David)가 내가 사역하는 교회와 전체 교회에 주신 하나님의 선물이라고 믿는다. 데이비드(David)가 내가 다른 곳에서는 보지 못했던 방식으로 대화를 계속할 수 있도록 해 주었다고 나는 믿는다. 어떤 사람들은 그의 메시지가 너무 조심스럽고 심지어는 보수적이라고 생각할 지 모르지만, 교회에 있는 많은 이들은 교회가 이전과 완전히 다른 입장을 취하게 될 때에는 그러한 접근이 필요하다고 생각한다. 그런 마음으로, 여러분이 이 책을 통해 열려 있는, 지지하는, 우호적인, 그리고 사랑을 실천하는 교회와 기독교인이 된다는 것의 의미를 더 잘 이해하기 위한 이 여정에 나와 함께 나서기를 요청한다.

다음에 나오는 공부 안내서는 다섯 개의 세션으로 나누어지며, 이 책의 각 장 마다 질문들이 포함되어 있다. 스터디 그룹들은 모든 질문을 활용해야 하는 의무감을 가질 필요가 없으며, 그룹을 인도하는 사람들은 이 자료를 다섯 개보다 더 많은 세션으로 나눌 수도 있다. 그러나, 여러분이 이 책과 이 학습 안내서를 공부할 때 내 소망과 기도 제목은, 여러분과 여러분의 교회가 개인들의 삶과, 교회와, 교단과, 전체 사회를 향해 하나님이 제시하시는 방향을 분별하게 되는 것이다.

로버트 콘월(Robert Cornwall) 박사는 미시간(Michigan)의 트로이(Troy)에 있는 센트럴 우드워드 크리스챤 교회(Central Woodward Christian Church, Disciples of Christ 교단에 소속)에서 사역하는 목사이다.

제1주

제1장: 뉴욕에서 살기

레즈비언, 게이, 양성애자, 성전환자들의 문제가 교회에서, 그리고 사회에서 전면에 대두되었다. 더 이상 회피할 수 없는 문제이다. 그 문제 때문에 세대가 나뉘고 교회를 떠나는 사람들이 생기고 있다. 누군가는 교회가 충분히 포용적이지 않다고 생각하고, 누군가는 교회가 너무 포용적이라고 생각하기 때문이다. 그러한 논쟁이 격화되면서, 많은 사람들이 공동체에 대해 가졌던 관념을 버리고 자신들의 생각을 바꾸고 있다. 그러한 사람들 중에 복음주의를 선도하는 윤리학자인 데이비드 거쉬(David Gushee) 박사가 있다. "생각의 변화(Changing Our Mind)"를 여는 첫 장에서, 그는 게이와 레즈비언 기독교인들의 이야기들을 들으면서, 자신의 생각이 바뀌었다고 고백한다.

- 어떻게 그의 생각이 바뀌었는가?
- 그의 생각과 마음이 바뀌도록 이끈 요소들은 무엇인가?
- 이것을 기억하면서, 우리 자신의 이야기들을 나누어 보자.
- 여러분이 가지고 있는 성과 도덕성에 대한 관점은 어떻게 형성되었는가?
- 이러한 대화에서 여러분이 맺고 있는 관계들은 어떤 역할을 하는가?
- 여러분이 성소수자(LGBTQ)인 사람을 알고 있다는 것이 여러분의 관점을 형성하는 데 영향을 끼치는가?

만일 경험이 하나의 요소가 된다면, 어떻게 이러한 경험이 성의 문제와 관련하여 여러분이 성경을 이해하는 방법에 영향을 주었는가?

제2장: 문제를 가진 교회

이 순간에 던지는 질문: 이 문제에 있어서 교회는 어디에 있는가? 데이비드(David)는 문제를 제기하는 데에는 네 가지의 방법이 있다고 제시한다. 그 각각을 살펴보면서, 그가 방안들을 적절히 제시했다고 느끼는가? 당신 자신의 취하는 방안은 무엇인가?

교회는 동성 간의 관계가 잘못되었다고 믿는다.

• 만일 이러한 생각이 교회가 갖는 지배적인 관점이고, 넓게 보아서 이 생각이 계속해서 지배적 관점을 차지하고 있다면, 여러분은 이러한 상황이 달라지고 있다고 느끼는가?

• 교회에서 전통적으로 이해하는 성도덕과 동성 관계에서는 무엇을 중요시한다고 말할 수 있는가?

• 만일 변화가 일어나고 있다면, 이 변화를 보면서 여러분은 어떻게 말하겠는가?

교회의 성소수자(LGBTQ+) 공동체에 대한 입장 때문에 교회에 문제가 생긴다.

• 사회 전반의 변화된 입장이 교회에 어떤 문제를 제기하는가?

• 젊은 사람들은 교회의 성소수자(LGBTQ+) 들에 대한 태도가 자신들이 교회를 떠나는 주요한 원인이라고 말하는데, 우리는 이런 소식에 대해 어떤 생각을 해야 하는가?

• 이러한 증거를 바탕으로, 교회는 어떤 종류의 대화를 해야 하는가?

• 만일 수백 만명의 성소수자(LGBTQ+) 기독교인들이 존재한다면, 교회는 어떻게 반응해야 하는가?

게이들은 교회에 대해 문제를 갖고 있다.

• 교회들은 오랫동안 "묻지도 말고, 말하지도 말라"는 원칙을 실천해 왔다. 이것 때문에 교회에 다니는 많은 사람들은 자신이 어떤 게이도 알지 못한다고 말하거나, 자신이 알고 있는 게이 기독교인은 없다고 결론짓는다. 여러분도 그러한가?

• 데이비드(David)에 따르면, 숨겨놓았던 문제가 드러났을 때 교회는 어떻게 반응할 지 몰랐다고 말한다. 게이와 레즈비언들은 이러한 교회의 반응을 문제라고 받아들였는데, 왜냐하면 그들은 아주 오랫동안 모욕적인 말을 들어왔고, 교회를 적으로 여기게 되었기 때문이다. 그들의 친구들과 친척들 역시 같은 결론을 갖게 되었다. 이러한 인식을 바꾸기 위해서 어떤 일들을 해야 하는가?

• 교회는, 적어도 기독교인들은 이러한 태도에 대해 회개해야만 하는가?

이른바 "하나의 교회(the church)"란 존재하지 않는다.

- 우리가 "교회(the church)"라고 할 때, 우리는 무슨 의미로 사용하는가? 정말로 "하나의 교회(the church)"라는 것이 존재할까? 아니면, 다양하게 많은 관점들을 가진 무수히 많은 교회들이 존재하는 것일까?
- 여러 전통들이 각자의 교리들과 관습들을 가지고 있는 가운데, 여러분의 가치와 믿음은 더 큰 교회 제도에 의해 형성된 것인가, 아니면 국지적 현실에 의해 형성된 것인가?
- 지역 교회의 자율성을 중시하는 교회들의 전통에 대해 어떻게 생각하는가? 더 밀접하게 조직화된 시스템에 속해 있는 교회들과 비교하여 볼 때, 그런 전통을 가진 교회들은 성소수자(LGBTQ+)에 관한 질문들을 어떻게 다르게 다룰 것이라 생각하는가?
- 우리 모두가 개별적으로 마음과 생각의 변화를 경험할 수 있지만, "전체 교회의 범주"에서 변화가 있다는 것은 어떤 의미인가?
- 이 문제에 있어서 하나의 교회(the church)가 그 생각이나 태도를 바꾸면서도 또한 여전히 복음에 충실할 수 있을까? (p.13~14).
- 데이비드(David)는 이것이 가능하다고 말하며, 따라서 성적 헌신의 관계들을 전통적인 언약의 구조 안으로 가져가기를 우리에게 제안한다. 어떻게 이것이 가능할까?

제3장: 대화의 시작

이 장에서 데이비드 거쉬(David Gushee)는 교회 안에서 성소수자(LGBTQ) 문제에 대해 나타날 수 있는 세 가지 종류의 반응을 알려준다. 이 반응들을 각각 정의하고 논의해 보라. 이 세 개의 반응에 대해 어떤 생각을 하는가? 여러분 자신은 어디에 속하는가? 여러분의 교회는? 여러분의 교단은?

- **전통주의자들(Traditionalists)**: 전통적인 기독교적 또는 문화적 입장을 유지하고 싶어하는 사람들
- **수정주의자들(Revisionists)**: 성경 해석과 교회 관습 등에 변화가 생기기를 바라는 사람들
- **회피주의자들(Avoiders)**: 이것이 교회에서 현존하는 가장 일반적인 입장인가? 왜 그런가? 회피하는 태도에 대해 교회나 교회의 지도자들은 어떻게 반응할까?

제4장: 정확히 무엇이 문제인가?

상당수의 기독교인들이 성에 대한 기독교의 관점이라고 믿고 있는 "역사적인" 표준은 무엇인가? 우리가 다음과 같은 용어로 이 역사적인 표준을 규정할 수 있을까?

- 우리는 뚜렷이 구별되는 두 개의 젠더로 존재하며, 오직 자신과 성이 다른 사람과만 성적 관계를 갖도록 신적 명령을 받았다.
- 성적 관계는 평생 일부일처의 결혼 관계 안으로만 제한되며, 신이 주신 결혼의 목적은 출산이라는 것에 초점이 있다.
- 젠더의 역할들/관계들은 가부장제에서 정한 규정에 따라서 이해되며, 각 젠더에게는 신이 미리 정해준 역할들이 부여된다.

오늘날 이러한 성과 젠더의 인식은 어떠한 도전에 직면하고 있는가?

- 사회 속에서 점점 많은 이들이 동성끼리의 끌림이 끊임없이 존재한다는 것과 그 형태가 더 유동적인 경우들이(양자택일이 아닌) 존재함을 인식하고 있다.
- 이제는 생물학적으로 확실하지 않은 젠더로 볼 수 있는 사람들의 존재에 대해 인식하고 있다.
- 2015년에 있었던 한 갤럽조사에서 미국인의 3~5%가 자신을 성소수자(LGBTQ+)라고 인식했다.
- 동성 간의 끌림을 막으려 하거나 "치료"하려는 시도들이 일반적으로 실패로 판명되었다는 사실에 대해 어떻게 생각하는가?
- 연구 결과에 따르면 다양한 성적 지향성이 존재한다는 것은 사실임이 드러났다. 이에 대해 어떻게 생각하는가?
- 호프 대학(Hope College)의 데이비드 마이어스(David Myers)는 성적 지향성(로맨틱한 성적 욕망), 성 정체성(사회적인 영향을 받은 자기 이해), 성적 행동(우리가 선택적으로 행하는 성적 행위)를 서로 구분하고 있다.
- 성적 지향성은 "잘 쓰는 손"과 같은 것이다. 그냥 그런 것이다. 그렇다면 우리가 어떻게 반응해야 하는가?

데이비드 거쉬(David Gushee)는 우리가 생각의 변화라는 길을 따라 가다 보면, 그 길에서 갈림길들을 만나게 될 것이라고 말한다. 우리의 여정 가운데 이 지점에서 (제4장의 마지막에서), 우리는 첫번째 갈림길을 만나게 된다. 그러므로, 더 앞으로 나아가기 전에, 우리는 다음과 같은 질문을 던질 필요가 있다:

- 우리는 개인적인 이야기들, 심리학적 연구, 의학적 결론들을 진지하게 받아들이고, 그것들을 기독교인의 사고와 사역에 결합시킬 것인가?

아니면, 그것들을 무시할 것인가?

제2주

제1주에 나왔던 대화를 요약하자면, 교회의 입장은 기본적으로 세 가지로 나눌수 있다고 언급했다. 우선, 적합한 성적 결합이란 본래 이성 간에 이루어지는 것이고, 결혼은 한 남자와 한 여자 사이에 이루어져야 한다는 전통주의자(traditionalists)들의 관점이다. 그 다음은 수정주의자 (revisionists)들인데, 이들은 대다수의 사람들은 이성애를 성적 지향성으로 갖지만, 기독교인들을 포함한 일정한 비율의 사람들은 동성에게 끌린다고 주장한다. 세번째의 그룹은 회피주의자(avoiders)들로 부르는데, 이들은 여러가지 이유로 이 문제를 면밀하게 다루려 하지 않는다. 이러한 세 그룹을 생각하면서 우리는 이 여정을 계속 하고자 한다.

지난 주의 대화 마지막 부분에서, 우리는 첫번째 갈림길을 만났다. 이 지점에서 제기되었던 문제는 우리가 과연 개인적인 서술들, 심리학적 연구, 의학적 결론들을 진지하게 받아들이고, 그것들을 기독교인의 사고와 사역에 결합시킬 것인지를 묻는 것이었다. 여러분 자신은 어떠한 입장을 갖고 있는가? 여러분은 이러한 질문들을 더욱 전적으로 계속 다루어 나갈 준비가 되었는가?

제5장: 우리가 모두 지지할 수 있는 변화

제5장에서, 데이비드 거쉬(David Gushee)는 (바라건데) 우리 모두가 동의할 수 있는 생각의 변화가 존재한다고 제시한다. 그는 여기에서, 성윤리에 대한 전통주의 적인 관점은 유지하면서도, 고용이나 주거 문제와 관련하여 성소수자(LGBTQ+)들을 차별하는 것은 적절하지 않다고 인정하는 많은 전통주의자들에 대해 이야기한다. 또한 전통주의자들은 성소수자(LGBTQ+)들을 괴롭히고 낙인을 찍는 것을 거부하며, 그 중 많은 이들은 심지어 게이들이 우리 가운데 생활하고 있고, 그들은 관대한 대우를 받아야 한다는 것도 인정한다. 어떻게 이것이 좋은 뉴스가 될 수 있을까?

데이비드(David)의 평가에 여러분은 어떻게 반응하겠는가? 우리가 보는 종교적 자유를 옹호하는 입장이 지금은 한 켠으로 물러났다는 그의 의견에 대해 어떻게 생각하는가? 왜 그것이 방어적인 방식의 사고라 말할 수 있는가? 여러분은 그것이 지속가능한 입장이라고 생각하는가?

제6장: 게이 기독교인들은 존재한다

앞의 장에서, 데이비드(David)는 스스로를 전통주의자들로 생각하는 사람들이 성소수자(LGBTQ+)들을 대하는 태도가 부드러워졌다고 말했다. 이 장에서 그는 많은 전통주의자들이 우리들의 교회 안에도 게이 기독교인들이 있다는 것을 인식 하기 시작했다고 언급한다. 여러분이 속한 교회에서 자신을 성소수자(LGBTQ+)라고 말하는 교인들이 있는가?

게이 기독교인들과의 만남을 통해, 데이비드(David)는 게이들은 진보주의자라는 자신의 믿음이 잘못일 수 있다는 것을 발견했다. 많은 게이 기독교인들이 스스로를 신학적으로 보수적이라고 인식한다는 사실이 동성애자(LGBTQ+)에 관한 논쟁을 대하는 여러분의 관점에 영향을 주는가?

그는 서로 입장이 다른 양쪽 편을 소개한다. A편은 동성애 커플들이 신적 축복을 받는 언약 관계를 맺을 수 있다고 인정하는 사람들이고, B편은 동성 간의 관계는 허용될 수 없다고 믿는 사람들이다. 그가 말하기를 게이 기독교인이면서 자신들을 B편에 속해 있다고 인식하는 사람들이 있다는 것이다. 어떻게 이것이 사실일 수 있을까? 여러분은 어떻게 반응하겠는가?

- 만일 우리가 기독교 신앙을 지지하는 많은 성소수자(LGBTQ+)들이 있다는 것을 받아들인다면, 교회와 기독교인들이 일반적으로 어떻게 이런 현실에 반응해야 하는 것일까? 누군가가 이런 사실을 받아들인다면 그 사람이 반응하는 것이 달라질까? 만일 그렇다면, 왜 그럴까?

제7장: 교회들이 취할 수 있는 여섯 가지의 선택들

데이비드(David)는 하나의 시나리오를 설정한다. 교회가 독신인 게이 기독교인을 온전히 교인으로 받아들이기 시작한다. 얼마 가지 않아 결혼을 한 커플들을 포함해서 다른 성소수자(LGBTQ+)들이 찾아온다. 왜냐하면 그들은 이 교회가 상대적으로 안전하다고 들었고, 많은 게이 기독교인들은 안전한 안식처를 찾고 있기 때문이다. 여러분은 이 교회에서 앞으로 어떤 일이 벌어질 것으로 생각하는가?

데이비드는 게이 기독교인들의 질문에 대한 응답으로 교회들이 취할 수 있는 여섯 개의 선택들을 나열한다.

첫번째 반응: 아무 질문도 하지 않기

- 그렇다면 교인들이 갖는 도덕적 기대는 무엇인가? 그런 기대가 있기는 한 것인가?
- 이혼은 어떻게 다루는가? 결혼을 하지 않고 동거하는 것은 어떤가? 다른 문제들은? 교회는 어떠한 행동의 표준을 요구해야 하는 것인가?

두번째 반응: 누가 재판관인가?

- 우리는 다른 사람들을 판단할 권리가 있는가? 또는, 우리는 우리 자신에게만 집중해야 하는가? 죄 없는 자가 먼저 돌을 던질 수 있어야 하는 것인가?

세번째 반응: "판단을 위한 대화"

- 이 문제에 대해 교회 안에 불확실함이 존재하는가?
- 포용을 지지하는 사람들이 있고, 지지하지 않는 사람들이 있는가?
- 우리가 더 많이 알아야 할 필요가 있는가?

- 이 문제가 서로의 입장이 다름을 알고 넘어가야 하는 그런 논쟁적 성격의 문제인가?

네번째 반응: 목회적 부응

여기에서의 전제는, 하나님이 의도하신 것은 성적인 친밀함과 결혼이 본래 이성 간에 이루어지는 것이지만, 인간들은 타락한 피조물이다. 그러므로, 목회자들과 교회들은 교회 안에 속해 있는 사람들의 실상에 맞추어 따라가게 된다. 이 논리에 따라, 이혼한 기독교인들의 경우와 마찬가지로, 성소수자(LGBTQ+) 기독교인들을 있는 모습 그대로 받아들여야 한다.

- 이러한 목회적 현실을 고려할 때, 교회가 사람들이 있는 위치에서 그들을 보살핀 다는 것은 어떤 의미인가? 교회가 사람들이 교회에 들어올 때의 모습보다 더 나아 지도록 격려해야 하는 것이 아닌가? 또는, 그들이 회개하고 자신들의 길을 바꾸 도록 격려해야 하는 것이 아닌가?

데이비드(David)는 교회들이 일반적으로 따르는 이러한 네 개의 반응들은 임시 정류장이라고 제안한다. 우리는 사람들에게 일단 공동체 안으로 들어오라고 말한다. 그런 후에, 우리가 해결책을 찾아보도록 노력할 것이라고 말한다.

- 여러분은 그러한 분별이 받아들여질 수 있다고 생각하는가? 그 방법은 해결책이 될 수 있을까?
- 이러한 방안들 중 어느 것이라도 최종 선택으로서 자리를 차지하기에 타당한가?
- 여러분은 자신이 또다른 갈림길에 서 있다고 생각하는가? 여러분은 이 방안들 중 하나에 머물러 있기를 원하는가, 아니면 더 영구적인 다른 해결책을 찾고 싶은가?

다섯번째 반응: 배타주의자

- 어떤 사람들에게는 유일한 선택이 스스로를 성소수자(LGBTQ+) 공동체의 일원 이라고 생각하는 사람들을 차단하는 것이다. 따라서, 교회는 그들에게 교인자격을 주어서는 안된다(5A). 그들이 독신인 경우가 아니라면 말이다(5B).
- 그렇다면, 어느 교인의 자녀가 커밍아웃 하게 되면, 어떻게 되는가? 그 아이를 차단 해야 하는가? 그 부모는 어떻게 해야 되는가? 교회는 그 부모에게 어떤 조언을 하는가? 그 부모들은 자신의 자녀들을 있는 그대로 받아들여야 하는가? 그들을 멀리해야 하는가?
- 이런 방안이 게이인 사람들을 숨어 지내게 만드는가? 그렇게 숨어 지내는 성소수자 (LGBTQ+)들에게 어떤 일이 벌어지는가? 교회에는 어떤 일이 벌어지는가?

여섯번째 반응: "규범을 재고하기"

- 점점 많은 기독교인들이, 그들이 맺고 있는 게이 기독교인들 (가족 구성원들을 포함 해서)과의 관계들 때문에, 또한 성경을 읽고 이해하는 새로운 패러다임들 덕분에,

교회가 이전의 생각들을 재고해야만 한다는 결론을 내렸다. 달리 말하자면, 성경을 해석하고 적용하는 데 교회가 잘못을 저질렀다는 것이다. 이러한 방향 전환이 교회에 주는 의미는 무엇인가?

- 1~4번까지의 선택에 비해 이 방법이 더 선호할 만 한가?
- 이 질문에 대해 여러분의 교회는 어떤 위치에 있는가?
- 그러한 입장은 어떠한 정책적 결과를 가져왔는가?

제8장: 만일 여러분이 이 지점에서 하차한다면

나의 바람은 아무도 이 시점에서 중단하지 않는 것이지만 많은 이들에게 이 문제가 어렵다는 것을 알기에, 더 이상 나아가기를 어려워하는 전통주의자들에게 데이비드(David)가 전한 일곱 가지의 요청 사항들을 생각해 보았으면 한다.

- 이 책의 33~34쪽에 나오는 데이비드(David)의 요청 사항들에 대한 여러분의 생각은 무엇인가?
- 비록 여러분이 계속 읽을 준비가 되었다고 하더라도, 이 요청 사항들이 기독교인들이 취할 기본적인 최소한의 반응이라는 것에 대해 어떻게 생각하는가?
- 어떻게 교회가 성소수자(LGBTQ+)들을 포함하여 모든 사람들에게 안전한 곳이 될 수 있을까?

제3주

지난 주에 우리는 여섯 가지의 반응들을 살펴보았는데, 데이비드 거쉬(David Gushee)는 그 중 네 가지는 우리를 앞으로 나아가게 하지 못하기 때문에 임시적인 것으로 보아야 한다고 제시했다. 그렇다면 우리에게는 두 가지 반응이 남는다. 하나는 배척하는 방법이지만, 만일 이것이 우리의 됨됨이를 보여주는 것이 아니라면, 우리는 어떻게 우리의 표준을 수정해야 하는가? 만일 이것이 우리가 나아갈 방향이라면, 우리는 어떻게 성경을 이해해야 하는가? 이것이 오늘 우리가 던지는 질문이다.

제9장: 성경의 영감, 인간의 해석

여러분은 여러분의 삶과 교회를 위한 성경의 본질과 성경의 권위의 본질에 대해 어떻게 이해하는가?

- 사람들의 해석이 상충하는 일련의 주제들에 대해 여러분은 어떻게 생각하는가? 어느 한 쪽이 다른 쪽에 비해 더 성경적이라 생각하는가?
- 성경이 기록될 때와 성경을 읽을 때, 어떻게 인간적인 요소가 맞물려 들어가는가?
- 어떻게 우리는 본문과 해석을 구별하는가?
- 데이비드 거쉬(David Gushee)의 일차적인 청중은 누구인가? (p.39~40)
- 성경의 영감과 권위를 강하게 믿고 있는 신자들이 있는가?
- 성경을 스스로 살펴보아야 할 필요를 인식하는 사람들이 있는가?
- 신학을 하려면 훌륭한 주해를 해야 할 필요가 있다는 것을 인식하는 사람들이 있는가?

제10장:
전통주의자들이 성경의 점들을 연결하는 방법

성경 본문을 읽을 때, 전통주의자들이 사용하는 공식은 무엇인가?

이런 본문들 가운데에는 창조 이야기 (창세기1~2장); 성폭력(창세기 19장/사사기 19장); 동성 간에 잠자리를 같이하는 가증한 일(레위기 18:22); 남자와 여자 사이에 이혼/결혼(마태복음 19장/마가복음 10장); 동성 간의 행위는 우상숭배(로마서 1장); 도덕적 죄악들(고린도전서 6:9/디모데전서 1:10) 등이 포함된다.

데이비드(David)는 이 주제에 대해 이야기하는 본문들은 기본적으로 성경 전체인 1,189장 중에서 11장에 해당한다고 지적한다. 여러분은 이것을 어떻게 생각하는가?

데이비드(David)는 우리가 전통주의자들과 어떻게 논쟁을 피할 수 있는 지 그 방법들을 우리에게 제공한다. 그 각각을 주목하고, 왜 그것이 전통주의자들의 생각을 바꾸려고 애쓰는 사람들에게 문제가 될 수 있는지를 토론해 보라.

- 전통주의자들이 인용하는 성경 구절들을 게이들을 폄훼하는 구절들이라고 일축하지 말라. 그들 모두가 악의를 가지고 있는 것은 아니다.
- 성경의 저자들(예를 들면, 바울)이나 성경의 한 부분(예를 들면, 구약)을 일축하지 말라.
- 여러분의 의견에 반대하려고 성경을 인용하는 사람들을 근본주의자라고 일축하지 말라.
- 전통주의적 기독교 윤리를 인간의 몸을 반대하고, 성을 반대하고, 여자를 반대하고. 즐거움을 반대한다고 일축하지 말라.
- 해방, 정의, 포용 같은 커다란 주제로 치환하지 말라.
- 제기된 주장을 "선지자적"이라는 주장으로 해결하려고 하지 말라.
- 단순히 기독교인들이 문화에 맞춰갈 필요가 있다고 말하지 말라.
- 어떻게 한 사람이 열린 생각을 가지고 비판적 사고를 하는 동시에 성경의 권위와 영감을 인정할 수 있는가? 성경을 충실하게 읽는 사람이 그동안 동성 관계를 금지 또는 비난하는 의미로 이해해 온 본문에 대하여 다른 결론에 도달할 수 있을까?

제11장: 소돔(그리고 기브아)의 죄

데이비드(David)는 우리에게 동성 관계와 평등한 결혼권에 대한 논쟁의 중심이 되는 본문들에 대해 살펴볼 것을 권한다. 자신들의 도시를 방문한 손님들을 강간하려고 시도한 후 결국 그 도시의 멸망까지 이르게 한 창세기 19장과 사사기 19장으로부터 그의 논의를 시작한다.

여러분은 이 두 이야기에서 어떤 것을 주목하게 되는가?

- 두 이야기들 모두 근동 지역의 환대 문화의 표준을 파괴하는 것에 관해 이야기한다.
- 두 사건들 모두 피해자들을 대체하는 역할로 여자들을 제공한다. (창세기 19장에서는 딸들을 제공하려고 하고, 사사기 19장에서는 손님이었던 첩이 제공된다.) 이것에 대해 어떻게 생각하는가?
- 필리스 트리블(Phyllis Trible)은 두 본문을 '공포의 본문들(Texts of terror)'로 불렀으며, 두 이야기 모두 상당히 충격적이다.

데이비드(David)는 여기에서, 이 이야기가 창세기 18장에서 아브라함이 하나님께 그 도시에서 몇 명의 의인만 찾으시더라도 그 도시를 보존해 주시기를 간청하는 장면 바로 다음에 나온다는 것에 주목한다. 아브라함이 그 수를 10명까지 낮추지만, 천사들이 도착했을 때 오직 롯의 가족들만 발견하게 된다. 심판이 뒤따른다. 이 이야기가 하나님과 인간에 대해 어떤 것을 말하고 있는가?

이 이야기는 "동성애"를 고발하는 이야기로 흔히 사용되어 왔고, "남색(sodomy)"라는 단어가 (아마도 11세기에) 생겨난 근거가 되었다. 오늘날 대부분의 학자들이 이 이야기가 동성 관계에 관한 이야기라고 생각하는가?

- 비록 왜 그런 평판을 받게 되었는지 우리가 전혀 알지 모르지만, 우리가 분명히 아는 것은 소돔과 고모라가 죄악에 물든 도시들이었다는 것이다. 이 이야기는 환대 문화의 표준을 깨고 강간을 시도했던 일과 롯이 자신의 딸들을 희생시키려 했다는 것 등을 말하고 있다. 그 외에도, 밀사들이 천사들이었다는 것이 드러났는데, 고대 세계에서는 천사를 잘 대접해야 한다는 경고가 많이 퍼져 있었다. 이러한 사실이 이 사건 직전에 하나님과 아브라함 사이에 있었던 대화와 어떻게 연관되어 있는가?

- 성경의 다른 여러 본문에서 소돔이 사악함의 상징으로 표현되기는 하지만, 동성 간의 관심이나 행위라는 측면에서 악으로 기술된 곳은 없다. 예를 들어 에스겔 16:49에서는 소돔의 죄를 교만, 무절제, 그리고 빈곤한 현실 가운데 홀로 풍족한 것을 지적하고 있다는 것을 주목하라. 만일 이것들이 소돔이 책망을 받게 된 죄들이라면, 오늘날 우리에게 소돔이 주는 메시지는 무엇인가?

- 흥미롭게도, 성에 관한 문제를 제기하는 듯한 유일한 본문은 유다서 6~8절과 베드로후서 2:6~7절인데, 이 구절들의 초점은 "'다른 육체'에 대한 불경건한 관심"이다. 여기에서의 불경건한 관심이 동성 간의 성적 친밀함보다는 천사들과의 성관계를 문제 삼는 것으로 볼 수 있는가? (p.46~47).

- 데이비드(David)는 가장 근접한 비교는 전쟁시나 감옥에서 행해지는 집단 강간일 것이라고 제시한다. 그들은 남자들을 욕되게 함으로서 그들에게 굴욕감을 주기를 원했다. 또한 어쩌면 그것은, 남자들을 여자들처럼 취급함으로써 그들을 지배하려는 욕구에 대해 말하는 것이다 (p.47). 만일 이것이 사실이라면, 우리는 이 본문을 어떻게 해석해야 할까?

제12장: 레위기, 가증한 것, 그리고 예수

- 무엇이 가증한 것인가? (증오할 만한 것). (p.48~49)

- 구약에서 어떠한 행동들을 가증한 것으로 여기는가? 이러한 참고 사항들(117)에 대해 여러분은 어떻게 생각하는가?

- 이러한 명령들이 윤리적 선포가 아니라 경계를 표시하기 위한 것이라고 할 수 있을까? 만일 그 명령들이 이스라엘과 이웃 민족들 간의 경계를 정하는 역할을 한 것이라면, 기독교인들이 오늘날 그 명령들을 어떻게 적용할 수 있을까?

- 여기에서 동성 관계에 대해 언급하는 사항들이 "땅에 정액을 배설"하는 것을 금지한 것(생식의 문제)과 관련된 것일 수 있을까?

- 수동적인 역할을 하는 파트너-여성처럼 취급되는-에 대해 문제를 삼는 것인가? 이것은 성별에 따른 역할이 확고히 정해지고 여성의 지위가 더 낮은 가부장적/위계질서의 사회에서는 문제가 될 수 있다.

- 창조 설계가 지켜지지 않을 것에 대한 염려 – 무엇이 자연적인 것인가?

- 사형의 형벌이 주어지는 범죄들(레위기 20:13) – 여러분은 그러한 형벌에 동의하는가? 만일 아니라면, 어떠한 형벌이 타당한가?

- 부모를 저주하는 경우는 어떻게 생각하는가? 아니면 목사가 잘못된 예복을 입는 것은 어떤가?
- 데이비드(David)는 독자들이 성경 본문들을 어떻게 해석하고 적용하는 지 묻는다. 어떠한 방법이 적합한 것인가?
- 기독교인들이 히브리 성경(구약 성경)을 다루는 방식에 예수님은 어떤 역할을 하는가?
- '가증한 것'이란 단어가 예수님과 연결하여서는 단지 몇 회만 나타나는데, 그 중 두 번은 계시록에 나온다. 이 구절들을 주목하여 볼 때, 이 구절들이 이 문제의 해결에 도움을 주는가?

제I3장: 두 개의 이상하고 사소한 단어들

여기에서 우리는 고린도전서 6장과 디모데전서 1장에서의 죄악의 목록에 들어있는 두 개의 단어들에 대해 다루려고 한다. 문맥상으로, 이 단어들은 그 교회 안에 존재하던 도덕적 방종에 대해 이야기하는 부분에서 나타나거나 (고린도전서), 율법에 대해 지나치게 강조하는 가운데 나온다 (디모데전서). 여기에서 관심이 가는 두 단어들은 'arsenokoitai'와 'malakoi'이다.

- 'malakoi'는 무엇인가?

데이비드(David)는 이 단어가 '허약한 자'에서 '사내답지 못한 자'까지, 다양한 범주로 번역되고 있음을 주목했다. 이 단어가 'arsenokoitai'와 결합되면, 이 단어는 "다른 남자들과 성관계를 하는 남자들"이라고 번역되었다.

다른 곳에서는 'malakoi'가 '부자들이 입는 옷같은 부드러움'으로 번역되었는데, 여기에서는 남성성의 결여에 관해 말하고 있다.

- 오늘날 우리의 상황에서 이 단어를 어떤 의미로 읽어야 하고, 어떻게 덜 가부장적 관점으로 이 구절을 긍정할 수 있을까?
- 'arsenokoitai'는 무엇인가?
- 오직 고린도전서 6:9과 디모데전서 1:10에서만 등장하는 이 단어는 아마 바울이 이 경우를 위해 만든 신조어일 수 있다. 만일 이 단어가 바울이 만든 새로운 단어라면, 누가 이 단어의 정의를 알 수 있을까?
- 이 단어가 70인역에서 'arsenos'와 'koiten'이 나오는 레위기 18:22, 20:13을 염두에 두고 만든 것일까? (p.55).
- 어떻게 이 합성 단어를 번역해야 할까?

데이비드(David)는 여러 개의 가능한 선택들을 지적하는데, 그 중에는 창세기 19장의 소돔 이야기에서 가져온 단어인 남색자들(sodomites)도 포함되어 있다. 대부분의 번역들은 어떤 종류이든 동성 간의 성적인 행동과 연결시키는데, 그러나 어떤 맥락에서 그런 것인가?

그렇다면, 여기까지 바울은 어떤 입장이었는가? 오늘날 어떻게 그런 본문들을 적용할 수 있는가? 바울은 성인간에 동의에 의한 성관계에 대해 말하는 것인가, 아니면 소년을 대상으로 하는 성행위 같은 것을 말하는 것인가?

• 신약 성서 밖에서 이 단어가 쓰인 경우들은, 'arsenokoitai'라는 단어가 동성 간의 행위를 말하는 것이 아니고, 경제적인 착취의 의미로 사용되었다. 이러한 사실에 대해 어떻게 생각하는가?

• 이 곳에서 언급된 구절들, 특히 디모데전서에서 이 단어의 의미가 매춘업자들 또는 성범죄자들을 가리키는 것일 수 있는가? (p.57).

• 어떻게 학자가 아닌, 본문을 번역하는 데 한계를 가진 사람들이 이러한 단어들의 뜻을 알 수 있겠는가? 만약 번역이 신학이나 어떤 편견들에 의해 영향을 받게 된다면 어떻겠는가? 만일 학자들의 불확실함이 번역에 반영되지 않았다면 어떻겠는가? 이 본문들이 성소수자(LGBTQ+)들을 겨냥한 것이 아님에도 불구하고, 그 번역의 결과로 부적절하게 그들을 비난하는 데 사용된 것인가?

• 만일 번역에 불확실함이 있다면, 이 문제가 해결되지 못한 채 계속 유지될까?

제4주

지난 주, 우리는 창세기, 레위기, 고린도전서, 디모데전서에 나오는 성경 구절들을 살펴보았다. 우리는 그 구절들의 문맥과 해석과 번역에 대해 문제를 제기했었다. 우리들은 심각하고 복잡한 질문들이 제기된다는 것은 알게 되었지만, 여전히 그 본문들 자체에서는 우리의 질문들에 대한 대답을 찾기 어려웠다. 우리는, 우리가 갖지 않은 성이 아닌, 우리가 가지고 있는 성으로 사는 것이 어떤 의미인지에 더욱 초점을 맞추며, 이 여정을 계속해 나가려고 한다.

제14장: 하나님이 그들을 남자와 여자로 만드심

데이비드(David)는 창조 이야기들이 우리들의 논의에서 차지하는 역할에 대해 의문을 제기한다. 많은 사람들이 창세기 1~2장에 나오는 남자와 여자에 대한 내용을 이치에 맞는 성적 관계를 위한 처방으로 여긴다고 그는 지적한다. 또한 그는, 예수께서 이혼 문제를 다룰 때 이 구절을 선택하여 말씀하신 것을 언급한다. 우리가 이러한 구절들을 규정적인 성격(성적 동반자의 관계에서 유일하게 적합한 형태)으로 받아들일 것인가, 아니면 서술적인 성격(일반적으로 진실을 보여주는 형태)으로 받아들일 것인가?

로마서 1장을 다루면서, 그는 바울이 처한 상황과 성적으로 무절제한 현실에 대해 질문을 던진다. 그러한 상황이 동성 관계라는 문제의 바탕이 되는 더 근본적인 문제가 아닐까?

이곳에서, 또한 다음 장에서, 그는 자연이라는 문제를 제기한다. 무엇이 자연적인 것인가? 시간이 가면서 우리가 자연적이라 생각하는 것들이 달라지는가?

- 지나가는 말로 데이비드(David)는 머리를 가리는 문제에 관해 언급한다. 고린도 전서 11:14에서 바울은 남자가 긴 머리를 하는 것은 품격을 저하시키는 것이라고 자연(본성)이 가르쳐 주지 않느냐고 묻는다. 이 말은 여자의 머리는 길어야 한다는 것을 의미하는 것이기도 하다.

제15장: 창조, 성적 지향성, 그리고 하나님의 뜻

데이비드(David)는 우리가 이 문제와 관련하여 창조를 어떻게 이해해야 하는지 질문을 던진다. 즉, 창조 이야기들은 남자/여자 외에는 어떠한 관계도 배제하는가? 그는 세 가지 제안을 던진다.

- 제안 1: 우리가 이 이야기들을 신학적 주제로 다루고, 그런 후에 어떻게 우리가 이 이야기와 과학을 통해 알게 된 것을 통합시킬지를 물어본다. 그렇다면 과학이 하는 역할은 무엇인가?
- 제안 2: "창조 질서"라는 틀을 사용하는 것이 문제가 있다는 것이 과거에 드러났다. 따라서, 뒤로 창조를 바라보기 보다, 우리는 앞으로 예수님을 바라보아야 한다.
- 제안3: 창세기 3장의 상황인 이 세상에서의 성윤리의 의미들을 생각해 보라. 이러한 관점에서, 모든 성이 혼란스러운 가운데 있다는 그의 말에 대해 어떻게 생각하는가? 즉, 우리들 중 어느 누구도 성생활에 있어서 진실로 결백한 사람은 없다. 우리는 모두 망가졌고, 우리의 성생활은 질서를 회복하고 훈련될 필요가 있다. 이것에 대해 어떻게 생각하는가?

세 번째 제안을 명심하면서, 데이비드(David)는 올바른 질서의 핵심은 언약이라고 제안한다. 여러분의 생각은 어떤가?

제16장: 언약을 향해

만일에 우리가 금지령을 해제한다면 어떻게 될까? 성소수자(LGBTQ+) 들이 취할 수 있는 선택들은 무엇인가?

- 상호 동의의 윤리? (해를 끼치지는 말고, 당신이 하고 싶은 대로 하라)
- 사랑의 관계? (서로의 관계가 지속되는 기간 동안 사랑하는 일부일처의 관계 안에서만 성적 관계를 갖는 것으로 제한.)
- 언약적 결혼의 윤리? (결혼 상태를 제외하고는 독신을 유지, 드문 예외 조건에 한해서만 이혼이 허락됨).

이들 중 데이비드가 지지하는 것은?

- 그가 가진 논리는 무엇인가?
- 여러분은 동의하는가?

아이들은 어떻게 되는 것인가?

만일 교회가 모든 사람에 대하여 언약적 결혼 관계 만을 지지한다면, 교회는 어떻게 응답해야 하는가?

제17장: 삶이 바뀌는 만남들과 패러다임의 도약

- 고넬료의 이야기를 이 논의에 어떻게 연결시킬 수 있는가? (사도행전 10장)
- 어떻게 베드로의 비전과 고넬료와의 만남이 교회를 변혁했는가? 어떤 근거로 고넬료를 포용하게 되었는가?
- 여러분은 어떤 만남들을 통해 여러분의 관점이 변화되고 또 패러다임의 도약이 이루어졌던 경험이 있는가?

데이비드(David)는 홀로코스트(Holocaust)의 경우를 가져와서, 그 사건의 여파로 어떻게 기독교인들이 유대인들과 관련된 성경 본문을 읽는 방식이 바뀌게 되었는지를 언급한다. 이러한 변화는, 데이비드(David)가 "경멸의 가르침"이라고 부르는 관행을 포기하게 만들었다.

- 무엇이 바뀌었는가? 성경이 바뀌었는가, 아니면 우리가 성경을 읽고 적용하는 방법이 바뀌었는가?

만일 우리가 이러한 도약을 한다면, 그것은 우리가 복음을 버린다는 의미인가? 데이비드(David)는 그것이 아니라고 말한다. (p.80).

제5주

우리는 성경적 재료들을 살펴보았다. 우리는 성경적 재료들 만으로는 그 질문이 정리되지 않는다는 것을 이해하게 되었다. 그래서, 우리는 이제 어디로 가는 것일까?

제18장: 두 가지의 담론 여행

윤리적인 사고를 하기 위해서, 리차드 니버(H. Richard Niebuhr)가 제안한 대로 "내가 무엇을 해야 하는가?"가 아니라 "지금 무슨 일이 벌어지고 있는가?"라는 질문을 출발점으로 삼아야 한다고 데이비드(David)는 지적한다. 이런 생각을 가지고, 그는 두 가지의 담론 여행을 제안한다. 그는 두 개의 서로 경쟁하는 담론들이 있다고 제시한다.

- 첫번째는 문화적, 교회적, 도덕적 쇠퇴의 담론이다. 이 담론에서, 우리는 기본적인 기독교의 핵심으로부터의 위험한 변절을 생각하게 된다. 세계에서 미국의 권력과 명성이 쇠퇴하고 있다고 보는 많은 사람들은 이 담론에 관심을 갖는다. 그렇기 때문에, 쇠퇴는 저항해야 할 대상이다. 이것은 성윤리와 관련해서 특히 사실로 받아들여진다. 성소수자(LGBTQ+)의 포용에 저항하는 것이 기독교의 비전이 반영되는 사회를 보존하는 데 필수적인 것이라고 여기는 것이다.

- 두번째 담론은 소외, 저항, 평등에 맞춘 담론이다. 이 경우에는 타자(the other) – 그 동안 인종, 젠더 또는 성적 지향성 때문에 소외되어 온 사람들-에 관심을 기울인다. 우리가 다루는 주제의 경우에, 이 담론은 성소수자(LGBTQ+)들의 소외가 더 심해지는 것을 이야기하면서, 교회와 사회가 그 태도와 관행을 바꾸도록 더욱 압박하게 된다.

여러분은 이 두 가지의 담론들 중에 어느 것이 더 설득력이 있다고 생각하는가? 어느 것이 여러분을 행동하게 만드는가?

데이비드는 첫번째 담론에 공감하지만, 자신이 성소수자(LGBTQ+) 기독교인들을 만난 경험들 때문에 자신은 두번째 담론의 편에 서 있다고 말한다. 그러나, 그는 우리에게 중요한 질문을 던진다. 교회가 스스로를 우호적이고 지지하는 입장이라거나, 열려 있고 지지하는 입장이라고 말할 때, 무엇을 지지한다는 것인가?

그는 자신이 쇠퇴라는 렌즈로 이 문제를 바라보기 보다 기독교인들이 사람들을 어떻게 대하는가를 살펴본다고 결론을 내린다. 그는 오늘날의 기독교인들이 그리스도께서 택하실 것 같은 방식으로 사람들을 대하고 있는 지를 묻는다. 여러분의 생각은 어떤가?

제19장: 내가 어떻게 여기까지 오게 되었나

데이비드는 이 책의 제1판을 자신이 반대자에서 지지자로 바뀌게 된 이야기로 마무리한다. 이러한 그의 이야기에 대해 여러분은 어떻게 생각하는가?

- 그는 출발점에 대해 중요한 면을 보여준다. 2007년 이전에, 또한 머서 대학(Mercer University)으로 옮겨가기 전에, 그가 게이이거나 레즈비언인 사람을 친구로 가져본 적이 없었다는 것을 주목하라. 따라서 그는 그들의 현실에 대해 전혀 알지를 못했다. 익숙한 얘기처럼 들리지 않는가? 왜 그런가? 이제는 그런 일이 점점 드물지만, 왜 과거에는 그렇게 많은 사람들이 게이들을 개인적으로 전혀 알지 못한다고 말했을까?

- 2007년 이후에 자신의 여동생과 또한 여러 성소수자(LGBTQ+)인 기독교인들을 만나면서 그는 새로운 패러다임을 개발하게 되었다. 어떻게 친구들/관계들이 여러분이 상황을 보는 눈을 바꾸도록 만드는가?

- 예수께서는 오늘날 교회가 어떤 자리에 서 있기를 원하시는가?

- 데이비드(David)는, 세상 사람들이 대부분의 기독교인들보다 더 빨리 그들을 온전히 포용했다고 지적한다. 왜 그런가? 기독교인들이 나아가는데 이 사실은 무엇을 의미하는가? 교회들에게는 어떤 의미인가?

교회와 성소수자(LGBTQ+)들과의 관계를 고려할 때, 예수님은 기독교 공동체가 무엇을 하기를 요구하시는가?

제20장: 경멸을 가르치는 일을 끝내기

이 장은 제2판에 추가된 내용이고, 데이비드(David)가 개혁 프로젝트(Reformation Project) 컨퍼런스에서 강연한 연설을 수록한 것이다. 이 프로젝트는 그가 "경멸의 가르침(Teaching of contempt)"이라고 부르는, 아주 오랫동안 지속되어온 문제를 다루기 위해 설립된 단체이다. "경멸의 가르침(Teaching of contempt)"이란 무엇을 말하는가?

- 데이비드(David)는, 홀로코스트(Holocaust) 이후에, 유대인들에 관련된 성경 본문을 읽는 방식에 있어서 교회의 생각이 바뀌게 되었다고 말하는데, 여러분은 이것을 어떻게 생각하는가?

- "경멸의 가르침"이 발전해 온 과정에서 "전통"의 역할은 무엇인가?

- 여러분은 기독교의 반유대주의(anti-semitism)적인 가르침과 기독교의 반성소수자(anti-LGBTQ+)적인 가르침 사이에 유사성을 발견하는가? 왜 후자에 대해 "경멸의 가르침"의 한 형태라고 말할 수 있는가?

- 교회가 전통적으로 유대인들에 관해 성경을 읽는 방식을 폐기했던 속도와 교회가 성소수자(LGBTQ+) 기독교인들에 대한 생각을 바꾼 속도 사이에 유사점이 있는가?

- 이렇게 빠른 변화에 대해 어떻게 설명할 수 있겠는가?

- 왜 사람들은 경멸의 가르침에 영향을 받기 쉬운가? 기독교 공동체 안에서 이러한 가르침이 작동하는 다른 경우를 찾을 수 있는가?

- 기독교인들은 그러한 가르침이 교회 안에서 발생하는 것을 어떻게 막을 수 있는가?

- 이렇게 먼 여정을 오는 동안, 여러분은 다른 갈림길을 택했으면 하고 바랐던 적이 있는가?

저자에 대하여

로버트 콘웰 박사는 2008년 7월부터 미시간(Michigan) 주의 트로이(Troy)시에 있는 센트럴 우드워드 크리스챤 교회(Central Woodward Christian Church/Disciples of Christ교단)의 목사로 섬겨오고 있다. 그는 오레곤(Oregon)주의 유진(Eugene)시에 있는 노스웨스트 크리스챤 대학(Northwest Christian University)을 졸업하고, 캘리포니아(California)주의 파사데나(Pasadena)에 위치한 풀러 신학교(Fuller Theological Seminary)에서 목회학 석사(M.Div.)를 받고, 역사 신학으로 박사학위(Ph.D.)를 받았다. 그는 2007년부터 회중 목회자 학회(The Academy of Parish Clergy)에서 발간하는 잡지인 '실천을 나눔(Sharing the Practice)'의 편집장으로 섬겼다. 그는 여러 권의 책의 저자이기도 한데, "특이한 시기의 결혼: 참여적 성경 공부(Marriage in Interesting Times: A Participatory Bible Study, Energion, 2016)," "언약 안에서 자유(Freedom in Covenant, Wipf and Stock, 2015)," "찰스 다윈과 함께 예배하기(Worshiping with Charles Darwin, Energion, 2013)," "속박되지 않는 성령: 새로운 영적 각성 운동을 위한 영적 은사들(Unfettered Spirit: Spiritual Gifts for the New Great Awakening, Emergion, 2013)," "궁극적 충성: 주기도문의 전복적 성격(Ultimate Allegiance: The Subversive Nature of the Lord's Prayer, Energion 출판사, 2010)," "공적 영역에서의 믿음: 21세기에 신실하게 살기(Faith in the Public Square: Living Faithfully in the 21st Century, Energion, 2012)," "명백한, 그리고 변증적인: 고교회파 성공회와 맹세거부자의 사고에 있어서 교회 헌법(Visible and Apostolic: The Constitution of the Church in High Church Anglican and Non-Juror Thought, University of Delaware Press, 1993).

더 광범위한 공동체 사역에 헌신하면서, 그는 트로이(Troy) 지역의 다른 종교들 간의 협력 단체에서 의장으로 섬겼다. 또한 그는 교회들의 메트로폴리탄 연대 (디트로이트(Detroit) 교외지역에서의 공동체의 연대를 조직하는 활동)의 대표로 섬겼고, 산타바바라(Santa Barbara) 지역의 목회자 연합의 대표로도 섬겼다. 또한, 그는 디트로이트(Detroit)에서 '미시간Michigan) 지역'과 '물결 희망 사역(Rippling Hope Ministries)'을 연결하는 '행동하는 복음(Gospel in Action)'이 설립되는 것을 도왔고, 롬폭(Lompoc)의 종교들 간의 협력 단체의 의장으로 섬겼다.

마지막으로, 마찬가지로 중요한 점은, 그는 쉐릴(Cheryl)과 결혼했고, 브레트(Brett)의 아버지라는 것이다.